STATUTS
SYNODAUX

DU

DIOCÈSE DE CHALONS-SUR-MARNE

PUBLIÉS

Par Monseigneur Guillaume-Marie-Romain SOURRIEU

ÉVÊQUE DE CHALONS

CHALONS-SUR-MARNE

MARTIN FRÈRES, IMPRIMEURS DE L'ÉVÊCHÉ, PLACE DU MARCHÉ-AU-BLÉ

1885

STATUTS SYNODAUX

DU

DIOCÈSE DE CHALONS-SUR-MARNE

STATUTS

SYNODAUX

DU

DIOCÈSE DE CHALONS-SUR-MARNE

PUBLIÉS

PAR MONSEIGNEUR GUILLAUME-MARIE-ROMAIN SOURRIEU

ÉVÊQUE DE CHALONS

CHALONS-SUR-MARNE

MARTIN FRÈRES, IMPRIMEURS DE L'ÉVÊCHÉ, PLACE DU MARCHÉ-AU-BLÉ

1885

LETTRE PASTORALE

DE Mᴳᴿ L'ÉVÊQUE DE CHALONS,

AU CLERGÉ DE SON DIOCÈSE,

ET ORDONNANCE PORTANT PROMULGATION

DES STATUTS SYNODAUX

GUILLAUME-MARIE-ROMAIN SOURRIEU, PAR LA MISÉRICORDE DE DIEU
ET LA GRACE DU SAINT SIÈGE APOSTOLIQUE, ÉVÊQUE DE CHALONS,

AU CLERGÉ DE NOTRE DIOCÈSE,

SALUT ET BÉNÉDICTION EN NOTRE SEIGNEUR JÉSUS-CHRIST.

MESSIEURS ET CHERS COOPÉRATEURS,

Voici, dans sa formule définitive, le résultat de Nos Assemblées synodales où la confiance réciproque (1), l'esprit de mesure et l'amour de l'Eglise éclatèrent en témoignages si mémorables. Nous avons ressenti la promesse que l'Esprit-Saint a exprimée dans ces paroles : « Je suis la sagesse, j'habite dans les conseils, et les résolutions éclairées émanent de moi » (2).

Ce livre est votre œuvre non moins que la Nôtre : il est né de l'accord de nos vues, et il en restera le monu-

(1) *Unanimes, idipsum invicem sentientes.* Philipp. II, 2.

(2) *Ego sapientia, habito in concilio, et eruditis intersum cogitationibus.* Prov. VIII, 12.

ment. Il a l'autorité d'un code, mais il dissimule cette autorité sous l'allure familière d'un Manuel. En cet état il va prendre place dans chaque presbytère où il se tiendra comme l'ami du pasteur : ami discret, de bon conseil et de prévoyance, indulgent et doux, même dans ses rigueurs (1). Vous y retrouverez la sagesse de vos anciens Evêques : en les faisant parler, Nous n'avons fait qu'imiter votre piété filiale qui n'a jamais cessé de tenir leur mémoire vivante (2).

Nous y avons ajouté beaucoup d'emprunts faits aux travaux les plus accrédités de l'épiscopat contemporain.

Il y a des pages que nous avons tracées, non pas sans avoir trempé la plume dans les larmes de Notre mère la sainte Eglise. Nous pensions à ses maux les plus affligeants, pour en marquer le remède.

Tel le Statut qui règle les catéchismes. Vous savez que l'Eglise a le sort de Rachel (3) ; on lui arrache ses enfants... Nous avons discipliné et formulé l'art de les disputer aux ravisseurs.

Tel le Statut qui établit partout l'Association des Mères chrétiennes. Il y a tant de foyers domestiques sans Dieu (4), et ceci est la cause de tant de maux ! car là où le foyer est vide de Dieu, l'autel de la paroisse croule. Il faut donc se hâter de soutenir l'autel paroissial par le foyer

---

(1) *Non habet amaritudinem conversatio illius, nec tædium convictus illius.* Sap. VIII, 16.

(2) *Mementote præpositorum vestrorum qui vobis locuti sunt verbum Dei.* Hebr. XIII, 7.

(3) *Rachel plorans filios suos, noluit consolari quia non sunt.* Matth. II, 18.

(4) *Sine Deo in hoc mundo.* Eph. II, 12.

domestique, afin qu'à son tour le foyer domestique soit soutenu par l'autel paroissial. Et puisque nous avons vu déchoir tour à tour le règne social de Jésus-Christ, c'est-à-dire son empire sur la vie publique de la nation, puis son règne municipal, c'est-à-dire son empire sur la vie communale, ne résisterons-nous pas à la décadence graduelle de son règne domestique, c'est-à-dire de son empire dans la famille ?

Tel encore le Statut qui prescrit la visite paroissiale. Nous sommes les ministres de la religion d'un Dieu qui a quitté sa demeure céleste, qui s'est incarné pour aller à la poursuite des âmes fugitives, celles-ci ayant cessé de comprendre le devoir de chercher Dieu. Pouvons-nous donc rester dans nos presbytères et nos églises, tandis qu'un si grand nombre de chrétiens n'y viennent plus ? Ce n'est pas vous qui consentirez à ce que le clergé et le peuple demeurent juxtaposés sans jamais s'entrelacer. Peuple et clergé, nous ne sommes pas faits pour décrire deux lignes parallèles, c'est-à-dire deux lignes qui, même en se prolongeant toujours, ne se rencontrent jamais. Nous sommes faits pour décrire une seule et même ligne, celle que Jésus-Christ a marquée par le sillon de sa croix.

Tel aussi le Statut qui rend obligatoires, par intervalles périodiques, les exercices des Missions. S'il est beau de propager la foi chrétienne dans les pays infidèles, il est plus urgent de la propager dans le sein même de notre patrie ; pour cette raison que la France est la nation missionnaire, et que dans les conditions présentes de la chrétienté, l'Evangile ne peut subir une éclipse dans notre viij

pays sans que sa divine lumière ne subisse un retard
funeste dans sa marche vers les parties lointaines de
l'humanité (1).

Tel encore le Statut qui impose l'établissement de
l'OEuvre de Saint-Joseph dans chaque paroisse. Il faut
faire de chaque catholique diocésain le tuteur de nos
séminaires. Dieu fit participer chaque israélite à la construction du tabernacle de Moïse, à celle du temple de
Salomon : aujourd'hui, dans le diocèse de Châlons, Dieu
veut que chaque catholique participe à l'entretien, à la
conservation des séminaires. Si la démocratie, maîtresse
des temps nouveaux, au lieu de suivre la routine tracas-
sière et aveugle qui a faussé sa marche jusqu'à présent,
adopte la tradition constamment religieuse de la nation
française, Nous croirons avoir assez vécu, puisque Nous
aurons vu la gloire de l'Eglise de France assurée contre
les crises qui en menaçaient la durée. Avant que la main
du dernier ami qui veillera sur Notre dernière heure
ferme Nos yeux, Notre dernier regard aura vu chaque
paroisse du diocèse veillant avec amour sur le berceau
du clergé ; il aura vu dans chaque presbytère, devenu
une école cléricale, chaque pasteur devenu semblable à
Samuel, entouré comme lui de quelques étudiants, les
initiant à la connaissance des saintes doctrines, et les
préparant à défendre un jour la loi de Dieu (2).

(1) *In viam gentium ne abieritis..... ite ad oves quæ perierunt domus
Israël.* Matth. X, 5 et 6.

(2) *Cuneum prophetarum, et Samuelem stantem super eos. Factus est
Spiritus Dei in illis.* I. Reg. XIX, 20.

— *Obvium habebis gregem prophetarum descendentem de excelso, et
ante eos psalterium.....* I. Reg. X, 5.

Tel enfin le Statut qui établit la visite annuelle des Doyens dans toutes les paroisses de leur doyenné, des Archiprêtres dans tous les doyennés de leur archiprêtré, des Vicaires généraux dans tous les archiprêtrés de leur ressort. Ceci va constituer une société de secours mutuels, par la communauté de lumières et de conseils, à l'exemple de la hiérarchie des Anges où, selon saint Denis l'Aréopagite, les esprits supérieurs éclairent, élèvent, sanctifient les esprits qui sont dans les rangs inférieurs.

Vous appliquerez exactement ces lois, bien-aimés Pasteurs, et le fruit de votre discipline intégrale, précise, jalouse d'observer tous les détails, unanimement pratiquée, sera la rénovation de nos chères paroisses.

Aucun de vous ne voudra exercer la subtilité de son esprit dans l'art égoïste, lâche, dissolvant, qui consiste à distinguer entre conseils et préceptes : c'est l'art des clergés dégénérés. Nous avons confondu dans ce livre ce que Jésus se plut à confondre dans son évangile, ce que nos Évêques ont toujours confondu dans leurs lois. Les conseils sont aux préceptes ce que le sourire est au visage, ce que la mélodie est à la voix, ce que le parfum est à la fleur. Malgré la forme inévitablement sèche de tous les genres de Statuts, Nous avons voulu vous offrir un livre vivant et non pas un livre squelette. Tout prêtre qui a le sens exercé y sentira circuler le souffle de notre bon et adorable maître Jésus-Christ, et il en sera réconforté.

Dans les rares censures qui survivent au travail d'élimination que Nous avons pratiqué sur l'ancien texte, vous verrez, non certes les méfiances d'un moraliste prévenu, mais simplement la prévoyance d'un ami. Le

danger du clergé de Châlons n'est pas dans la défaillance
des mœurs, moins encore dans le parjure des serments
qu'il a faits à l'Eglise : il n'a été, il n'est, il ne sera ni
parjure ni déchu.

Sa tentation caractéristique, c'est le découragement.
Ce découragement est causé par la vue des peuples ac-
croupis sur les biens de la nature, sans souci des biens
éternels. Notre clergé est admirable par sa foi envers
Dieu; mais sa foi envers les hommes est ébranlée parce
qu'il les voit endurcis. Il doute qu'aucun effort soit
capable de les ramener à la pratique de la vie chrétienne.
Ceci est la faiblesse des prêtres. Quand on n'espère rien,
comment le travail ne serait-il pas inappliqué ? Comment
les entreprises ne resteraient-elles pas à l'état d'ébauche ?
Comment toute carrière ne se bornerait-elle pas à une
série de demi-moyens ? Et ainsi s'explique la sentence
de la Bible : « L'ouvrier sans espoir est un ouvrier sans
force, comme le soldat découragé est un soldat vaincu » (1).
En sens inverse, dit saint Bernard, « l'homme confiant
est un homme tout puissant » (2). Le but capital des
censures est d'interdire le découragement. Désormais,
jeter les armes sera imputé à crime, *Sapiens in diebus
delictorum, attendet ab inertia* (3). Ce crime, votre conscience sacerdotale le repoussera avec décision.

Le devoir du clergé, ce n'est pas le succès, c'est l'effort :
le succès appartient à Dieu, l'effort appartient au prêtre;
là est sa gloire, *In magnis, tentare magnum est* (4); une

(1) *Si desperaveris lassus. . .imminuetur fortitudo tua.* Prov. XXIV, 10.
(2) *Omnipotentes qui sperant.* S. Bernard.
(3) Eccli. XVIII, 27.
(4) Un ancien.

gloire qui s'augmente souvent par l'échec même, puisque, selon la parole célèbre de Bossuet, l'échec ajoute au mérite de l'effort ce « je ne sais quoi d'achevé qui vient du malheur ». Toutefois, l'effort apostolique ne persévérera jamais sans aboutir au triomphe. Jésus-Christ a promis l'empire du monde aux patients. Et si l'on a pu dire d'une certaine espèce de génie qu'il est *une longue patience*, c'est surtout à la force de la religion qu'il convient d'appliquer ce mot.

En terminant, Messieurs et chers Coopérateurs, je vous bénis une dernière fois d'avoir suivi, dans les travaux du Synode, les recommandations de saint Paul : « Nul goût pour les vaines controverses d'école, *pugnas legis devita* (1); nulles prolixités de discussion, *languens circà quæstiones ;* nulle querelle de mots, *et pugnas verborum ;* nul esprit de parti, nuls ombrages, nulles passions, *ex quibus oriuntur invidiæ, contentiones, suspiciones malæ* (2). Je vous rends ce témoignage que, dans ce temps d'universelle logomachie, vous avez été uniquement dominés par l'esprit des affaires, et ces affaires étaient celles de Dieu.

Tertullien cite la coutume romaine d'attacher un esclave à la personne de chaque triomphateur, avec charge de l'insulter, de peur que la magnificence des ovations le jetât dans les folles ivresses de l'orgueil. L'esclave disait au triomphateur : « Tu es un homme comme tous les autres, et nullement un Dieu, ne l'oublie pas »; *hominem te memento*. Bien-aimés Prêtres, à ne considérer votre sort que par ses côtés humains, vous appliquer l'image de

(1) Tit. III, 9.
(2) Tim. VI, 4.

Tertullien semblerait une ironie, car l'heure présente est pour vous l'heure des épreuves, non celle du triomphe. Mais je ne considère que votre fidélité : vous marchez avec ensemble dans le chemin de la loi divine (1); et soit par les consolations intérieures que Dieu prodigue à votre vertu, soit par la couronne immortelle qui lui est promise, je puis dire que votre marche est vraiment triomphale. Le livre des Statuts étant toujours dans vos mains, il Nous semblera que Nous faisons l'office de l'esclave antique, non certes pour vous humilier, mais pour vous éclairer. Ce livre dira à chacun : Souviens-toi que tu es homme, semblable à tous les hommes, et comme tel exposé à toutes les faiblesses humaines, *hominem te memento*. Mais il ajoutera, en vous rappelant les exemples de Jésus-Christ, premier prêtre et modèle des pasteurs : Tu es homme en travail de devenir Dieu, *Deum te memento*. Puisse la lecture habituelle de Nos Statuts porter chacun de vous à l'accomplissement de ce devoir qui les renferme tous.

A CES CAUSES, le saint nom de Dieu invoqué,

Nous avons ordonné et ordonnons ce qui suit :

ART. 1er. — A partir de ce jour, les présents Statuts sont et demeurent promulgués et sont obligatoires dans toute l'étendue de Notre Diocèse.

ART. 2. — Tout Prêtre de Notre Diocèse est tenu d'avoir un exemplaire de ces Statuts et d'en faire fréquemment la lecture.

(1) *Viam mandatorum tuorum cucurri, cum dilatasti cor meum.* Ps. CXVIII, 32.

ART. 3. — Nous invitons les membres du Clergé à se servir de la lecture des Statuts dans la pratique de l'examen particulier.

ART. 4. — Le Livre des Statuts sera inscrit sur l'inventaire des archives de la paroisse et devra Nous être présenté à Nous, ou à Nos délégués, dans toutes les visites pastorales.

Donné à Châlons, sous Notre seing, le sceau de Nos armes et le contre-seing du Secrétaire général de Notre Évêché, le 4 Novembre 1885, en la fête de saint Charles Borromée.

✝ GUILLAUME-MARIE,

Evêque de Châlons.

Par Mandement :

P. HARRER,

Secrétaire général de l'Évêché.

STATUTS SYNODAUX

DU DIOCÈSE DE CHALONS-SUR-MARNE.

PREMIÈRE PARTIE

DES PERSONNES ECCLÉSIASTIQUES.

PREMIÈRE SECTION.

HIÉRARCHIE ECCLÉSIASTIQUE.

CHAPITRE I.

Du Souverain Pontife.

1. — Le Souverain-Pontife, vicaire de Notre-Seigneur Jésus-Christ sur la terre, et successeur de Saint-Pierre, est le Chef infaillible de l'Eglise universelle.

C'est un devoir pour le Clergé d'affermir les fidèles, par ses leçons et ses exemples, dans un sentiment profond de respect, d'obéissance et d'attachement envers notre premier Chef spirituel, et de défendre en toute circonstance, avec sagesse et fermeté, tous les droits du Saint-Siège.

2. — Conformément à la définition du Concile du Vatican, le Clergé doit croire et enseigner que *le Bienheureux apôtre Pierre a été constitué par Notre Seigneur Jésus-Christ, Prince des apôtres, et Chef de toute l'Eglise militante ; qu'il a reçu directement et immédiatement de Jésus-Christ, en même temps qu'une primauté d'honneur, une primauté de véritable et réelle juridiction... que le Pontife Romain est le successeur de saint Pierre dans la même primauté... qu'il a un plein et suprême pouvoir de juridiction sur l'Eglise universelle, non seulement dans les choses qui concernent la foi et les mœurs, mais aussi dans celles qui appartiennent à la discipline et au gouvernement de l'Eglise tout entière... et que, lorsqu'il parle* EX CATHEDRA, *il jouit pleinement, en vertu de l'assistance divine qui lui a été promise dans la personne de saint Pierre, de l'infaillibilité dont le divin Sauveur a voulu que son Eglise fût pourvue* (1).

CHAPITRE II.

De l'Evêque Diocésain.

3. — L'Evêque est le Chef du Diocèse dont le gouvernement lui a été confié par le Souverain Pontife.

Le pouvoir du Chef suprême de l'Eglise ne nuit pas au pouvoir ordinaire et immédiat de la juridiction épiscopale, en vertu duquel les Evêques, qui sont établis par l'Esprit Saint et ont succédé aux apôtres, paissent et régissent, comme de vrais pasteurs, le troupeau particulier confié à la garde de chacun d'eux.....

Le pouvoir épiscopal est indépendant, par lui-même, de toute puissance séculière, du peuple chrétien et du clergé inférieur.

Néanmoins il n'est pas arbitraire, étant réglé par les saints Canons et soumis à l'autorité du Représentant de Jésus-Christ (2).

(1) Conc. Vat. 1ª Const. Dogm. de Eccl. Xⁱ.
(2) Conc. Vat. *loco citato.*

4. — Les prêtres regardent leur Evêque comme leur Père, puisqu'il les a engendrés au Sacerdoce par l'imposition des mains; et, à ce titre, ils lui rendent les devoirs du respect, de l'obéissance et de la confiance la plus filiale.

5. — Les prêtres employés au ministère des âmes, se souvenant que le Saint-Esprit a établi les évêques pour gouverner l'église de Dieu (1), doivent surtout se tenir étroitement liés au premier Pasteur du Diocèse, recevoir et exécuter ses ordres, le consulter dans leurs doutes et leurs difficultés, et inspirer aux peuples qu'ils dirigent la vénération et la soumission qui lui sont dues.

CHAPITRE III.

Des Vicaires généraux.

6. — Les Vicaires généraux sont établis dans un diocèse pour seconder et suppléer l'Evêque dans son administration.

7. — Le Diocèse de Châlons est partagé en deux Archidiaconés à la tête desquels sont placés MM. les Vicaires généraux titulaires. Ils prennent le titre d'Archidiacres et sont chargés spécialement des affaires de leur Archidiaconé, quoiqu'ils jouissent de la juridiction ordinaire dans tout le diocèse.

8. — Le premier Vicaire général est Archidiacre de Saint-Etienne. Son Archidiaconé comprend les archiprêtrés de Châlons, Epernay et Sézanne.

Le second Vicaire général est Archidiacre de Saint-Memmie. Son Archidiaconé comprend les archiprêtrés de Vitry-le-François et de Sainte-Menehould.

9. — Les Archidiacres sont considérés comme les premières dignités de l'Eglise Cathédrale. Toutefois, ils ne sont pas chanoines en vertu de leur titre : ils n'ont donc ni les droits ni les

____

(1) *Spiritus sanctus posuit Episcopos regere Ecclesiam Dei.* Act. XX. 28.

devoirs propres des chanoines, à moins qu'ils ne soient pris dans le Chapitre, et n'aient conservé leur Prébende canoniale (1).

10. — D'après la coutume qui s'est établie dans l'Eglise de France depuis le Concordat de 1801, les Archidiacres occupent au chœur, et dans les assemblées du Clergé diocésain, la première place après l'Evêque (2).

11. — L'Archidiacre met en possession, par lui-même ou par délégué, les Archiprêtres de son Archidiaconé. Il fait la visite de leurs paroisses aux époques qui seront indiquées plus loin (3). Il cote, paraphe et inspecte chaque année leurs Registres de comptabilité et d'administration, qu'ils lui apportent à cet effet. Il leur rend les honneurs funèbres, et se fait remettre, après l'inhumation, les Registres de leur administration archipresbytérale et décanale. Il est aussi chargé de coter, parapher et contrôler les Registres des actes paroissiaux de toutes les églises de son Archidiaconé.

CHAPITRE IV.

Du Chapitre de l'Eglise Cathédrale.

12. — Le Chapitre de l'Eglise Cathédrale est le premier corps ecclésiastique du Diocèse. Il se compose de neuf membres dont l'un est délégué par l'Evêque pour exercer les fonctions de Curé de la paroisse à laquelle la Cathédrale sert d'Eglise paroissiale (4).

Le Doyen du Chapitre est nommé par l'Evêque (5).

13. — Lors de la vacance du siège, le Chapitre est investi de la juridiction ordinaire de l'Evêque, à la condition de la déléguer dans les huit jours, selon les prescriptions du droit. En

(1) Conc. Suess. 1849. Tit. XIV, Cap. 1. — (2) Ibid.
(3) Voir le Chap. XXIII des Statuts, art. 2.
(4) Conc. Suess., Tit. XIV, Cap. II. — (5) Ibid.

France, la coutume l'autorise à nommer plusieurs Vicaires capitulaires (1). Le Gouvernement en admet deux.

Le Chapitre doit informer de la vacance du Siège le Nonce apostolique, le Métropolitain, les Evêques de la Province et le Ministre des cultes. Il a soin d'adresser, par son Doyen, au Métropolitain et au Ministre des cultes le procès-verbal de la séance dans laquelle il a pourvu à l'administration du Diocèse.

14. — Comme toute dignité dans l'Eglise est une charge, les Chanoines, étant les premiers de leurs frères dans le sacerdoce, doivent se distinguer entre tous par leur piété, par leur doctrine et par l'intégrité de leurs mœurs.

15. — Leurs obligations sont réglées par des Statuts particuliers, rendus conformes aux règles tracées par le Concile de Soissons (2).

16. — Parmi les fonctions des Chanoines et les devoirs attachés à leur dignité, Nous nous bornerons à rappeler l'obligation de célébrer chaque jour, à tour de rôle, la messe capitulaire, et de chanter l'office divin. Nous les exhortons à remplir ce devoir, comme le veut le Saint Concile de Trente, *respectueusement, distinctement et dévotement* (3). Ils ne peuvent en être dispensés que par un Indult du Souverain Pontife. C'est encore une fonction des Chanoines et un de leurs devoirs d'assister l'Evêque, lorsqu'il officie pontificalement.

17. — Les Chanoines sont tenus à la résidence. Ils ne peuvent prolonger leurs vacances au-delà de trois mois : dans ces trois mois, il faut comprendre les absences partielles de toute l'année non autorisées par le droit, lesquelles doivent être ménagées de façon à ne nuire ni à la continuité, ni à la dignité du culte divin (4).

18. — Nous accordons à tous les Chanoines titulaires le

---

(1) Conc. Suess. Tit. XIV. Cap. 2. — (2) Ibid. Cap. III.

(3) Conc. Trid. Sess. 24, *de Reform.* Cap. 12.

(4) Conc. Trid. Sess. 24, *de Reform.* Cap. 12. — Conc. Suess. Tit. XIV. Cap. 3.

pouvoir d'absoudre des cas et censures à Nous réservés ; des cas réservés au Souverain-Pontife dans les circonstances où l'Evêque peut, de droit commun, en absoudre ; et de dispenser des irrégularités provenant *ex delicto occulto*, à l'exception de l'irrégularité provenant de l'homicide volontaire, même occulte.

Nous leur permettons de prêcher dans tout le Diocèse, et de confesser tous les fidèles qui réclameront leur ministère, sauf les exceptions relatives aux religieuses, comme il sera dit plus loin (1).

CHAPITRE V.

Des Archiprêtres.

19. — Le Diocèse est divisé en cinq Archiprêtrés qui portent les noms des villes suivantes : Châlons, Vitry-le-François, Epernay, Sainte-Menehould et Sézanne.

Les limites de chaque arrondissement civil forment celles de l'Archiprêtré. Il n'y a d'exception que pour l'arrondissement d'Epernay : quatre Doyennés en sont détachés pour former l'Archiprêtré de Sézanne. Ces Doyennés sont : Sézanne, Anglure, Esternay et Fère-Champenoise.

Le titre d'Archiprêtre est personnel et révocable.

20. — Les fonctions spéciales et les droits des Archiprêtres sont :

1° De prendre ou faire prendre les Saintes Huiles à l'Evêché, avant le dimanche *In albis*, et de convoquer tous les Doyens de leur Archiprêtré pour leur en faire la distribution, à l'église ou au moins à la sacristie, entre le dimanche *In albis* et le dimanche du Bon Pasteur ;

2° De présider à l'installation et aux funérailles des Doyens de leur Archiprêtré, et de se faire remettre, après l'inhumation, les registres de l'administration décanale ;

(1) Chap. XXXVII des Statuts. De la Pénitence.

3° De pourvoir provisoirement d'un administrateur les paroisses décanales vacantes, qui seraient sans vicaire ;

4° De faire la visite des paroisses décanales de leur Archiprêtré, aux époques qui seront indiquées plus loin (1) ;

5° De coter, parapher et inspecter chaque année les registres de comptabilité et d'administration des Doyens de leur Archiprêtré ;

6° De dispenser de la publication des trois bans, quand il s'agit de réhabiliter, dans leur Archiprêtré, un mariage contracté civilement ;

7° D'exercer les fonctions de Doyen dans le Doyenné qu'ils habitent.

CHAPITRE VI.

Des Doyens.

21. — Les limites des cantons civils forment en général les limites des Doyennés.

Sont Doyens les Curés des paroisses dont le Doyenné porte le nom. Nous pourrions cependant, dans des cas particuliers, conférer à un autre Prêtre le titre de Doyen, avec les pouvoirs qui y sont attachés.

22 Les Doyens sont Nos délégués et Nos représentants, et partant, les conseillers des Ecclésiastiques qui résident dans leurs Doyennés respectifs. Toutefois, ils n'ont de juridiction curiale que sur leur propre Paroisse.

23. — Il appartient aux Doyens :

1° De se rendre au chef-lieu de leur Archiprêtré au jour qui leur est indiqué, dans la deuxième semaine après Pâques, pour y recevoir les Saintes Huiles ;

2° De distribuer les Saintes Huiles aux curés de leur Doyenné, soit le jour de la première Conférence qui pourra être

(1) Chap. XXIII des Statuts, art. 2.

avancée à cet effet, soit le jour de la fête du Patronage de Saint-Joseph, à l'occasion de la réunion dont Nous allons parler;

3° De présider, dans leur Eglise ou dans une autre Eglise de leur Doyenné plus favorable au but que Nous nous proposons, la réunion annuelle de l'Association de Saint-Joseph en faveur des séminaires;

4° De présider à l'installation et aux funérailles des curés ou desservants de leur Doyenné;

5° De pourvoir provisoirement au service des paroisses et églises vacantes, à condition qu'ils Nous préviendront, dans les huit jours, des dispositions qu'ils auront prises;

6° De présider les Conférences ecclésiastiques et autres réunions officielles du clergé de leur Doyenné;

7° De visiter les paroisses et églises de leur circonscription, aux époques qui seront déterminées plus loin;

8° De dispenser d'un ou de deux bans pour contracter mariage, et même du troisième ban en cas d'urgence, pour réhabiliter un mariage civil, lorsque l'un des futurs habite leur Doyenné;

9° De dispenser du temps prohibé pour les mariages qui doivent être célébrés dans leur Doyenné, lorsque l'un des futurs habite ce Doyenné;

10° De bénir, pour les Eglises de leur Doyenné, les linges destinés au service des autels;

11° D'absoudre des cas et censures à Nous réservés; des cas réservés au Souverain-Pontife dans les circonstances où l'Evêque peut, de droit commun, en absoudre; et de dispenser des irrégularités provenant *ex delicto occulto*, à l'exception de l'irrégularité provenant de l'homicide volontaire, même occulte.

12° De permettre, dans les limites de leur Doyenné, pour une fois seulement, à un curé, ou à tout autre prêtre bien connu, de dire une seconde messe, le jour où le binage est permis, dans une paroisse ou annexe qui en serait privée, et d'administrer les sacrements, même le sacrement de mariage dans une paroisse autre que la leur, lorsqu'il n'est pas possible d'avoir recours à Nous.

13° De servir d'intermédiaire entre l'Evêché et les Ecclésiastiques de leur Doyenné, toutes les fois que Nous les en chargerons, et habituellement pour recevoir des curés de leur Doyenné les sommes destinées aux Œuvres catholiques ou au Secrétariat de l'Evêché ;

14° De s'efforcer d'apaiser les difficultés qui s'élèveraient entre les curés et leurs paroissiens, entre les ecclésiastiques et leurs confrères. S'il arrivait que leur charitable intervention n'ait pu aboutir, ils devraient Nous rendre compte de la situation ;

15° En général, de Nous informer de tout ce qui serait de nature à compromettre, dans leur Doyenné, la foi, les mœurs ou la discipline ecclésiastique.

CHAPITRE VII.

Des Curés.

24. — Nous comprenons ici, sous le nom de Curés, tous les Prêtres à qui la direction d'une paroisse a été confiée, en vertu d'un titre soit amovible, soit inamovible.

Tous ont la juridiction ordinaire dans les paroisses dont ils sont chargés. L'Eglise accordant aux uns et aux autres les mêmes droits sous ce rapport, leur impose aussi les mêmes obligations (1).

---

(1) Voici ce que dit le Concile d'Amiens sur la situation des curés amovibles en France : *Etsi in Galliis, ubi nunc maxima pars Rectorum qui parœciis præficiuntur sunt amovibiles, grandis profecto facta fuerit sub eo respectu, juri communi derogatio, Summus Pontifex hunc ordinem, justis de causis introductum, non abolendum, sed continuandum esse censuit. Cum autem prædictæ consuetudines rationabilibus etiam innitantur fundamentis, nec ullum quo consuetudines radicitus annulantur, vitium includant, et earum conservationem a nulla prætentione, sanctæ Sedis prærogativis et documentis contraria, apud nos procedere testemur,*

CHAPITRE VIII.

Des Vicaires.

25. — Les Vicaires sont les auxiliaires des Curés dans l'exercice du ministère pastoral. Ils n'ont qu'une juridiction déléguée ; mais, comme ils sont, sauf exception formelle, délégués *ad universa*, ils jouissent du pouvoir ordinaire de subdéléguer, même pour la célébration d'un mariage.

26. — Les vicaires étant les auxiliaires des curés doivent connaître les attributions et les obligations de la charge pastorale. Ils se conduiront avec déférence envers les Pasteurs auxquels ils sont adjoints, demanderont et suivront leurs conseils, surtout dans les cas difficiles. C'est de leur union et de l'unité de leurs vues que dépendent l'édification et le salut des peuples. « *Curent*, dit le Concile de Soissons, *quantùm fieri potest, ut uniformem cum Parocho agendi rationem teneant ; nimia enim inter utrumque, quoad sacri ministerii praxim, discrepantia, in destructionem potius vergeret quàm in œdificationem. Summopere etiam caveant ne verbis aut factis Parochum in mente fidelium imminuant ; sed in omnibus modeste, sicut decet, sese gerentes, cum diligenti curâ fideli populo salutis adjumenta prœbeant* (1).

Représentants du curé dans la paroisse, ils doivent y agir en son nom plutôt qu'en leur nom personnel (2).

---

nostrarum ecclesiarum conditio postulat ut, recognitis nostris necessitatibus, consuetudines illas Sancta Sedes apostolica pro nostris Diœcesibus improbandas non judicet, atque ita illas in prœsens permanere velit, prout jam factum est super quibusdam articulis juri communi derogantibus qui nostrœ Synodi Suessionensis decretis includuntur. (Conc. Ambian. 1853. Cap. VI.)

Le vœu exprimé par ces paroles a été agréé par le Souverain-Pontife, comme l'indique la lettre du cardinal Maï, du 31 mars 1853.

(1) Conc. Suess. Tit. XV. Cap. 2.

(2) Ibid.

CHAPITRE IX.

Des Chapelains ou Aumôniers.

27. — Les Chapelains ou Aumôniers des maisons, communautés, ou établissements distraits en totalité ou en partie de la juridiction pastorale, sont nommés par Nous.

Ils jouissent d'une juridiction quasi curiale. Leurs droits et leurs devoirs sont réglés par des Ordonnances spéciales et toujours révocables, d'après les règlements particuliers des maisons dont ils sont chargés.

CHAPITRE X.

Des Prêtres habitués.

28. — Les Prêtres habitués ont le droit de célébrer le Saint Sacrifice de la Messe dans la paroisse qu'ils habitent, en se conformant à l'ordre et aux règlements établis dans la paroisse.

S'ils peuvent seconder les curés dans l'œuvre du ministère pastoral, Nous nous réservons de leur accorder des pouvoirs particuliers, déterminés par les services qu'ils seront appelés à rendre.

CHAPITRE XI.

Des Supérieurs, Directeurs et Professeurs des Etablissements diocésains.

29. — Une des fonctions les plus importantes et un des devoirs les plus périlleux de l'Episcopat, est de préparer et d'appeler aux saints Ordres les jeunes gens que Dieu y destine.

En associant les Supérieur, Directeurs et Professeurs de Notre Grand Séminaire à cette partie de Notre sollicitude pastorale, Nous leur imposons, à la vérité, un fardeau bien redoutable, mais Nous leur donnons aussi le plus haut témoignage de Notre estime et de Notre confiance.

30. — Ce n'est pas seulement dans les dernières années de leur éducation cléricale que des soins pieux, intelligents et dévoués sont nécessaires aux élèves du sanctuaire ; ils le sont dès les premiers pas que font les adolescents vers la carrière ecclésiastique : les petits séminaires ont dû leur naissance à cette considération.

Nous exhortons tous les ecclésiastiques employés dans Notre Petit Séminaire à donner à leurs élèves, par leurs leçons et par leurs exemples, une haute idée du sacerdoce ; à leur inculquer, dès l'âge le plus tendre, l'amour du travail et de la discipline, une piété sincère, une grande pureté de mœurs, une obéissance pleine de respect envers les supérieurs, la gravité du langage, la politesse des manières, la charité à l'égard de tous.

31. — Ces recommandations s'appliquent naturellement aux Maîtres que Nous donnons à Notre Institution *Saint-Étienne*. Sur cette maison reposent, en partie, Nos meilleures espérances de régénération chrétienne pour le Diocèse que Dieu Nous a confié.

Nous engageons donc les maîtres de cet établissement à considérer souvent combien la religion est intéressée à leurs travaux.

Le dévouement du prêtre embrasse aussi utilement l'éducation de la jeunesse que la prédication et l'administration des sacrements.

32. — Dans son Encyclique *Humanum genus*, du 20 avril 1884, le Souverain Pontife Léon XIII *recommande avec une nouvelle instance à la foi et à la vigilance des Évêques la jeunesse qui est l'espoir de la société.*

Il les conjure *d'appliquer à sa formation la plus grande partie de leur sollicitude pastorale.*

33. — MM. les Supérieurs des établissements diocésains sont

assimilés aux aumôniers en ce qui concerne les pouvoirs de juridiction.

CHAPITRE XII.

Des Supérieurs des Communautés religieuses.

54. — Aucune Congrégation religieuse d'hommes ou de
femmes ne peut s'établir dans Notre Diocèse ou y installer
aucun de ses membres, sans Notre autorisation.

55. — Chaque Congrégation ou Communauté religieuse de
femmes sera placée sous Notre autorité immédiate et personnelle :
Nous pourrons cependant désigner un Supérieur ecclésiastique
pour Nous remplacer. Dans ce cas les fonctions du Supérieur
sont :

1° De faire observer dans chaque Congrégation et dans
chaque maison de la Congrégation les règles et les constitutions
qui lui sont propres ;

2° De Nous présenter, pour chacune de ces maisons religieuses,
des confesseurs ordinaires et extraordinaires ;

3° D'examiner les postulantes et les novices, comme aussi de
présider, avec Notre agrément préalable, aux vêtures et aux
professions ;

4° De faire, chaque année, la visite canonique, et d'exiger un
compte exact du temporel de la communauté ;

5° De Nous adresser, tous les ans, un rapport sur l'état spirituel et sur la situation temporelle de la Congrégation ou Communauté.

CHAPITRE XIII.

Des préséances.

56. — Afin que tout se fasse avec ordre, selon la parole de
l'Apôtre, *Omnia secundum ordinem fiant* (1), Nous décidons que
les prêtres de Notre diocèse prendront rang dans l'ordre suivant :

(1) I Cor. XIV. 40.

I. Dans les assemblées et cérémonies générales du clergé diocésain,

    1° Les vicaires généraux archidiacres ;
    2° Les chanoines titulaires et à leur tête M. le Doyen du Chapitre ;
    3° Les vicaires généraux honoraires ;
    4° Le supérieur du Grand Séminaire ;
    5° Les chanoines honoraires ;
    6° Les archiprêtres ;
    7° Le supérieur du Petit Séminaire ;
    8° Le supérieur de l'Institution Saint-Etienne ;
    9° Les doyens ;
    10° Les curés en titre ;
    11° Les directeurs du Grand Séminaire ;
    12° Les ecclésiastiques autorisés à porter la mosette ;
    13° Les curés amovibles, les aumôniers, les vicaires, les professeurs et les autres prêtres.

La préséance est réglée entre eux par l'ancienneté d'ordination. Pour ceux qui les précèdent, elle est réglée par l'ancienneté d'installation.

II. Dans les assemblées et cérémonies religieuses qui ont lieu dans la circonscription d'un archidiaconé ou d'un doyenné, l'archiprêtre ou le doyen a le droit de préséance sur tout prêtre qui n'a sur lui aucune juridiction.

III. Dans sa paroisse ou dans son église, le curé, aumônier ou chapelain ne cède la préséance qu'aux Archidiacres ou à son supérieur hiérarchique accomplissant un acte d'autorité déléguée.

IV. Dans l'église et dans les cérémonies paroissiales, les vicaires et les prêtres habitués de la paroisse prennent rang après les ecclésiastiques autorisés à porter la mosette.

DEUXIÈME SECTION.

DEVOIRS DES ECCLÉSIASTIQUES.

Titre premier.

DEVOIRS GÉNÉRAUX DES ECCLÉSIASTIQUES.

CHAPITRE XIV.

De la Sainteté ecclésiastique et des moyens de la conserver.

37.—Personne n'ignore que la sanctification du peuple dépend d'ordinaire de ses pasteurs et qu'elle est souvent la récompense de leur vertu. C'est ce que nous assure le Saint Concile de Trente : *Nihil est quod alios magis ad pietatem et Deï cultum assiduè instruat, quam eorum vita et exemplum qui se ministerio divino dedicarunt. Cum enim e rebus sœculi in altiorem sublati locum, conspiciantur, in eos tanquam in speculum reliqui oculos conji-ciunt, ex iisque sumunt quod imitentur* (1).

Le prêtre doit donc se faire remarquer, au milieu du monde, par une conduite si régulière et une vie si sainte qu'il puisse dire aux fidèles avec l'apôtre saint Paul : « *Soyez mes imita-« teurs, comme je le suis moi-même de Jésus-Christ* (2).

58. — Les prêtres de Notre Diocèse, fidèles à leur glorieuse tradition, continueront de s'appliquer à leur propre sanctifica-tion par le détachement des choses de la terre, et par les

---

(1) Conc. Trid. Sess. xxii. *De Ref.* Cap. 1.
(2) 1 Cor. iv. 16.

exercices de la piété sacerdotale. Ils étudieront avec constance les règles générales de l'Eglise et celles des Conciles de Soissons, d'Amiens et de Reims fondues dans les Statuts du Diocèse, afin de mériter toujours le témoignage qui a été rendu à leur vie ecclésiastique.

39. — Le prêtre, quelque poste qu'il occupe, doit avoir un règlement de vie où soient marqués ses principaux exercices de chaque jour, avec des heures déterminées, si c'est possible.

Le meilleur règlement est celui du Séminaire, modifié selon les exigences du saint ministère.

40. — Nous recommandons instamment à tous les ecclésiastiques de Notre Diocèse :

1° De faire l'oraison chaque jour et immédiatement après le lever, au moins durant une demi-heure.

Au témoignage des saints, confirmé par l'expérience journalière des prêtres, l'oraison est pour eux un puissant moyen de préservation dans leur faiblesse, une source abondante de consolations dans leurs peines, de lumières dans leurs doutes, de force dans leurs travaux et de patience dans leurs tribulations.

2° De réciter le saint bréviaire avec *respect, attention* et *dévotion.*

3° D'être fidèles à la récitation quotidienne du chapelet.

4° De faire, chaque jour, une lecture pieuse dans une vie de saint ou dans un ouvrage de spiritualité.

5° De pratiquer soigneusement l'examen de conscience et la visite quotidienne au Très Saint-Sacrement.

41. — Nous les exhortons à s'approcher du sacrement de pénitence au moins tous les quinze jours. La confession fréquente est le plus sûr moyen de célébrer la sainte messe avec la pureté de cœur que réclame un sacrifice aussi auguste et aussi redoutable. Ils n'hésiteraient pas à se confesser plus souvent si leur âme venait à traverser des crises difficiles.

42. — Nous supplions les prêtres qui dirigent la conscience de leurs confrères d'exercer ce ministère avec charité, mais aussi avec autorité, se souvenant de ces paroles du Prophète Ezéchiel qui ne sauraient trouver une meilleure application : *Væ quæ consuunt pulvillos sub omni cubito manus, et faciunt cervicalia sub capite universæ ætatis ad capiendas animas* (1), et aussi des graves paroles de saint Paul à Timothée : *Argue, obsecra, increpa in omni patientia et doctrina* (2).

Comme la difficulté des temps Nous oblige souvent à confier les cures à des prêtres récemment ordonnés, ou d'expérience insuffisante, il est à désirer que chacun d'eux se place, pendant cinq ans, sous la direction d'un prêtre vénéré par ses confrères, qu'il le visite régulièrement, qu'il prenne ses conseils, et qu'il lui rende compte de sa vie pastorale.

43.—Les retraites ecclésiastiques étant un des plus puissants moyens de conserver, de ranimer et d'accroître la ferveur sacerdotale, Nous faisons un devoir à tous Nos prêtres d'assister au moins tous les deux ans aux exercices de la retraite diocésaine (3).

Ils s'y rendront dès l'ouverture, et ils seront jaloux d'y continuer les belles habitudes de discipline qui sont la gloire du clergé châlonnais.

Ils n'auront garde de sortir, de s'absenter, de se retirer avant la clôture, sans une permission expresse de Notre part.

44.—Ceux qui, pour des motifs graves et avec Notre permission, ne pourraient prendre part à la retraite qui leur aurait été assignée, devront y suppléer, avant la Toussaint, par une retraite particulière dont la durée ne pourra être inférieure à trois jours complets. Ils Nous remettront immédiatement une déclaration écrite, constatant qu'ils ont satisfait à cette obligation.

45. — Nous exhortons vivement ceux qui seront privés de la retraite générale, à se ménager quatre ou cinq jours de recollec-

____

(1) Ezech. XIII. 18.
(2) II Tim. IV. 2.
(3) Voir à l'Appendice, le Règlement des retraites pastorales, I.

tion dans une communauté ou chez un confrère pieux, pour réfléchir, en présence de Dieu, sur les nombreux devoirs du sacerdoce, et sur le compte terrible qui leur sera demandé des grâces reçues et des âmes confiées à leur sollicitude.

46. — Nous leur recommandons aussi la retraite du mois comme un moyen puissant et efficace pour se soutenir dans l'esprit du sacerdoce, qui ne s'affaiblit que trop facilement au milieu du monde.

Cette retraite produira beaucoup plus de fruits s'ils contractent la louable habitude de la faire en commun, en se réunissant chez un confrère de leur voisinage, au nombre de trois ou quatre, sinon tous les mois, du moins aussi souvent que possible, aux jours fixés d'avance.

Ils pourront ainsi consacrer quelques heures à s'édifier mutuellement dans la pratique des exercices spirituels, tels que : la méditation, l'examen de conscience, la visite au Saint-Sacrement, la préparation à la mort, la confession, et même la direction, ou, du moins, une ou deux conférences faites par un prêtre expérimenté et connaissant les besoins du clergé paroissial (1).

Les Prêtres attachés à Nos maisons enseignantes trouveront dans ces réunions le moyen de faire trève pour quelques instants à une vie et à des occupations qui, de leur nature, sont peu favorables à la piété.

L'expérience a démontré que la retraite du mois faite sous cette forme contribue efficacement au développement de la vie intérieure, à la réforme personnelle, à la persévérance dans les résolutions de la retraite annuelle, à l'union fraternelle des membres du clergé et à l'édification des peuples, par suite des progrès dans la vie sacerdotale, qui résultent des encoura-

---

(1) Voir le Manuel de l'Œuvre de la retraite du mois sacerdotale, ou Récollection mensuelle en commun, chez Capécure, 12, rue d'Alsace, à Boulogne-sur-Mer.

gements et des exemples que se donnent mutuellement les pasteurs. « *Deus sempiternus Dominus...... non deficiet.....* *qui dat lasso virtutem et his qui non sunt fortitudinem et robur multiplicat* (1).

CHAPITRE XV.

De l'habit ecclésiastique.

47.— *Etsi habitus non facit monachum,* dit le saint Concile de Trente, *oportet tamen clericos vestes proprio congruentes ordini semper deferre, ut per decentiam habitus extrinseci, morum honestatem intrinsecam ostendant* (2).

En conséquence, Nous ordonnons à tous les ecclésiastiques de Notre diocèse, et particulièrement à ceux qui sont dans les ordres sacrés, de porter partout le costume ecclésiastique tout entier.

Ce costume se compose de la soutane, du rabat, de la ceinture et du chapeau bicorne.

La tonsure doit toujours être visible.

Le pantalon ne sera pas porté sans une permission spéciale de Notre part, et il sera toujours noir. Il est défendu de porter la barbe.

48. — S'ils voyagent hors du diocèse, les membres de Notre clergé ne quitteront pas l'habit ecclésiastique sans Nous avoir consulté : si le temps leur a manqué pour obtenir Notre autorisation, ils Nous en avertiront aussitôt que possible. Ils éviteront avec soin tout ce qui, en les confondant avec les laïques mondains, les porterait à se départir de la modestie ecclésiastique.

49. — Si, dans leur tenue extérieure, les clercs doivent s'interdire le luxe et la mondanité, ils doivent s'interdire de même la malpropreté et la négligence qui les aviliraient aux yeux des peuples.

(1) Isaïe, XL, 28, 29.
(2) Conc. Trid. Sess. xiv. *De Reform.* C. 6.

CHAPITRE XVI.

De l'habitation ecclésiastique.

50. — Le saint Concile de Trente veut que *les ecclésiastiques, quelle que soit leur dignité, se contentent d'un ameublement modeste, qu'ils bannissent de leur maison tout ce qui ne rappellerait pas la sainteté cléricale, la simplicité apostolique, le zèle de Dieu et le mépris des vanités séculières* (1).

Nous signalons, en particulier, comme déplacées dans la maison d'un ecclésiastique, les statues, les tableaux, les photographies qui offenseraient la modestie.

51. — Nous défendons aux curés de fixer leur demeure ailleurs que dans la maison presbytérale, ou dans l'habitation destinée à en tenir lieu, à moins d'avoir obtenu Notre autorisation.

52. — Nous recommandons à tous les ecclésiastiques d'attacher le plus grand soin à ce que les personnes qui habitent le presbytère répondent, par leur conduite et leur tenue, au caractère dont ils sont eux-mêmes investis.

Outre que l'opinion du monde les fait responsables de leur intérieur, l'Esprit-Saint lui-même déclare incapable de conduire l'Eglise de Dieu, celui qui ne sait pas conduire sa maison (2).

53. — Tout ecclésiastique placé dans les ordres sacrés, ayant à demeure, dans sa maison, à l'état de cohabitation, pour cause de service ou sous un prétexte quelconque, une personne de sexe différent, âgée de plus de douze ans et de moins de quarante ans accomplis, autre que sa mère, sa belle-mère, sa sœur ou sa tante, eut-elle coutume de passer la nuit hors du presbytère, est frappé de suspense *ipso facto*.

54. — Tout ecclésiastique placé dans les ordres sacrés,

(1) Conc. Trid. Sess. XXV. *De Reform.* Cap. 1.
(2) 1 Tim. III, 5.

recevant d'une manière permanente dans sa maison sa nièce au-dessus de douze ans et au-dessous de trente ans, est frappé de suspense *ipso facto*.

55. — Nous recommandons aux ecclésiastiques :

1° De ne pas avoir à demeure leurs jeunes sœurs, sans Nous avoir consulté ;

2° De ne pas choisir pour domestiques les femmes séparées de leur mari, ou les veuves qui ont des enfants mineurs, sans y être autorisés par Nous ;

3° De ne prendre à la journée que des ouvrières bien connues par leur bonne conduite ;

4° De ne pas prendre à demeure avec eux plusieurs membres de leur famille ou d'autres personnes que leurs domestiques, sans Nous avoir consulté.

56. — Ils pourront recevoir et loger chez eux les personnes du sexe qui viendraient les visiter, pourvu que la même visite ne dure jamais plus de dix jours, y compris ceux de l'arrivée et du départ, et que la même personne ne reste pas au presbytère plus de soixante jours dans le cours de l'année civile en plusieurs fois.

57. — Il est à désirer que les prêtres évitent d'entendre la confession des personnes attachées à leur service, qu'ils les tiennent sagement étrangères à tous les actes de leur saint ministère comme à l'administration de la paroisse, et qu'ils les forment avec bienveillance à ne jamais dépasser le ton de modeste infériorité pour prendre celui d'une malséante familiarité.

Ils ne les admettront pas à leur table, à moins qu'elles ne soient leur parentes.

CHAPITRE XVII.

Des récréations.

58. — La vie du prêtre doit être sérieuse et austère. Il doit se souvenir qu'il n'a pas été élevé au sacerdoce pour mener une vie commode et tranquille, mais pour travailler, avec renoncement, au salut des âmes. Il doit donc éviter toute récréation contraire aux bienséances sociales. Ses loisirs seront conformes à la recommandation du saint Concile de Trente. *Nihil nisi grave, moderatum ac religione plenum præ se ferant clerici* (1).

59. — Par conséquent il s'interdira :

1° Les théâtres, spectacles forains, bals, cafés chantants, et les réunions populaires où sa présence serait l'objet d'un mauvais exemple ;

2° La chasse ;

3° Tout jeu pratiqué dans les lieux publics ;

4° Tout genre de repas dans les auberges, les cabarets, les cafés et les lieux qui en dépendent.

60. — Dans le cas de nécessité ou en voyage, un prêtre doit s'entourer de tous les renseignements nécessaires pour ne prendre gîte que dans des hôtels ou dans des auberges d'une honnêteté notoire.

61. — Tout ecclésiastique placé dans les ordres sacrés, qui mange ou boit dans les cafés, auberges, restaurants ou hôtels du lieu de sa résidence, ou des paroisses auxquelles il est attaché, est suspens *ipso facto*. Nous exceptons le cas où le propriétaire de l'établissement serait un de ses parents ou alliés jusqu'au second degré inclusivement, ou le maire de la commune, ou le président de la fabrique, à condition que le repas sera servi dans un lieu différent de la salle commune à tous les étrangers. Nous exceptons aussi le cas du prêtre, invité au buffet de la gare par un ami de passage, ou visitant les malades, administrant les sacrements, etc., dans une commune ou dans des habitations éloignées de son domicile, qui ne pourrait que difficilement trouver ailleurs la nourriture ou les rafraîchissements dont il a besoin.

62. — Nous engageons les ecclésiastiques à s'interdire les repas de noces ou de baptême, où la modestie et la dignité de notre saint état seraient difficiles à préserver.

---

(1) Conc. Trid. Sess. 22. *De Reform.* C. 1.

63. — Nous les engageons, pour le même motif, à décliner habituellement les invitations à la table des séculiers, et à les appeler rarement à celle du presbytère; et si des raisons sérieuses les y portent, que leur gravité, leur sobriété, leur charité et leur discrétion tournent en édification leur présence au milieu des laïques.

64. — Nous leur défendons de jouer les jours de Calendes et de Conférences, comme aussi de jouer dans les lieux publics, même à des jeux permis. Nous leur rappelons que les jeux permis cessent de l'être, si on joue trop souvent ou trop longtemps. On évitera surtout de les prolonger trop avant dans la nuit et d'y dépenser un argent que les bons prêtres aimeront mieux donner aux pauvres. La vivacité, les paroles offensantes en seront toujours bannies.

65. — L'habitude du tabac à fumer, toujours regrettable chez un ecclésiastique, ne s'excuse que par la nécessité, hors de laquelle nous pressons vivement le clergé de s'en abstenir.

Ceux qui en usent pour un motif de santé, n'hésiteront pas à Nous l'expliquer.

CHAPITRE XVIII.

Des visites et des voyages.

66. — Les visites faites par le curé à ses paroissiens, au nom du zèle pastoral, ou en conformité soit avec les règles, soit avec l'esprit de l'Eglise, comme il sera dit plus bas (1), sont dignes de louanges, procurent le bien des âmes et facilitent beaucoup l'exercice du saint ministère. Mais les visites faites par désœuvrement ou par familiarité sont pleines de danger et parfois de scandale. C'est pourquoi, Nous recommandons aux ecclésiastiques de s'en abstenir, surtout envers les personnes du sexe qui vivent seules et qui sont d'un âge peu avancé.

67. — L'habitude de recevoir dans la maison, une personne

_____

(1) Voir le Chapitre XXIV des Statuts, art. 5.

du sexe, même veuve, même pieuse, même âgée, est formellement condamnée par ces Statuts.

Les visites bienséantes des personnes du sexe seront reçues dans un appartement accessible à tout le monde et à des heures convenables. Il importe de les soumettre à la brièveté.

Ni les conseils de direction, ni l'étude du chant des cantiques, ni les sujets intéressant le culte divin, ne doivent dispenser de ces règles. *Caveas*, disait saint Jérôme à Népotien, *omnes suspiciones, et quidquid probabiliter fingi potest, ne fingatur, ante devita. Nec in præterita castitate confidas : nec sanctior David, nec Salomone potes esse sapientior.* Saint Bonaventure ajoute : *Mulieribus adhibenda est accessio quodammodo fugitiva.* Le grand Apôtre va, ce semble, encore plus loin, quand il dit à son disciple : *Adolescentiores viduas devita* (1).

68. — Que les prêtres évitent d'attirer à leur table, et même dans leur maison, les institutrices, quel que soit le prétexte. Qu'ils n'entrent dans leurs demeures qu'en présence des enfants et par un sérieux motif de zèle.

69. — Un ecclésiastique doit s'interdire les voyages inutiles à son ministère.

Si un pasteur a coutume de s'absenter, s'il multiplie les voyages de plaisir ou d'agrément, s'il se prête volontiers aux réunions frivoles de la contrée, il perd son autorité sur les fidèles.

70. — Les prêtres éviteront de voyager avec toute personne dont la compagnie pourrait prêter au soupçon ou à la critique.

Ils auront à cœur de pratiquer, en voyage, les mêmes exercices de piété que dans la paroisse, et surtout de célébrer le saint sacrifice de la messe.

71. — La défense de se présenter dans la paroisse où l'on a exercé le saint ministère, pendant l'année qui suit le changement, est renouvelée et confirmée dans ces Statuts.

(1) 1. Tim. V.

CHAPITRE XIX.

Des affaires temporelles.

72. — Les curés et autres prêtres de Notre diocèse auront toujours présentes à l'esprit ces paroles de saint Paul : *Nemo militans Deo, implicat se negotiis secularibus, ut ei placeat cui se probavit* (1).

73. — Il est interdit à tous les ecclésiastiques :

1° D'exercer aucune sorte de négoce, soit par eux-mêmes, soit par des intermédiaires, et de faire partie d'une société de commerce, comme membres du conseil d'administration ;

2° De se livrer à des jeux de Bourse, sous quelque forme que ce soit ;

3° De prendre aucun bail à ferme, et de se charger de l'administration des propriétés séculières, autres que leurs propriétés personnelles;

4° D'accepter la charge de tuteur, de subrogé-tuteur ou de curateur, à moins qu'ils n'y soient contraints par la loi, ou qu'ils n'aient obtenu Notre assentiment ;

5° De se faire caution pour autrui, même pour leurs parents, à moins qu'ils ne soient certains de pouvoir remplir leurs engagements.

74. — Il est interdit aux curés et aux vicaires d'acquérir, dans le lieu de leur résidence, aucun immeuble, et de placer des capitaux à intérêts chez des paroissiens, sans avoir obtenu préalablement Notre agrément.

Aucun prêtre n'intentera de procès à un de ses paroissiens, sans Notre permission formelle.

75. — Nous recommandons instamment aux curés et aux vicaires de ne pas accepter à leur profit un bien-fonds ou une somme considérable, donnés ou légués par un de leurs paroissiens, sans Nous avoir consulté.

(1) II, Tim., II, 4.

L'expérience prouve que, faute de conseil, des prêtres vont au-devant des procès, des calomnies, et d'une impopularité dont tout le clergé est rendu responsable.

Toute disposition testamentaire d'un pénitent en faveur du prêtre qui a reçu sa confession durant sa dernière maladie est nulle, si le testament n'est pas antérieur à cette maladie (1). Toutefois, la loi civile elle-même a excepté de cette défense les legs rémunératoires.

76. — L'exercice de la médecine, de la chirurgie et de la pharmacie est expressément interdit à tous les clercs. Nous n'entendons pas cependant condamner les conseils dictés par l'expérience, et donnés gratuitement aux malades pauvres de la paroisse. Mais il y faut beaucoup de réserve, surtout envers les personnes du sexe.

77. — La pratique du magnétisme et de tout ce qui s'y rattache est absolument interdite aux prêtres.

78. — Les prêtres éviteront, dans la gestion de leurs affaires temporelles, l'imprévoyance et la prodigalité aussi bien que l'avarice. Le pasteur scandalise son peuple non-seulement par l'avarice, par l'accroissement de sa fortune à l'aide de calculs ou des privations sordides, mais encore par le désordre des dettes et par des pertes infligées à des fournisseurs trop confiants.

79. — Tout prêtre doit tenir compte des intentions de messes qu'il a reçues et de celles qu'il a acquittées, des aumônes qu'il a en dépôt, des cotisations, souscriptions, offrandes faites en faveur des œuvres catholiques. Il est important de noter par écrit la date de chaque recette, et la date de chaque versement.

80. — Il appartient aux trésoriers des fabriques paroissiales de tenir tous les comptes relatifs aux recettes et aux dépenses

____

(1) Code civil, art. 909.

de l'église. Les curés doivent leur laisser ce soin, et faire remettre entre leurs mains toutes les valeurs de la fabrique relatives au culte.

Cependant, si quelquefois les circonstances les obligent à accepter le dépôt provisoire des sommes appartenant soit aux fabriques, soit aux confréries, ils doivent en prendre note sur un registre spécial, et les verser le plus tôt possible, ou à des époques déterminées, entre les mains des trésoriers respectifs.

Ils éviteront ainsi des erreurs et des malentendus regrettables, et ils ne s'exposeront pas à laisser confondre, en cas de mort, les ressources du culte avec celles de leur héritage.

81. — S'ils conservent au presbytère les archives de la fabrique et de la cure ou succursale, les vases sacrés, les ornements, etc., ils doivent dresser un inventaire de tous ces objets et en faire le récollement chaque année.

82. — Nous engageons vivement tous Nos prêtres à faire leur testament de bonne heure, avec toute la maturité possible, sans attendre la vieillesse ou la maladie. L'expérience prouve que, ne pas remplir ce devoir en pleine santé, c'est l'omettre ou le mal remplir. Nous leur conseillons de faire de pieuses libéralités proportionnées à leurs ressources. Qu'ils consultent des hommes compétents sur le moyen de dérober leurs dispositions aux difficultés qui en retarderaient ou en empêcheraient l'accomplissement; qu'ils préviennent toute vente publique de leur mobilier, de leurs vêtements ecclésiastiques et des objets consacrés au culte; qu'ils désignent un exécuteur testamentaire digne de leur confiance, et qu'ils l'investissent de la *saisine légale* (1); qu'ils consignent dans leur testament toutes les clauses commandées par la justice, l'équité, la charité et l'édification des peuples : telle une clause qui fonde des prières pour le repos de leur âme.

(1) Code civil. art. 1025 et suiv.

CHAPITRE XX.

Des rapports des Ecclésiastiques avec leurs Supérieurs hiérarchiques.

83.—Ce n'est pas, aux yeux du bon prêtre, une vaine cérémonie que la promesse solennelle d'obéissance qu'il a faite entre les mains de son Evêque, le jour de son ordination : elle devient la règle de sa conduite, et il se montre, jusqu'à son dernier soupir, respectueux et soumis. Il a pour lui la déférence et la soumission qu'il attend lui-même de ses paroissiens.

« Si la désobéissance à ses commandements, dit saint François de Sales, est un défaut pour les laïques, c'est un sacrilège pour les prêtres qui, dans leur ordination, ont fait une promesse particulière de lui obéir. »

84. — Tous ceux qui participent à l'autorité de l'Evêque comme Vicaires généraux, Archiprêtres, Doyens, Supérieurs, ont droit proportionnellement aux mêmes égards.

85. — La correction étant le plus pénible des devoirs imposés à un Evêque, les bons prêtres s'efforceront d'en prévoir la nécessité en venant en aide à tout confrère qui s'égare. Ils chercheront, par de sages conseils, à lui ouvrir les yeux et à prévenir sa ruine.

86. — Personne, a dit l'Apôtre, ne doit s'ingérer de lui-même dans l'Eglise. Un Supérieur ecclésiastique ne saurait donc, sans compromettre sa conscience, céder aux démarches faites directement ou par intermédiaires, en vue d'obtenir un poste plus élevé ou plus lucratif.

Mais, si un bon prêtre ne doit demander aucun emploi, il ne doit pas non plus refuser les postes auxquels il est légitimement appelé. Il lui est toujours permis d'exposer les motifs qu'il croit avoir de conserver ses fonctions ou de les quitter. Mais lorsqu'il a parlé en toute vérité et simplicité, il doit s'en remettre à la décision de son Evêque.

87. — Tout ecclésiastique constitué dans les Ordres sacrés, quittant le diocèse, ou abandonnant son poste sans Notre autorisation, est suspens *ipso facto. Quod si locum, inconsulto episcopo, deseruerit, ei sacrorum exercitium interdicatur* (1). On doit aussi se munir d'une permission de Notre part pour accepter un poste ou une fonction habituelle quelconque.

88. — Toute demande de dispense, de faveur quelconque ou de conseil, devra être exposée avec droiture, simplicité et clarté. Toute permission, faculté, dispense, décision, etc., antérieurement refusée par un supérieur ecclésiastique, et subrepticement obtenue d'un autre supérieur, est nulle de plein de droit.

Les prêtres qui consulteraient un supérieur ecclésiastique sur un cas de conscience, ou sur toute autre difficulté, auront soin de mentionner, dans leur exposé, les décisions déjà rendues par l'autorité dans la même affaire.

89. — Les correspondances des ecclésiastiques avec leurs supérieurs hiérarchiques seront toujours conformes aux convenances et aux usages reçus pour tout ce qui concerne la forme, et exposeront avec clarté toutes les questions qu'ils auront à traiter.

Ils sont priés de faire autant de lettres qu'ils ont d'affaires à traiter ou de demandes à Nous adresser. Le bon ordre de Notre administration rend cette précaution nécessaire.

90. — Conformément aux saintes règles de l'Eglise, ils n'introduiront dans les paroisses aucun usage nouveau, et n'entreprendront rien d'important, avant d'avoir reçu Notre approbation.

CHAPITRE XXI.

Des Rapports des Ecclésiastiques entre eux.

91. — Les prêtres éviteront soit de relever les défauts, soit d'amoindrir les mérites de leurs confrères, soit de se livrer à

(1) Conc. Trid. Sess. XXIII. *De Reform.* C. 16.

l'esprit de rivalité, de jalousie, de partialité, particulièrement en présence des laïques. L'union, la discipline, l'harmonie des vues et de la conduite qui sont la force de toute société, doivent être le caractère dominant du clergé.

Les prêtres doivent pratiquer les uns envers les autres le devoir de la correction fraternelle, en se conformant aux règles tracées par Notre Seigneur Jésus-Christ (1), et en agissant dans l'esprit de douceur et dans cette juste défiance de soi-même que recommande saint Paul (2).

92.— Nous verrons toujours avec plaisir les prêtres se visiter de temps en temps pour se communiquer leurs projets, leurs joies ou leurs tristesses, pour se consoler, s'encourager et s'exciter au travail souvent si pénible de la sanctification des âmes.

Nous louons l'hospitalité fraternelle que pratiquent si volontiers les prêtres de Notre diocèse : mais Nous leur recommandons de se recevoir les uns les autres d'une manière simple et modeste, de bannir de leur table la recherche, le luxe et tout ce qui serait contraire à la sobriété ecclésiastique, et de ne pas donner à ces réunions la date des fêtes populaires et des divertissements publics.

93. — C'est surtout dans la maladie et aux approches de la mort que doit s'exercer la sollicitude des confrères.

Ils se partageront les charges paroissiales du malade après Nous avoir consulté. Ils avertiront son confesseur et le Doyen du canton; ils lui procureront tous les secours spirituels que réclamera son état; ils l'aideront à recevoir avec fruit les derniers sacrements, à régler ses affaires temporelles, à mettre en ordre ce qui regarde les intentions de messes acquittées et celles non acquittées, ainsi que les messes à dire pour les paroissiens, les dépôts dont il pourrait être chargé, les aumônes destinées aux pauvres, à l'Eglise, aux œuvres diocésaines, les

---

(1) Matth. XVIII, 15, 16.
(2) Gal. VI, 1.

archives de la fabrique, enfin à retirer les livres et les papiers que la prudence professionnelle interdit d'abandonner aux héritiers.

94. — Le clergé continuera le pieux usage d'après lequel tout prêtre mourant est assisté, tout prêtre mort est enseveli par des confrères, et ses funérailles rehaussées par la présence de tous les prêtres de la région.

95. — Les derniers sacrements sont administrés et les honneurs funèbres sont rendus, à moins d'exceptions indiquées par les convenances :

1° A un archidiacre, par son collègue, ou à son défaut, par le Doyen du Chapitre ;

2° Aux archiprêtres par leur archidiacre ;

3° Aux doyens par leur archiprêtre, ou, à son défunt, par le doyen le plus ancien de l'archiprêtré ;

4° Aux curés par leur doyen, ou, à son défaut, par le curé le plus ancien du doyenné ;

5° Aux supérieurs des maisons diocésaines, par l'archidiacre de Saint-Etienne ;

6° Aux directeurs et professeurs des établissements diocésains, par le supérieur de l'établissement auquel ils appartiennent ;

7° Aux aumôniers, par leur doyen ;

8° Aux vicaires et aux prêtres habitués, par le curé de la paroisse à laquelle ils sont attachés.

Les honneurs funèbres sont rendus aux vicaires-généraux ou chanoines honoraires par un prêtre revêtu de la même dignité.

La cérémonie funèbre aura toujours lieu à la cathédrale pour les archidiacres.

Si l'ecclésiastique décédé est attaché au service d'un établissement, ses funérailles pourront être célébrées dans la Chapelle dudit établissement.

96. — Le bréviaire du défunt et son habit de chœur sont réservés comme souvenir au célébrant. La moitié du luminaire, sera laissée à la fabrique ; l'autre moitié sera vendue, et le prix réuni au produit de l'offrande, sera immédiatement partagé par celui qui aura présidé la cérémonie funèbre, entre les prêtres présents, pour dire des messes à l'intention du défunt.

97. — Si le défunt n'a chargé aucun Ecclésiastique de mettre en ordre ses papiers et sa correspondance, le doyen ou, à son défaut, un des prêtres présents au moment du décès, prendra de concert avec la famille les mesures nécessaires pour protéger le secret professionnel ; il retirera du presbytère tous les objets qui appartiennent à la fabrique ou à des tiers, et s'il rencontre quelques difficultés dans l'accomplissement de sa mission, il aura soin de Nous en avertir.

Il Nous rendra compte, le plus tôt possible, des mesures qu'il aura prises pour assurer l'exécution de ces dispositions. S'il prévoyait l'apposition des scellés, il apporterait la plus grande diligence pour prendre auparavant les précautions dont Nous venons de parler, ou bien il prierait le juge de paix de lui faire remettre tous les objets, titres et papiers qui appartiennent à la fabrique ou à des tiers.

98. — Après l'enterrement, s'il n'a pas pu le faire plus tôt, l'archiprêtre ou le doyen, ou, à leur défaut, le prêtre qui aura présidé aux funérailles, se fera présenter les vases sacrés, les vases aux saintes huiles, les titres et papiers de la fabrique, le registre ou tableau des fondations, l'inventaire du mobilier de l'Eglise, les registres du Conseil et du Bureau de fabrique, la collection des Mandements et Circulaires des Evêques de Châlons et des Registres paroissiaux, le Rituel, les Statuts et les Actes des Conciles de la province de Reims.

Il laissera ou remettra entre les mains du Trésorier de la fabrique tous les objets ou toutes les pièces dont la loi lui donne la garde ; il fera déposer le reste en lieu sûr, et il s'assurera plus tard que tout est remis intégralement au nouveau pasteur.

Il se fera aussi remettre le registre des intentions de messes du défunt, et le registre de comptabilité des œuvres et des

quêtes diocésaines, afin d'assurer l'accomplissement des obligations contractées sur ces points divers.

CHAPITRE XXII.

Des rapports des Ecclésiastiques avec les autorités civiles.

99. — Saint Paul a dit : *Omnis anima potestatibus subli-
mioribus subdita sit* (1) ; et encore : *Obsecro igitur primum omnium fieri obsecrationes, orationes... pro regibus et omnibus qui
in sublimitate sunt* (2).

Les prêtres donneront aux fidèles l'exemple de l'accomplissement de ces devoirs.

100. — Dans leurs rapports avec les dépositaires de la puissance publique, ils garderont toujours la mesure et observeront
les égards convenables. Ils s'interdiront toute parole blessante
contre eux, soit en public, soit même en particulier.

101. — Aucun prêtre ne sortira de ses attributions religieuses
pour s'ingérer dans les affaires communales ou administratives ;
ce qui le rendrait impropre à repousser les empiétements laïques
dans le domaine ecclésiastique.

102. — Nous engageons les prêtres à ne porter ni plaintes
ni requêtes aux autorités civile, judiciaire ou administrative,
sans Nous avoir consulté.

103. — Si, comme citoyen, le prêtre est libre d'avoir une opinion politique, comme prêtre il a le devoir de se tenir en dehors
et au-dessus de tous les partis. En sa qualité de ministre de
Dieu, il est l'homme de tous, établi pour les unir et non pour
les diviser.

Ses prônes, instructions et allocutions seront exempts de
toute nuance politique, et, en matière de pétitions, il ne fera rien
sans Nous avoir préalablement consulté.

(1) Rom. XXIII, 1,
(2) I. Tim. II, 1, 2.

CHAPITRE XXIII.

Des Visites pastorales.

104. — Pour Nous conformer aux prescriptions de l'Eglise, pour maintenir la discipline ecclésiastique, et pour étudier les besoins des pasteurs et des fidèles, Nous décidons que toutes les paroisses de Notre diocèse seront visitées tous les ans, par Nous ou par Nos délégués.

ARTICLE 1er.

De Nos visites personnelles.

105. — Lorsqu'un curé sera prévenu de Notre projet de visiter sa paroisse, il préparera les fidèles à cette visite par quelques instructions spéciales. Il leur expliquera la nature, l'origine et l'étendue de l'autorité épiscopale ; le respect, la soumission et la filiale confiance qui lui sont dus ; les grâces spirituelles que Nous leur apportons et les dispositions avec lesquelles ils doivent les recevoir.

106. — Pour Notre réception à l'église, on se conformera exactement au cérémonial prescrit par le Rituel.

107. — Quoique Notre visite doive être nécessairement courte, et coïncider généralement avec l'administration du sacrement de Confirmation, Nous tenons à Nous rendre un compte aussi détaillé que possible de tout ce qui concerne le spirituel et le temporel de chaque paroisse. Nous visiterons les communautés religieuses et les écoles accessibles aux Evêques. Nous examinerons les enfants sur le catéchisme et l'histoire sainte. Nous visiterons l'église, la sacristie, le presbytère. Nous nous ferons présenter les registres, les budgets et les comptes de la fabrique. Nous nous ferons renseigner sur les associations pieuses et autres œuvres qui existent dans la paroisse. Les Curés mettront sous Nos yeux les objets qui devront fixer Notre attention, et seront en état de répondre à toutes Nos questions.

108. — Nous les prions de Nous recevoir, dans leurs presbytères, avec simplicité, sans dépense superflue. Notre visite doit être celle du père de famille qui apporte à ses enfants la paix et la joie. Le repas donné à cette occasion ne devra jamais comprendre plus de trois plats de viande ou poisson, et en dehors du vin ordinaire, aucun autre vin que celui de dessert. Si, par exception, le rang et la qualité de certains convives paraissaient réclamer des égards particuliers, Nous autoriserions un mets en plus, mais jamais davantage.

La meilleure réception, à Nos yeux, sera celle qui attestera plus vivement la foi des fidèles et le zèle des pasteurs.

ARTICLE 2.

De la visite de Nos délégués.

109. — Comme il ne Nous est pas possible de visiter, tous les ans, toutes les paroisses de Notre diocèse, Nous déléguons :

1° MM. les Vicaires généraux archidiacres, pour faire la visite des archiprêtrés de leur archidiaconé ;

2° MM. les Archiprêtres, pour faire la visite des doyennés de leur archiprêtré ;

3° MM. les Doyens, pour faire la visite des paroisses de leur doyenné.

110. — Sont exempts de ces visites, 1° Nos séminaires et autres établissements diocésains ; 2° les maisons des prêtres réguliers ; 3° les maisons religieuses cloîtrées ou demi-cloîtrées ; 4° les communautés qui ont un Supérieur désigné par Nous.

111. — Nos délégués appliquent à leurs visites le programme tracé pour les Nôtres.

112. — Les fonctions de Nos délégués consistent, non pas à établir des règles nouvelles, mais à rétablir l'exécution des règles existantes, si elles sont violées ; à Nous éclairer par leur procès-verbal qui sera rédigé selon le questionnaire envoyé quinze jours d'avance aux curés ; à soutenir le curé de la paroisse par leurs avis, habituellement sans doute par leurs félicitations, et s'il le faut, par la correction fraternelle.

113. — Ils signeront tous les registres dont la tenue est prescrite à MM. les curés, aussi bien que les registres de confréries et d'œuvres purement locales; ils accompagneront leur signature de la date de leur visite.

114. — Leur visite sera annoncée à MM. les curés, aumôniers ou autres intéressés, huit jours à l'avance, et par écrit, afin que ceux-ci prennent toutes les mesures convenables. Nous demandons instamment à Nos prêtres de ne pas faire, ce jour-là, une convocation insolite à leur table.

115. — Indépendamment des visites dont Nous venons de parler, MM. les doyens sont chargés de visiter les Eglises et presbytères de toute paroisse qui devient vacante pour quelque cause que ce soit, d'y accomplir la mission dont l'objet est indiqué ci-dessus (1), et de Nous faire un rapport sur l'état matériel et spirituel de la paroisse.

Titre deuxième.

DEVOIRS SPÉCIAUX DES ECCLÉSIASTIQUES.

CHAPITRE XXIV.

Devoirs spéciaux des Curés.

116. — Les curés et tous les prêtres qui sont chargés de la conduite des âmes méditeront souvent sur la grandeur des obligations qui leur sont imposées. Ils se souviendront qu'ils ont été établis au milieu des peuples *pour y porter des fruits, et des fruits durables* (2), et qu'il n'est pas une âme confiée à leur sollicitude dont ils n'aient à rendre compte au Souverain Juge.

[1] Voir le Chapitre XXI des Statuts, N°⁵ 97 et 98.
[2] Joann. XV, 16.

117. — Ils seront donc spécialement attentifs aux obligations suivantes qui sont *de précepte divin,* selon la déclaration du saint Concile de Trente :

Cum præcepto divino mandatum sit omnibus quibus animarum cura commissa est, oves suas agnoscere, pro his sacrificium offerre, verbique divini prædicatione, sacramentorum administratione, ac bonorum omnium exemplo pascere, pauperum aliarumque miserabilium personarum curam paternam gerere, et in cætera munia pastoralia incumbere, quæ omnia nequaquam ab iis præstari et impleri possunt, qui gregi suo non invigilant neque assistunt........ declarat sacrosancta Synodus omnes.... obligari ad personalem in suâ Ecclesiâ.... residentiam.

Eadem omnino.... de curatis inferioribus et aliis quibuscumque qui beneficium aliquod ecclesiasticum curam animarum habens obtinent, sacrosancta Synodus declarat et decernit (1).

ARTICLE 1er.

*Célébration du Saint Sacrifice de la Messe
et Administration des Sacrements.*

118. — Les curés sont rigoureusement obligés d'offrir le Saint Sacrifice de la Messe pour leurs paroissiens, c'est-à-dire, de leur en appliquer le fruit sans recevoir d'honoraire ; tous les dimanches, et quand elles ne se confondent pas avec le dimanche, aux fêtes de Noël, de l'Ascension, de l'Assomption et de la Toussaint, et aux fêtes supprimées en France dont Nous donnons le Tableau :

La Circoncision, — l'Epiphanie, — la Purification de la sainte Vierge, — saint Mathias, — saint Joseph, — l'Annonciation de la sainte Vierge, — le lundi et le mardi de Pâques — saint Philippe et saint Jacques, — l'Invention de la sainte

____

(1) Conc. Trid. Sess. XXIII. *De Reform.* Cap. 1.

Croix, — le lundi et le mardi de la Pentecôte, — la Fête-Dieu, — la Nativité de saint Jean-Baptiste, — saint Pierre et saint Paul, — saint Jacques le Majeur, — sainte Anne, — saint Laurent, — saint Barthélemy, — la Nativité de la sainte Vierge, — saint Mathieu, — saint Michel, — saint Simon et saint Jude, — saint André, — l'Immaculée Conception de la sainte Vierge, — saint Thomas, — saint Étienne, premier martyr, — saint Jean, apôtre, — les saints Innocents, — saint Sylvestre, — enfin le jour de l'incidence de la fête principale du Patron du lieu.

119. — Cette obligation regarde tous les prêtres qui ont un titre à charge d'âmes, à moins qu'ils ne soient dispensés de résider dans la paroisse dont ils ont le titre, et d'en faire le service; mais elle n'atteint pas les supérieurs de Nos maisons diocésaines, ni généralement les aumôniers.

120. — Un prêtre chargé de desservir deux paroisses, cures ou succursales, même à la place d'un titulaire non résidant, est tenu d'appliquer une messe à chaque paroisse tous les jours indiqués au N° 118. Par conséquent il doit appliquer à ses paroissiens chacune des deux messes qu'il est autorisé à dire aux jours de dimanches, de fêtes d'obligation et de certaines fêtes supprimées.

Si pour un motif quelconque, même parce que le *binage* n'est pas autorisé, il n'a pas appliqué les deux messes obligatoires en un des jours indiqués au N° 118, il doit, sans tarder, appliquer une messe en faveur de la paroisse dont le droit n'a pas encore été acquitté (1).

121. — A l'obligation d'offrir le Saint Sacrifice pour ses pa-

[1] Jusqu'à ce jour, Nous avons obtenu du Souverain Pontife divers Indults qui tempèrent la rigueur de ces obligations ou qui permettent d'appliquer à Nos œuvres diocésaines les honoraires des messes des fêtes supprimées qui ne tombent pas le dimanche et des messes de *binage*. Hors de ce cas, MM. les Curés devraient revenir à l'exécution de la loi générale que Nous venons de rappeler. (Voir le Chapitre XLIII des Statuts, art. 3. Du binage. — Voir les Indults à l'Appendice — III, IV, V et XVI —.)

roissiens, *Sacrificium offerre* (1), s'ajoute celle de leur procurer la grâce des sacrements. Nous développerons plus tard cette obligation (2).

122. — Dans toutes les fonctions du saint ministère, l'exactitude qui est appelée la politesse des rois doit être un des caractères particuliers du pasteur.

Quel succès peut espérer un curé dont l'inexactitude irrite les esprits ! L'habitude de violer l'heure précise de la messe, les jours de dimanches et de fêtes, l'incertitude de trouver le confesseur découragent et désorganisent la fidélité des chrétiens.

ARTICLE 2.

Enseignement pastoral.

§ Ier. — Prédication.

123. — L'Evêque est le successeur des Apôtres. Il a reçu de Jésus-Christ, dans leur personne, l'ordre et le pouvoir d'enseigner. Lui seul, dans son diocèse, est docteur et juge de la foi.

124. — C'est lui qui délègue aux prêtres et particulièrement à ceux qui ont charge d'âmes, le pouvoir d'annoncer la parole de Dieu. Leur obligation de prêcher résulte d'un double précepte : le précepte naturel et divin de sauver ses paroissiens par la foi, et le précepte ecclésiastique de prêcher au moins tous les dimanches et fêtes de l'année. *Verbi divini prædicatione pascere* (3).

125. — C'est pourquoi, Nous ordonnons à tous les prêtres qui ont charge d'âmes sous un titre quelconque, de faire tous les dimanches et fêtes de précepte, soit par eux-mêmes, soit par quelque prêtre capable, une instruction sur les vérités ou sur les devoirs de la religion.

(1) Conc. Trid. Sess. XXIII, *De Reform.* C. 1.
(2) Voir 2e partie des Statuts ; Section 1re. Des sacrements.
(3) Conc. Trid. Sess. XXIII. *De Reform.* C. 1.

S'ils sont obligés par la maladie de suspendre la prédication durant cinq semaines, sans pouvoir se faire remplacer, ils doivent y suppléer par une mission ou au moins par une retraite, dans le cours de l'année.

126. — Dans les communautés et autres établissements, l'instruction pourra être faite à l'heure et au jour de la semaine les plus favorables. Mais elle ne pourra être remplacée par les cours d'enseignement religieux pour les pensionnaires des maisons d'éducation.

127. — Dans les paroisses et annexes, elle doit avoir lieu à la messe paroissiale et durer au moins dix minutes, mais jamais plus d'une demi-heure.

128. — Si le nombre des auditeurs est très petit, elle ne devra pas être omise, mais elle pourra être réduite à quelques minutes et consister en une causerie simple, familière, instructive. Dans ce cas, Nous conseillons la lecture de l'Evangile suivie de quelques réflexions doctrinales et pratiques, ou encore le catéchisme fait aux enfants à la place du prône.

129. — L'instruction sera remplacée au mois de janvier et au mois de juillet par la lecture de la formule du Grand Prône suivie des prières qui l'accompagnent; au mois de mars et au mois de septembre, par la lecture du Petit Prône, et d'une partie de l'abrégé de la doctrine chrétienne préparé pour le diocèse.

130. — Elle pourra être omise, le dimanche qui précédera et qui suivra une fête d'obligation célébrée dans la semaine, à condition que cette fête sera annoncée le dimanche précédent par une lecture ou une explication familière, et qu'on prêchera le jour de cette fête.

131. — Tiennent lieu et dispensent de la prédication : 1° la lecture de Nos Mandements ou Circulaires; 2° la prédication faite aux Vêpres pendant l'Avent et le Carême, aux jours de grande solennité, et en général à un office du soir, lorsque l'auditoire est aussi nombreux qu'à la messe.

132. — Nous recommandons instamment aux curés des

paroisses où certaines messes sont habituellement fréquentées par une assistance qui s'en tient trop souvent à ce seul acte de piété, d'y faire au moins tous les quinze jours une courte instruction avec l'annonce des fêtes, des jours de jeûne et d'abstinence, etc.

133. — L'instruction pourra être omise chaque année pendant deux mois comprenant les vacances, la moisson et les vendanges.

134. — Outre l'instruction des dimanches et fêtes, MM. les curés se feront un devoir d'en donner d'autres pendant le carême, réunissant pour cela leurs paroissiens deux ou trois fois par semaine, s'ils n'ont qu'une église, et aussi souvent que possible s'ils en ont plusieurs.

Non contents de leur prêcher les vérités les plus propres à toucher et à convertir les cœurs, il leur expliqueront encore ce qui est nécessaire pour recevoir avec fruit les sacrements de pénitence et d'eucharistie.

135. — Celui qui omettrait une seule fois l'instruction des dimanches et fêtes de précepte sans raison légitime, serait coupable de péché.

Celui qui négligera ce devoir trois fois dans le même mois, sans raison légitime, quelque soit le nombre de ses églises ; ou qui, pendant le Carême, ne fera pas une instruction tous les quinze jours dans chacune de ses églises, est suspens *ipso facto*.

Nous entendons pas raison légitime, la maladie, une absence régulièrement autorisée, un froid trop rigoureux, les fonctions pressantes du ministère, la longueur de certains offices qui, avec la prédication, dureraient plus d'ue heure et demie, le mauvais temps qui rendrait impossible ou très-difficile le service d'une seconde succursale ou d'une annexe ; surtout, en ce qui concerne les instructions du Carême, le trop grand éloignement des églises, ou l'absence des auditeurs constatée par l'expérience ; et en général, toute cause qui, d'après les règles de la théologie, est suffisante pour dispenser d'une obligation grave.

136. — Les curés qui disent deux messes peuvent donner

deux instructions le même jour, et sont dispensés dans ce cas
de prêcher le dimanche suivant ou le dimanche précédent.

Si leur santé le permet, il est à désirer qu'ils nourrissent plus
souvent les fidèles de la parole divine, ne fût-ce que par la lecture de l'évangile suivie d'un léger et pieux commentaire.

157. — C'est une grande erreur de croire le devoir de la prédication rempli, si elle n'est préparée, mûrie dans le silence de
l'étude et de la méditation, accommodée à la capacité des auditeurs les plus simples, propre à faire aimer les vérités et les
devoirs de la religion, appuyée sur l'Ecriture sainte qui doit être
la source de tous nos discours.

158. — Nous recommandons très instamment aux jeunes
prêtres de ne pas monter en chaire sans avoir écrit et appris
leurs instructions pendant les dix premières années de leur
ministère.

159. — L'objet propre de l'instruction pastorale est l'ensemble
des vérités nécessaires au salut. C'est pourquoi MM. les curés
se traceront ou concerteront avec leurs vicaires, d'après le catéchisme du diocèse, ou d'après le catéchisme du Concile de
Trente, un plan d'instructions suivies, de manière à former un
ensemble complet de doctrine qui puisse être parcouru dans un
espace de cinq ou six années. Les sujets détachés, sans suite ni
liaison, ne laissent dans l'esprit des auditeurs qu'une impression
fugitive. Que les pasteurs méditent souvent sur la grave res-
ponsabilité qu'ils encourent lorsque, par défaut d'instruction
précise et sérieuse, leurs paroissiens vivent dans l'ignorance des
choses de la foi, ignorance si fréquente, et dont les conséquences sont si funestes.

140. — Le moyen de détruire les préjugés et les objections
n'est pas de les attaquer de front, mais d'exposer aux fidèles
les conclusions pratiques tirées de la doctrine chrétienne, à
mesure qu'elle est exposée.

141. — *L'exhortation* si expressément et si fréquemment
recommandée par saint Paul (1), ne doit jamais être séparée

[1] 1 Tim. VI. 2.

de l'instruction. Qu'elle soit prudente et forte, paternelle et charitable, chaleureuse, persuasive et pleine de l'onction de l'Esprit-Saint.

142. — Le devoir de la prédication ne se borne pas, pour le pasteur des âmes, aux instructions familières qu'on appelle *prônes*. Il embrasse aussi les sermons, les homélies, les panégyriques des saints, et les simples avis.

Le prêtre zélé ne négligera pas l'usage des sermons, et il se fera un devoir de les composer avec un grand soin. Les homélies ou explications de l'Evangile excitent un grand intérêt quand elles sont bien faites. Elles nous apprennent à mieux connaître Notre-Seigneur Jésus-Christ, et à calquer notre conduite sur ses leçons, ses exemples, et ses mystères. La vie des saints est utilement prêchée. Quelques faits suivis de réflexions simples et pieuses, intéressent facilement les fidèles et les rendent meilleurs.

Enfin les avis peuvent être d'une grande utilité, pour corriger ou prévenir les abus, pour assurer l'ordre ou la régularité de l'exercice du culte, pour régler les détails de la vie chrétienne, etc., mais à condition d'être préparés avec bonté, exempts de reproches acerbes ou d'autres mots blessants.

143. — Les curés qui, par défaut de santé, de mémoire ou de facilité, ne peuvent parler en public, doivent suppléer à la prédication en lisant distinctement leur instruction; mais auparavant, ils sont obligés de Nous en avertir et de Nous faire agréer leurs motifs.

144. — Comme Nous ne saurions trop répandre la connaissance de Jésus-Christ, et les vérités de son saint Evangile, Nous autorisons tous les chanoines, curés et autres prêtres approuvés pour la prédication, à annoncer, *de consensu pastorum*, la parole de Dieu dans tout le diocèse, sous la réserve exprimée dans l'article suivant.

145. — Tout curé ou aumônier ou supérieur, voulant faire prêcher une station, une mission, ou une retraite, devra Nous avertir préalablement, et Nous désigner le prédicateur avant de négocier son invitation.

146. — Les diacres ne pourront prêcher sans Notre autorisation spéciale.

§ 2. — Catéchisme.

I.

OBLIGATION DU CATÉCHISME.

147. — Nous entendons ici par Catéchisme, l'enseignement de la religion et de son histoire donné par le curé aux enfants de sa paroisse, selon une méthode propre à former en eux la vie chrétienne : c'est l'éducation unie à l'instruction.

L'avenir de l'homme en dépend, comme la moisson dépend des semailles.

148. — Tout pasteur avare de son zèle en face des obstacles opposés à la foi des enfants, trahit la cause des âmes, de l'Eglise et de Dieu.

149. — Si, dans les paroisses populeuses, il peut confier la fonction de catéchiste à d'autres ecclésiastiques, et principalement à ses vicaires, il n'en demeure pas moins responsable de l'exactitude, du zèle, de la préparation de ses suppléants. Il doit les éclairer, les encourager, les honorer, leur donner l'exemple, surtout l'exemple de la préparation et de la bonté à l'égard des enfants. Ces devoirs sont de droit naturel, de droit divin et de droit ecclésiastique.

150. — En conséquence, pour Nous conformer aux prescriptions du Saint Concile de Trente (1) renouvelées par le Concile de Soissons (2), Nous réglons ainsi qu'il suit, les obligations de tous les prêtres chargés, à quelque titre que ce soit, de donner l'enseignement religieux aux enfants de Notre diocèse :

1° Tous les jours de dimanches et fêtes d'obligation, ils feront

---

(1) Conc. Trid., Sess. XXIV. *De Reform.*, Cap. 4.
(2) Conc. Suess., Tit. XV, Cap. 1.

le catéchisme par eux-mêmes ou par leurs vicaires ou autres ecclésiastiques, à tous les enfants qui leur sont confiés, au-dessus de sept ans jusqu'à la première communion.

2° Si la fatigue, la souffrance, la longueur ou la solennité de certains offices, ou d'autres motifs légitimes rendent le caté-chisme des dimanches ou des fêtes impossible ou difficile, ils sont autorisés à le remplacer par un catéchisme fait dans le cours de la semaine.

3° S'ils ne desservent qu'une seule église, ils feront, en outre, dans la semaine, deux autres catéchismes que devront fré-quenter tous les enfants pendant deux ans avant la première communion.

S'ils desservent plusieurs églises, et s'ils ne peuvent réunir tous les enfants pour le catéchime dans la paroisse qu'ils habitent, ils pourront ne faire qu'un catéchisme en semaine dans la paroisse où ils résident, mais ils feront deux catéchismes dans leur seconde église, s'ils n'en ont que deux, et un caté-chisme dans chaque église, s'ils en ont plus de deux.

4° Indépendamment de ces catéchismes, ils feront chaque dimanche un catéchisme *de persévérance* dans la paroisse où ils résident.

Ce catéchisme a pour but de maintenir les enfants dans les bons sentiments de leur première communion, par l'instruc-tion, le bon exemple, la prière en commun et la fréquentation régulière des sacrements.

Ils presseront vivement les enfants de toutes leurs paroisses, même d'âge plus avancé, ainsi que les parents, d'y assister.

S'ils ne peuvent faire, le dimanche, le catéchisme ordinaire et le catéchisme de persévérance, ils donneront la préférence au catéchisme de persévérance et remettront le catéchisme ordi-naire à un autre jour de la semaine.

Si le nombre des enfants le permet, le catéchisme de persé-vérance pourra se confondre avec le catéchisme ordinaire du dimanche, sauf à remettre à un autre jour le catéchisme des petits enfants.

5° S'il est nécessaire de diviser le catéchisme en plusieurs sections, chaque section aura le nombre de catéchismes indiqué ci-dessus, selon l'âge de ses membres.

Toutefois Notre intention est qu'aucun prêtre ne soit obligé de faire plus de six catéchismes par semaine.

151. — Nous ne faisons d'exception à ces règles que pour trois mois de vacances dans lesquels Nous comprenons le temps des moissons et des vendanges, les vacances du jour de l'an et de Pâques et les grandes vacances.

152. — Nous invitons vivement les curés à faire le catéchisme beaucoup plus souvent que Nous ne l'exigeons, afin de suppléer à l'indifférence trop fréquente des familles, et d'apprendre aux enfants âgés de moins de sept ans leurs prières et les principales vérités de la foi, et aux autres la lettre du catéchisme, l'Evangile et l'histoire sainte.

Nous désirons surtout que les enfants de six à neuf ans soient convoqués une fois de plus par semaine dans le seul but de les former graduellement à l'amour des choses divines par des relations fréquentes, empreintes de bonté, d'aménité et de piété.

Cette réunion ne doit pas dépasser vingt minutes ou une demi-heure. Il importe de lui imprimer le caractère d'une sainte récréation.

153. — Les catéchismes doivent être beaucoup plus fréquents dans les mois qui précèdent la première communion, afin que les enfants connaissent bien la doctrine chrétienne, et surtout ce qui a rapport aux sacrements de pénitence et d'eucharistie.

Nous fixons à quatre le nombre des catéchismes qui devront avoir lieu chaque semaine pendant les trois mois qui précèdent la première communion.

154. — Pour qu'il leur soit plus facile d'accomplir ce devoir, Nous conseillons aux curés qui sont chargés de plusieurs églises de ne faire faire la première communion aux enfants que dans une seule église par an.

Si, pendant ces trois mois, ils devaient avoir plus de six catéchismes à faire par semaine, Nous les dispensons de faire ceux qui dépasseraient ce nombre, dans les églises où la première communion ne doit pas avoir lieu.

Si le temps du Carême ou du mois de Marie coïncidait avec ces trois mois, ils pourraient commencer plus tôt les catéchismes préparatoires et les suspendre pendant ce temps.

155. — Comme ils doivent compte à Dieu de toutes les âmes qui leur sont confiées, ils ne négligeront pas de catéchiser les enfants illettrés, infirmes, vagabonds, mendiants, etc., qui ne peuvent suivre les cours ordinaires, afin de les instruire aussi bien que possible des principales vérités de la religion.

Nous leur recommandons toutefois de ne donner cette instruction particulière aux jeunes filles qu'en public ou dans la famille, en présence des parents, ou encore, à l'église, à plusieurs enfants réunis.

156. — Si les autres devoirs de leur ministère ne leur permettent pas de donner à l'Œuvre importante du catéchisme tous les soins qu'elle réclame, ils feront tout ce qui leur sera possible pour instituer des catéchistes volontaires choisis parmi les personnes chrétiennes et dévouées de leur paroisse, avec charge d'apprendre aux enfants la prière, le catéchisme, l'Evangile et l'histoire sainte, de les exciter à la piété, de les surveiller à l'église et de provoquer entre eux une généreuse émulation.

157. — De peur que certains enfants se dérobent à l'instruction religieuse, les curés dresseront chaque année, au mois de novembre, la liste de ceux qui sont en âge d'assister au catéchisme.

Ils visiteront au besoin les parents, pour leur rappeler leur devoir sous ce rapport, et pour les engager à faire réciter eux-mêmes par leurs enfants les prières, le catéchisme, l'Evangile et l'histoire sainte. Ils les presseront, non-seulement de les envoyer ainsi que leurs domestiques au catéchisme, mais de les y accompagner eux-mêmes, surtout le dimanche.

158. — Au commencement de la seconde année du grand

catéchisme, ils auront soin de se faire délivrer l'acte de baptême de tous les enfants qui se présenteront pour faire leur première communion à la fin de l'année.

159. — Afin qu'il y ait unité dans les formules et dans l'exposition de la doctrine chrétienne et de l'histoire sainte, tout texte du catéchisme et de l'histoire sainte autre que le texte approuvé par Nous, est interdit dans le diocése.

Tous les enfants de 9 ans et au-dessus devront avoir en mains le grand catéchisme : Nous n'autorisons le petit catéchisme que pour les enfants au-dessous de 9 ans et pour ceux plus âgés, qui sont notoirement dépourvus d'intelligence.

Les enfants de ces deux catégories peuvent être dispensés de la récitation de l'Evangile.

En général, il sera avantageux de faire apprendre le grand catéchisme et de faire étudier l'histoire sainte à tous ceux qui sont âgés de sept ans.

160. — Les pasteurs feront compléter, autant que possible, l'instruction religieuse de l'enfance par des leçons de chant, par la lecture du latin, et par quelques notions sur les fêtes et les cérémonies de l'Eglise.

161. — Les enfants qui n'auraient pas fréquenté le catéchisme de persévérance, ne seront pas admis à l'honneur de renouveler solennellement leur première communion, à moins d'autorisation de Notre part.

162. — Les prescriptions et conseils ci-dessus doivent être appliqués à tous les prêtres attachés aux établissements de l'enfance.

163. — Nous conjurons tous les prêtres de Notre Diocèse de ne pas omettre un seul des cathéchismes que Nous venons de prescrire. Nous faisons, sur ce point, un pressant appel à leur conscience sacerdotale.

Et, vu la suppression légale de l'enseignement religieux dans les écoles publiques; vu la suppression effective de cet enseignement dans beaucoup de familles; vu la nécessité de pré-

— 49 —

munir la conscience des générations nouvelles; vu l'impuis-
sance certaine du clergé à moins d'un zèle exceptionnel,
unanime, fortement discipliné; Nous déclarons suspens *ipso
facto* le prêtre qui, étant chargé d'un catéchisme, aurait omis
sans motif légitime ou sans Notre permission, de le faire
durant quinze jours pleins et consécutifs dans la période des
deux années antérieures à la première communion.

164. — Est frappé de la même censure et dans les mêmes
conditions tout prêtre qui a négligé de faire le catéchisme pendant trois semaines consécutives dans une succursale qu'il dessert sans y résider, ou pendant quatre semaines consécutives, si
l'église qu'il dessert est une simple annexe.

Sont exceptés de cette censure les prêtres non titulaires de ces
églises et momentanément chargés de les desservir.

II.

OBJET DU CATÉCHISME.

165. — La connaissance des vérités de la religion étant nécessaire au salut éternel, le premier objet de l'enseignement
religieux est la lettre des prières et du catéchisme dont la
récitation littérale doit être exigée par les pasteurs. Il est à
souhaiter que les enfants soient pliés à la récitation littérale
de l'Evangile et à un compte-rendu fidèle de l'histoire de la
religion.

166. — Le deuxième objet de l'enseignement religieux, est
l'explication du catéchisme. Elle doit être méthodique, claire,
exacte, sans affaiblissement ni exagération de la doctrine;
solide par le choix et l'ordre des preuves qui doivent être simples
et frappantes en même temps; variée par des comparaisons na-
turelles ou des traits d'histoire, et toujours revêtue d'une forme
correcte, grave, noble et animée.

167. — Le troisième objet de l'enseignement religieux est
la formation de la piété dans le cœur des enfants.

Pour atteindre ce but, le pasteur s'efforcera d'exciter dans

4

leur esprit le respect, l'admiration et l'amour des vérités saintes, une crainte salutaire de Dieu et de ses jugements, l'horreur du péché, une juste défiance des mauvais penchants de la nature, et une intelligente aversion des maximes mondaines.

Il leur inspirera l'amour de la prière, en leur faisant comprendre son obligation et son efficacité, et en leur recommandant souvent la confiance dans les mérites de Notre Seigneur, la dévotion à la Sainte Vierge et aux Saints, et le pieux usage des crucifix, médailles, chapelets, etc.

Il les engagera souvent à ne pas omettre leurs prières du matin et du soir, les prières qui précèdent et qui suivent le repas. De même, il leur fera prendre, autant que possible, l'habitude de se rendre à l'église avant la classe du matin et après la classe du soir, pour y faire gravement et pieusement la prière sous sa direction. Quels précieux avantages un curé ne pourrait-il pas retirer de cette habitude qui lui permettrait de se mettre tous les jours en rapport avec ses enfants, et de leur donner deux fois par jour des avis, des conseils et des leçons qui formeraient, pour ainsi dire, un catéchisme quotidien !

III.

MOYENS.

168. — Les prêtres seront sans doute heureux de trouver ici les conseils empruntés à l'expérience et aux écrits des meilleurs maîtres.

Pour bien faire le catéchisme, il faut l'avoir préparé et avoir tout prévu, prières, cantiques, explications, traits d'histoire, comparaisons, questions, exhortations, conclusions pratiques, etc.

169. — Dans les paroisses où il n'y a qu'un même catéchisme pour les garçons et les filles, le bon ordre exige que les enfants des deux sexes soient séparés, que tous aient le visage tourné vers le catéchiste, qu'ils ne se voient pas de face entre eux, qu'ils soient commodément assis et bien avoisinés, qu'ils occupent toujours la même place, et, s'ils sont nombreux, qu'ils soient surveillés par une ou plusieurs personnes.

170. — Le catéchisme doit être fait, autant que possible, à l'église, aux jours et aux heures les plus convenables pour la grande majorité des enfants, en conciliant le grave intérêt de l'instruction religieuse avec les règlements scolaires.

Nous permettons cependant de le faire dans un autre local, si le catéchiste ou les enfants y ont intérêt et si l'édification publique ne doit pas en souffrir.

Le catéchisme étant une fonction sacerdotale, il convient que le catéchiste soit revêtu du surplis.

171. — L'exercice doit durer au moins trois quarts d'heure. Ce serait compromettre l'instruction des enfants que d'y consacrer moins d'une demi-heure chaque fois : le prolonger au-delà d'une heure serait fatiguer leur attention sans aucun profit.

Les catéchismes pourront être plus courts si les enfants sont en très petit nombre ou âgés de moins de neuf ans.

172. — Après la prière, le catéchiste doit s'assurer que tous les enfants sont présents. S'ils sont absents, il fera visite aux parents pour s'informer, sans aigreur, des motifs de l'absence.

173. — Chaque enfant doit ensuite être interrogé à son tour. Il doit répondre à haute voix, de mémoire, mot-à-mot, et en prononçant distinctement chaque mot.

174. — Tous doivent être désignés par leurs noms de baptême et de famille, sans aucune distinction entre les riches et les pauvres, entre les plus âgés et les plus jeunes, et surtout sans aucune qualification blessante.

Nous engageons les catéchistes à ne jamais les tutoyer, surtout les petites filles.

175. — Après la récitation, le catéchiste fait une brève répétition de la dernière leçon, avec quelques explications nouvelles sur les points restés obscurs ; puis, il multiplie les interrogations et met les enfants en scène par le dialogue établi entre eux et lui. Il évite les monologues qui sont funestes à leur attention naturellement volage.

176. — Les analyses orales rendraient les enfants plus attentifs, en les habituant à formuler leurs idées, et par là même, à se rendre compte de l'enseignement qu'ils ont reçu.

177. — Il peut être utile quelquefois de reposer leur attention par le chant d'un cantique ou d'un psaume qui les édifie et les excite à porter leur âme vers Dieu (1).

178. — Dans les explications et les exhortations, il est bon de faire, avec discernement, usage des anecdotes, et de prodiguer les témoignages de bonté. De même que Dieu renferme tous les commandements dans celui de l'amour, de même tous les moyens de conduire les enfants se résument dans celui de s'en faire aimer.

179. — Non seulement le catéchiste s'efforcera de tenir tout son monde en suspens, en interrogeant dans tous les bancs, en donnant des explications vives et rapides, en distribuant à propos l'éloge et le reproche, et en captivant constamment l'attention par les marques d'intérêt qu'il donnera à son petit auditoire, mais il aura soin en outre de provoquer son émulation par des combats de mémoire, des notes, des bons points et de petites récompenses, comme Nous le dirons plus tard.

180. — Il est très utile de faire au prône, une fois par mois, la lecture des noms de ceux qui ont mérité les meilleures notes. Cette lecture attirera les familles et offrira aux pasteurs l'occasion de les conseiller sur l'éducation religieuse des enfants ; mais ils éviteront avec soin de faire à l'amour-propre des parents des blessures dont la portée serait funeste.

181. — Parmi les moyens d'émulation, le catéchiste ne doit pas négliger les récompenses et les punitions.

182. — Les punitions peuvent être nécessaires pour mainte-

(1) Voir le Chapitre XLVI des Statuts, N° 538.

nir la discipline, qui doit être ferme. Cependant elles seront rares, motivées, infligées à contre-cœur, en peu de mots. Elles ne seront jamais décourageantes ni violentes. Nous recommandons surtout les pénitences médicinales, comme une leçon à apprendre, un chapitre de catéchisme ou d'histoire sainte à copier.

Renvoyer les enfants du catéchisme est d'ordinaire le pire de tous les maux. La dureté fait haïr ou mépriser le maître; la mollesse le rendrait impuissant; entre les deux excès, se trouve l'autorité affectueuse et prévoyante.

183. — Les récompenses doivent concerner l'assiduité, la sagesse, la récitation, l'explication, l'analyse. Elles consistent en bons points donnant droit aux prix, en éloges publics, en places d'honneur, en objets de piété, ou encore, si tous les enfants ont été irréprochables pendant quelque temps, en une promenade agrémentée d'une collation ou de quelques surprises amusantes.

Le pasteur ne négligera pas de surveiller et de partager les jeux et les promenades des enfants, et de passer avec eux les journées de congé. Il préparera ainsi l'établissement des Patronages que Nous ne saurions trop recommander, et dont Nous parlerons ailleurs (1).

184. — En terminant chaque exercice, le catéchiste indiquera clairement la leçon de la réunion suivante, et, après la prière d'usage, il surveillera la sortie de l'église, en faisant sortir successivement les garçons et les filles, à quelque intervalle les uns des autres.

185. — Le concours de l'instituteur et de l'institutrice peut aider puissamment le pasteur dans l'œuvre des catéchismes. Mais Nous l'engageons à ne pas demander à ces fonctionnaires ce qui est en contradiction avec leurs règlements officiels.

186. — Les bons rapports entre curé et instituteur importent à la bonne formation des enfants. Le pasteur qui s'inspire de

(1) Voir Article 3 du présent Chapitre.

la charité chrétienne et de l'intérêt des âmes, fera tous ses efforts pour conserver la paix et la concorde avec les éducateurs de la jeunesse, et il poussera au besoin l'abnégation jusqu'à la pratique de cette maxime de saint Paul : *Noli vinci a malo, sed vince in bono malum* (1).

187. — Si sa paroisse a le bonheur de posséder des écoles chrétiennes, il n'oubliera pas que les élèves des écoles publiques ont les mêmes droits que les autres à son affection et à ses soins.

188. — Il se fera un devoir de suivre les prescriptions de l'Eglise, en visitant, avec prudence et discrétion, les écoles de sa paroisse où il peut pénétrer, afin d'y surveiller et d'y encourager l'enseignement religieux.

Il prendra pour règle de conduite, à cet égard, ces sages recommandations du Concile de Soissons (2) : *Scolas puerorum interdum visitet, non quidem censoris importuni vices gerens, sed potius patris et amici, ut omnes, tum præceptorem, tum alumnos, Christo lucrifaciat.*

189. — Si, malgré tous les efforts de sa bienveillance, il survient entre lui et les instituteurs publics ou libres, des difficultés insurmontables, il se fera une règle de ne jamais s'adresser aux autorités académique ou départementale sans avoir pris Notre avis.

190. — Nous pressons vivement Nos chers collaborateurs d'établir dans leur paroisse la distribution annuelle des prix de catéchisme. Cette coutume, considérée comme l'aiguillon indispensable de l'émulation dans toutes les écoles, ne peut sans détriment pour la foi rester plus longtemps étrangère à la plus importante des écoles, celle du catéchisme.

191. — Il est à souhaiter : 1° qu'elle soit faite le dernier dimanche de l'année scolaire; 2° que les prix soient décernés d'après les notes de l'année et d'après l'examen final; 3° que la

[1] Rom. XII. 21.
(2) Conc. Suess. Tit. XV. Cap. 1.

cérémonie s'accomplisse dans l'Eglise après en avoir retiré les saintes espèces, et que l'Eglise soit décorée avec agrément; 4° que les invitations soient faites avec les précautions conformes à l'esprit de la paroisse; 5° que les frais soient couverts ou par une souscription, ou par les dons volontaires, ou par des quêtes; 6° que les fabriques y contribuent selon leurs ressources, puisque l'Eglise paroissiale dont elles gèrent les intérêts n'en peut avoir aucun supérieur à la formation chrétienne des enfants.

192. — Pour s'encourager dans la tâche laborieuse et pénible, mais bien digne du zèle sacerdotal, de l'éducation religieuse de l'enfance, le Prêtre se souviendra de ces paroles du pieux et savant Gerson : *Prorsus nescio, an quidquam majus esse potest, quam parvulorum animas, partem haud indignam horti ecclesiastici, quasi irrigare et plantare.*

§ 3. — Confession, Première Communion, Confirmation des Enfants.

193. — Comme l'enseignement religieux a pour but de former la conscience de l'enfant, en lui faisant connaître ses devoirs et les moyens de les accomplir, et pour couronnement, l'admission à la première communion et à la confirmation, il est utile de parler ici de la Confession, de la Première Communion et de la Confirmation des enfants.

I.

CONFESSION DES ENFANTS.

194. — « Lorsque les enfants seront parvenus à l'âge de discré-« tion, dit le Concile de Soissons (1), ils devront se présenter à « leur pasteur ou à un autre prêtre, afin de prendre l'habitude

[1] Conc. Suess. Tit. VIII. C. 3.

« de confesser leurs péchés... C'est un devoir pour les pasteurs
« de les encourager dans cette pratique qui, en les aidant à
« mener une vie innocente, préparera peu à peu leur cœur à la
« réception de la Sainte Eucharistie. »

195. — En conséquence, Notre intention est que les enfants
soient confessés tous les mois dans l'année qui précède la première communion, et quatre fois l'année depuis sept ans jusqu'à
cette époque. Les Pasteurs zélés les confesseront plus souvent
encore.

Les confesseurs considéreront comme un devoir d'entretenir
l'état de grâce dans le cœur des enfants, à l'aide de la sainte
absolution, nonobstant toute opinion ou coutume contraire.

196. — MM. les curés s'assureront que tous les enfants de
leur paroisse se confessent comme il vient d'être dit, et les
confesseurs s'empresseront de donner à chaque curé les renseignements dont il a besoin pour être éclairé sur ce point.

197. — Pour épargner aux enfants l'ennui et la dissipation
d'une trop longue attente, et pour s'épargner à eux-mêmes une
fatigue préjudiciable à l'efficacité de leur ministère, les confesseurs partageront, autant que possible, en petits groupes les
enfants qu'ils doivent entendre au saint Tribunal, de manière à
n'en confesser qu'un petit nombre chaque fois.

Ils pourront ainsi leur donner des soins plus attentifs, et la
confession produira des fruits plus durables dans l'âme de leurs
jeunes pénitents.

198. — On n'admettra pas à la première communion, sans
Nous en avoir référé, les enfants qui ne se seront pas confessés
régulièrement pendant la dernière année du grand catéchisme.

199. — Tout confesseur qui omettrait volontairement et par
sa faute de confesser les enfants une fois par an à partir de
sept ans, et quatre fois par an, pendant l'année qui précède la
première communion, sans compter les confessions qui ont lieu
pendant la retraite préparatoire à cette grande action, serait
suspens *ipso facto*.

200. — Selon la pratique des curés pieux, durant les deux

mois qui précèdent la première communion, tout confesseur
entendra les enfants en confession de quinze jours en quinze
jours, et leur facilitera le travail de la confession générale.

201. — Les prêtres feront tous leurs efforts pour maintenir
les enfants dans l'habitude de la confession mensuelle après la
première communion. Nous imposons aux pasteurs l'obligation d'assurer cette pratique dans les écoles, pensionnats et
orphelinats, aux enfants et aux jeunes gens qui montreraient
des dispositions pour les suivre.

202. — Les confesseurs éviteront tout ce qui pourrait
décourager la jeunesse et l'éloigner de la pratique de la confession. Ils se rendront accessibles aux jours et aux heures les
plus favorables, et seront avenants, dévoués, compatissants,
appliqués à la convaincre que le bonheur temporel est lié à la
vie chrétienne.

II.

PREMIÈRE COMMUNION.

203. — Les enfants ne devront pas être privés trop longtemps
du pain de vie ; car cet antidote céleste les prémunira contre la
corruption des mauvais exemples, et préservera leur innocence
des occasions dangereuses. Mais, pour être admis à la première
communion, il faut qu'ils aient une connaissance suffisante de
la religion, de ses mystères et des devoirs qu'elle impose. Il
faut aussi qu'ils sachent apprécier la grandeur du sacrement
qu'ils sont appelés à recevoir.

204. — Les conditions suivantes sont requises pour l'admission des enfants à la première communion :

1° Avoir onze ans accomplis, à moins d'une permission
expresse de Notre part (sont exceptés les enfants en danger de
mort, à la réserve de reprendre le cours de la préparation s'ils
reviennent à la santé) ;

2° Avoir fréquenté le grand catéchisme pendant deux ans ;

3° S'être confessés régulièrement selon les règles établies au
Numéro 195 ;

4° Avoir une conduite irréprochable ;

5° Avoir assisté exactement aux offices des dimanches et fêtes d'obligation ;

6° Avoir obtenu une note satisfaisante à l'examen préliminaire.

205. — La première communion doit être précédée d'un examen. Cet examen doit être solennel. Les parents y seront convoqués. Le curé sera assisté par un ou plusieurs confrères.

L'examen comprendra la récitation de la lettre du catéchisme, les explications raisonnées, et les réponses aux questions posées sur l'histoire sainte et sur l'Evangile.

206. — Si, après avoir épuisé toutes les industries de son zèle paternel, un curé ou un confesseur se croit obligé en conscience d'ajourner la première communion d'un enfant, il ne doit ni l'abandonner ni cesser de l'encourager. Il lui donnera même, au besoin, des soins particuliers, et s'efforcera de persuader aux parents la sagesse de cet ajournement.

207. — Les enfants qui ont changé de paroisse doivent prouver qu'ils se sont confessés selon les règlements de leur diocèse, et qu'ils ont fréquenté le catéchisme pendant deux ans, et mené une conduite chrétienne.

208. — Aucun enfant ne pourra être admis à la première communion dans une paroisse étrangère, sans permission de son curé, à moins d'y avoir résidé et assisté au catéchisme pendant six mois.

Cette règle s'applique aux élèves des écoles et des pensionnats, aux domestiques et aux ouvriers.

Il n'y a d'exception que pour les vagabonds.

209. — Les enfants qui résident chez leurs parents et qui fréquentent, comme externes, une école située sur le territoire d'une autre paroisse, suivront le catéchisme de leur paroisse et y feront leur première communion, à moins de dispense régulière.

210. — Aucun établissement ne pourra préparer ni internes ni externes à la première communion, et la célébrer dans sa chapelle sans avoir reçu Notre autorisation.

211. — Il est à désirer que la première communion soit célébrée tous les ans dans les paroisses qui comptent 800 habitants, et au moins tous les deux ans dans celles qui en comptent moins.

212. — La première communion doit toujours être précédée de trois jours pleins de retraite prêchée par les curés ou par des prêtres exercés à ce genre de ministère.

Les renouvelants suivront les exercices de cette retraite, et participeront, à ce titre, à la cérémonie de la première communion.

213. — La première communion doit être célébrée dans l'appareil des plus grandes solennités, à l'aide d'une belle décoration, de chants pieux, et de la parole sainte.

Il faut conserver tous les usages touchants ; celui de la récitation publique des actes avant et après la communion, celui du renouvellement des promesses du baptême et celui de la consécration à la Sainte Vierge.

214. — Après la cérémonie, les noms et prénoms des premiers communiants, ainsi que la date et le lieu de leur naissance et de leur baptême, seront inscrits sur les registres paroissiaux, par ordre alphabétique, avec indication du jour où a eu lieu la première communion.

215. — Le lendemain, il y aura une messe d'actions de grâces à laquelle seront invités les parents. En leur remettant leurs enfants, le Pasteur ne négligera pas d'adresser aux uns et aux autres ses conseils affectueux et de leur renouveler les témoignages de son amour paternel.

216. — Mais il ne considérera pas sa tâche comme terminée. Il surveillera, au contraire, et il soutiendra ces âmes encore faibles dans la foi ; il les invitera à la prière, aux offices, au catéchisme de persévérance, aux œuvres de jeunesse, à la confession mensuelle, à la communion fréquente, sans laquelle leur persévérance est impossible : *Ad confessionis tribunal*, disait le

Rituel de Châlons, *semel quovis mense accedant, ad sacram vero communionem tam frequenter quam censuerit prudens confessarius.*

III.

DE LA CONFIRMATION DES ENFANTS.

217. — Il est avantageux, dans Notre Diocèse, de préparer et de présenter les enfants à la Confirmation dès la première visite pastorale qui suit la première communion. Nous permettons même de présenter un enfant avant la première communion, lorsque le curé estime que sans cet acte de prévoyance, l'enfant n'aurait jamais le bienfait de la Confirmation, et qu'il a d'ailleurs les dispositions requises, c'est-à-dire, la connaissance du catéchisme et l'état de grâce.

218. — L'administration du sacrement de Confirmation doit être précédée de quelques exercices spirituels qui auront lieu au moins une fois par jour, pendant trois jours.

219. — Les enfants présentés à la Confirmation doivent avoir une mise décente, une attitude recueillie, le front propre ét découvert. Le curé doit les garantir de toute dissipation avant, pendant et après, et appeler leur attention sur les points essentiels, tels que : l'imposition des mains, l'onction du Saint-Chrême.

220. — Chaque confirmand devra être muni d'un billet portant son nom et signé du curé ou du vicaire de la paroisse, ou de tout autre prêtre autorisé. Ce billet lui sera délivré en dehors du confessionnal, sur la connaissance extérieure de ses dispositions.

221. — Nous souhaiterions que chaque enfant fût accompagné d'un parrain ou d'une marraine, et Nous engageons les familles chrétiennes à reprendre cet usage conforme à la discipline de l'Eglise. Mais il est au moins nécessaire de charger d'avance un homme grave, ecclésiastique, religieux ou séculier, de remplir les fonctions de parrain pour tous les garçons admis à la confirmation, et une femme pieuse de remplir l'office de marraine à l'égard de toutes les filles.

222. — Nul ne peut être parrain ou marraine pour la confirmation, s'il n'est lui-même confirmé. Sont également exclus le père, la mère, le mari, l'épouse, le parrain, la marraine de celui ou de celle qui reçoit la confirmation.

Les parrains et marraines contractent une affinité spirituelle avec le confirmé, ainsi qu'avec ses père et mère.

223. — Le curé de chaque paroisse inscrira sur les registres paroissiaux le nom des confirmés avec toutes les indications prescrites pour l'inscription des premières communions, en y ajoutant les noms des parrains et marraines (1). Sans cette dernière précaution, il serait souvent impossible de constater l'existence de l'empêchement d'affinité spirituelle.

ARTICLE 3.

Bonnes œuvres. — Œuvres paroissiales. — Œuvres diocésaines.
Œuvres générales.

§ 1er. — Bonnes œuvres.

224. — Le saint Concile de Trente fait aux pasteurs une obligation spéciale de s'occuper des pauvres et des malheureux. *Pauperum aliarumque miserabilium personarum curam paternam gerere* (2).

Ils doivent donc, à l'exemple de Notre Seigneur, regarder les pauvres et les malheureux comme la portion privilégiée de leur troupeau. Ils les aimeront sincèrement, ils les traiteront avec respect, ils les assisteront de tout leur pouvoir.

225. — Dans l'exercice de ce devoir essentiel de la charité pastorale, ils ne se proposeront que la gloire de Dieu ; cependant toutes leurs œuvres de charité ne doivent pas demeurer

(1) Voir le Numéro 214 ci-dessus.
(2) Conc. Trid. Sess, XXIII. *de Reform.* C. 1.

sécrètes. Le pasteur est, par état, l'aumônier de Dieu ; il doit apparaître, au milieu des peuples comme l'un de ces *hommes de miséricorde dont les œuvres de charité ne font jamais défaut* (1).

226. — Ils emploieront toutes les industries et toutes les délicatesses de la charité pour soulager efficacement les pauvres honteux.

Et comme leurs ressources sont modiques, ils exciteront sans cesse la charité dans le cœur de leurs paroissiens.

227. — Les œuvres de la charité corporelle ne leur feront pas oublier les devoirs de la charité spirituelle. Ils profiteront de toutes les circonstances où ils seront appelés à soulager et à consoler les pauvres, pour les instruire, et pour les gagner à Dieu.

228. — Ils ne sauraient oublier que les heureux du siècle ont quelquefois plus besoin de l'aumône spirituelle que les autres. Ils s'étudieront donc à rendre leurs rapports avec eux profitables au salut de leur âme, en mêlant à leur conversation des réflexions, des récits ou au moins des allusions qui rappellent le souvenir de Dieu, de Jésus-Christ, de sa religion et des vérités éternelles.

§ 2. — Œuvres paroissiales.

229. — Par ces mots : *In cœtera pastoralia munera incumbere* (2), le saint Concile de Trente insinue que les œuvres du zèle pastoral varient selon les lieux, les temps et les circonstances.

230. — Nous croyons entrer dans ses intentions en recommandant aujourd'hui instamment à tous les curés, l'établissement, dans leur paroisse, de ce qu'on est convenu d'appeler les *Œuvres de jeunesse.* Sans elles la persévérance des enfants paraît presque impossible, et l'avenir menace d'être pire que le présent.

Les hommes de l'âge mûr revenant tard à la pratique de la

(1) Eccli. XLIV. 10.
(2) Conc. Trid. Sess. XXIII. *de Reform.* C. 1.

vie chrétienne, la religion ne peut refleurir dans une paroisse que par la jeunesse.

231. — Les *Œuvres de jeunesse* consistent à prendre l'enfant avant qu'il ait subi l'influence pernicieuse du mal, et à lui assurer des distractions honnêtes, de bons exemples, des leçons utiles, etc., pour les heures où il est abandonné à lui-même. Elles portent, selon l'âge de leurs membres, les noms de *Patronages, Cercles Catholiques*, etc.

232. — Si l'*Œuvre des Catéchismes* est obligatoire, celle *des Patronages* est urgente. Le patronage des garçons revient naturellement aux curés ; celui des jeunes filles revient aux institutrices, ou à des chrétiennes sûres et de bonne volonté.

233. — Les réunions du patronage doivent être attrayantes et propres à faire aimer la compagnie du prêtre, la pratique de la prière, l'étude de la religion et la fréquentation des sacrements, à l'aide des récréations, des jeux, etc.

234. — Si cela se peut, le curé fondera, pour les jeunes gens d'un âge plus avancé, le *Cercle catholique* ou la *Conférence de Saint-Vincent-de-Paul*, et, pour les jeunes filles, l'*Association des Enfants de Marie* ou toute autre *Confrérie de la Sainte Vierge*, en s'inspirant des règlements généraux consacrés par l'expérience ou par l'approbation de l'Eglise.

235. — Nous recommandons spécialement aux Curés, l'*Œuvre des Mères chrétiennes* sans laquelle il est difficile que les femmes connaissent et remplissent leurs devoirs, soit d'épouses, soit de mères.

236. — L'*Association des Mères chrétiennes* est obligatoire dans toutes les paroisses où il y a un curé résidant. Les mères chrétiennes des succursales et des annexes seront invitées à entrer dans l'Association du chef-lieu paroissial. Les Curés réuniront les mères chrétiennes une fois par mois, le dimanche autant que possible, soit dans un exercice spécial, soit à défaut de mieux, à la messe de paroisse.

L'Exercice comprendra simplement : 1° Une courte instruction sur le quatrième commandement, pour enseigner les conditions de la famille chrétienne, telles que : les prières du matin et du soir, la récitation du catéchisme, le bon choix des livres de lecture ; 2° La lecture des recommandations présentées par les associées ; 3° La récitation d'un *Pater* et d'un *Ave* ; 4° L'inscription des noms dans un registre, si cela est possible.

Nous permettons de donner le salut avec le saint ciboire toutes les fois que la réunion mensuelle sera composée de six personnes au moins (1).

257. — Il est à souhaiter que les pères de famille soient

---

(1) Comme l'Association des mères chrétiennes a été jusqu'ici très-peu recrutée dans les classes populaires, et n'est établie que dans fort peu de paroisses rurales, Nous avons demandé au Souverain-Pontife, la faculté de fonder dans Notre diocèse une Association distincte de l'Archiconfrérie dont le centre est à Paris, à N. D. de Sion.

Sa Sainteté Léon XIII a daigné l'approuver, l'ériger sous le Patronage de Sainte-Anne et l'enrichir des indulgences suivantes par un Rescrit en date du 20 décembre 1884.

1° Indulgence plénière le jour de Pâques, le jour de la Pentecôte, le jour de Sainte-Anne, le jour de l'Assomption, le jour de la Toussaint et le jour de Noël.

2° Indulgence de trois cents jours toutes les fois qu'un membre de l'*Association des mères de famille de la classe ouvrière* assistera à la réunion mensuelle.

Toutes ces Indulgences sont applicables aux âmes du Purgatoire.

Pour gagner les indulgences plénières, il faut se confesser, faire la sainte communion, visiter une église ou un oratoire public et y prier aux intentions du Souverain-Pontife.

Pour avoir part à ces avantages spirituels comme membre de l'Association, il suffit :

1° De se faire inscrire sur le registre ou le tableau des associées de la paroisse ;

2° D'assister habituellement aux réunions mensuelles.

Le but de l'Association est d'instruire de leurs devoirs les épouses et les mères : 1° devoir d'enseigner aux enfants les prières, le catéchisme et, s'il se peut, l'histoire sainte ; 2° devoir de donner l'exemple d'une vie chrétienne.

Régénérer la famille, c'est préparer la régénération de la paroisse.

associés ou sous le titre de l'*Association pour la sanctification du dimanche*, qui est bien connue dans Notre diocèse, ou sous un autre titre. C'est en se mettant ainsi en rapport avec les hommes que le curé peut insensiblement leur faire connaître, aimer et pratiquer la religion.

§ 3. — Œuvres diocésaines.

238. — L'œuvre diocésaine la plus indispensable est l'*Association de Saint-Joseph pour les besoins des séminaires*. Son établissement est obligatoire dans chaque paroisse. Les Curés

Voici les moyens les plus pratiques de recomposer les mœurs chrétiennes dans l'intérieur des familles :

1° Réunir les mères dans l'église une fois par mois, et à défaut d'autre occasion, placer cette réunion à la messe de paroisse, un dimanche par mois ;

2° Leur présenter l'explication du 4me commandement, selon un plan naturel, court, bien étudié et pratique ;

3° Fonder l'habitude de la prière en famille, ainsi que celle de la messe et de l'observation du dimanche ;

4° Propager l'usage d'établir le crucifix dans la partie de la maison que la famille occupe ordinairement ;

5° Propager, surtout parmi les enfants, l'usage de porter une médaille de la Sainte Vierge ;

6° Fonder l'habitude de faire apprendre et réciter par les enfants une leçon de catéchisme chaque jour.

Si, dans maintes paroisses, tout cela ne peut pas être immédiatement réalisé, il est du moins possible d'y consacrer la messe du dimanche une fois par mois, d'en affecter l'instruction au 4me commandement et d'y réciter les prières établies à l'usage des mères chrétiennes. Cela suffit pour commencer. Peu à peu, grâce à la persévérance des efforts, de nouvelles chrétiennes se joindront aux premières, et l'assemblée pourra prendre une forme plus caractéristique.

Sauver les enfants par les mères est la seule planche offerte à l'Eglise de France après le naufrage de presque toutes les lois qui attachaient le pays à la religion. Si le succès est difficile, la tentative ne l'est pas. L'effort appartient au prêtre, le succès appartient à Dieu.

(*Voir à l'Appendice des renseignements plus détaillés sur l'Association des Mères Chrétiennes*, — VI.)

ne cesseront de rappeler à leurs paroissiens l'obligation rigoureuse où ils sont de concourir au renouvellement du sacerdoce. Celui qui s'en dispenserait ne ferait pas ce que l'Eglise attend de lui pour l'avenir religieux de Notre diocèse.

Nous invitons chaque curé à relire tous les ans le Règlement de l'association, pour l'appliquer ou à la lettre ou du moins dans son esprit (1).

Dieu bénira Notre diocèse, si nous l'aidons à ouvrir les portes du séminaire à tous les aspirants que la pauvreté en éloignerait.

259. — L'aumône du Carême qui est destinée à l'entretien de Nos séminaires est obligatoire comme l'était l'abstinence qu'elle a remplacée ou le jeûne dont on obtient dispense.

L'omettre ou la faire avec une parcimonie que l'état de fortune n'excuse pas est un péché dont les curés sont tenus de rappeler la gravité à leurs paroissiens.

240. — Si les prêtres s'honorent en assurant les ressources matérielles à Nos séminaires, leur principal honneur est de découvrir et d'entretenir les vocations ecclésiastiques.

L'expérience démontre que le Curé y parvient aux conditions suivantes :

1° S'il en demande souvent la grâce à Dieu ;

2° S'il dirige la piété des mères ;

3° S'il cultive avec persévérance et bonté l'âme des enfants en qui il découvre quelques signes de vocation ;

4° S'il relève le caractère sacerdotal dans l'esprit du peuple par la dignité de sa vie et par sa charité.

241. — Afin de faire connaître aux fidèles l'*Association de Saint-Joseph* et de les intéresser à sa prospérité, il y aura tous les ans, le troisième dimanche après Pâques, jour de la fête du Patronage de Saint-Joseph, une réunion sous la présidence de chaque doyen, dans son église ou dans une autre église de son doyenné plus favorable au but que Nous nous proposons.

---

(1) Voir à l'Appendice le Règlement de l'Œuvre des séminaires, VII.

Cette réunion consistera dans le chant des Vêpres, le sermon sur l'œuvre des séminaires, le salut et la bénédiction du Très-Saint-Sacrement.

Tous les prêtres du doyenné y seront convoqués et devront s'y rendre, à moins qu'une distance de huit kilomètres les sépare du lieu de la réunion, ou qu'ils aient un autre empêchement légitime.

Ils seront dispensés, à cette occasion, de faire le catéchisme et d'assister aux offices du soir dans leur paroisse.

242. — L'institution de la *Caisse de secours pour les Prêtres âgés ou infirmes* étant fondée sur la charité confraternelle, Nous invitons tous les Prêtres à verser dans cette caisse leur cotisation annuelle, lors même qu'ils auraient l'espérance fondée de n'avoir pas besoin de ses secours (1). Nous les exhortons à introduire cette œuvre dans leurs dispositions testamentaires et à la recommander à la générosité des fidèles.

Ils n'omettront jamais la quête prescrite en sa faveur le jour de la Toussaint dans toutes les Eglises et Chapelles du diocèse. Cette quête a été établie pour exonérer les Fabriques de l'obligation que leur impose la loi de verser le dixième du produit des bancs ou des chaises de l'Eglise, dans la *Caisse de secours pour les Prêtres âgés ou infirmes.*

Comme cette caisse ne prétend pas assurer une pension, mais seulement un secours, les prêtres ne réclameront pas une allocation sans nécessité, et les doyens ou autres ecclésiastiques consultés devront Nous renseigner exactement sur la situation des confrères trop discrets.

243. — Nous n'avons pas besoin de recommander à tous Nos prêtres l'*Association diocésaine de prières pour les Prêtres défunts* qu'ils ont en si grande estime, ni de leur rappeler

(1) Les membres du Synode, en grande majorité, ont fixé la cotisation annuelle de tous les prêtres à 5 francs pendant les cinq années qui suivent l'ordination, et ensuite à dix francs.

l'obligation de célébrer une fois la sainte messe pour chacun des membres de l'*Association* décédé (1).

244. — L'*Œuvre des Tabernacles* est établie dans un grand nombre de paroisses du diocèse. Nous exhortons MM. les Curés à la recommander souvent aux fidèles. Un chrétien peut-il faire un meilleur usage de ses ressources ou de ses loisirs que de les consacrer aux besoins des églises pauvres ? C'est à ceux qui contribuent à la décoration des saints autels par leurs dons ou par leur travail, que s'adressent particulièrement ces paroles de l'Hôte divin de nos Tabernacles : *Mihi fecistis* (2).

245. — Une œuvre plus excellente encore, c'est l'œuvre de l'*Adoration perpétuelle*. Nous voudrions la voir établie dans toutes les paroisses.

MM. les Curés soumettront à Notre agrément le choix des jours qu'ils désirent consacrer chaque chaque année à ces pieux exercices, et ils ne changeront pas ces jours sans Notre permission.

246. — Les exercices de l'adoration perpétuelle dureront trois jours avec exposition du Saint-Sacrement, dans les paroisses où la piété attirera constamment un nombre suffisant de fidèles aux pieds de Notre Seigneur.

Dans les autres paroisses, le Saint-Sacrement ne sera exposé qu'un seul jour ; mais les deux jours précédents seront des jours de préparation pendant lesquels il y aura le matin, avant ou après la messe, une instruction en forme de méditation, et le soir, sermon avec salut du Très Saint-Sacrement.

247. — Les curés auront soin d'annoncer à l'avance les exercices de l'adoration perpétuelle et d'engager leurs paroissiens à s'y préparer et à profiter de cette solennité pour s'approcher des sacrements (3).

---

(1) Voir à l'Appendice le Règlement de l'Association diocésaine de prières pour les Prêtres défunts. VIII.

(2) Matth. XXV. 40.

(3) Un Indult pontifical, en date du 30 août 1882, autorise à chanter la messe votive du Saint-Sacrement avec *Gloria* et *Credo*, ainsi que les

248. — Nous ne saurions trop encourager les fidèles à donner des preuves de plus en plus nombreuses de leur dévotion envers Notre Seigneur présent sur l'autel, soit en s'affiliant à l'*Association de l'Adoration réparatrice* pour l'expiation du blasphème, des outrages faits à la Sainte Eucharistie et de la profanation du dimanche, soit en prenant part aux exercices méritoires de l'Adoration nocturne.

Nous permettons d'exposer le Saint-Sacrement soit le jour, soit la nuit, dans les églises ou chapelles de Notre diocèse où ces pieuses pratiques sont établies avec Notre approbation, aux jours fixés par les règlements.

§ 4. Œuvres générales.

249. — Nous plaçons en tête des œuvres générales que Nous désirons voir fleurir dans Notre diocèse, l'*Œuvre du Denier de Saint-Pierre*. MM. les Curés en expliqueront de temps en temps le but, la nécessité, les avantages spirituels, et ils s'appliqueront à faire tomber les préjugés qu'on lui oppose.

250. — L'Œuvre de la *Propagation de la Foi*, celle *de la Sainte-Enfance*, l'*Association de Saint-François de Sales*, l'*Œuvre des Campagnes*, se recommandent d'elles-mêmes au zèle de MM. les Curés.

251. — La plupart des Œuvres dont Nous avons parlé ont été enrichies d'abondantes indulgences par le Souverain Pontife. La notification de ces faveurs spirituelles, faite à propos aux fidèles, les encouragera puissamment à s'y associer.

---

vêpres, sans faire aucune mémoire, dans toutes les églises et chapelles publiques de Notre diocèse, le troisième jour des exercices de l'adoration perpétuelle, comme les lundi et mardi après la quinquagésime, excepté les dimanches et fêtes doubles de première et de deuxième classe, le mercredi des cendres, la semaine sainte, la veille de Noël et de la Pentecôte, et les jours dans l'octave de l'Epiphanie, de Pâques et de la Pentecôte. En ces jours, on chantera la messe du jour avec la seule mémoire du Saint-Sacrement sous la même conclusion. — Voir plus loin, N° 532.

ARTICLE 4.

Bon exemple et résidence.

252. — *Tout pasteur*, dit l'apôtre saint Pierre, *doit être le modèle de son troupeau* (1).

Tous les curés, dans leurs rapports avec leurs paroissiens, seront constamment attentifs à cette parole du Concile de Trente : *Bonorum omnium exemplo pascere* (2), et à cette recommandation de saint Paul : *In omnibus teipsum præbe exemplum bonorum operum, in doctrina, in integritate, in gravitate, verbum sanum, irreprehensibile* (3).

253. — En vue de prévenir le scandale des faibles, ils feront tous les sacrifices compatibles avec leurs devoirs. S'ils sont en butte aux tracasseries, aux mauvais procédés, aux injustices et même aux injures, ils montreront une noble patience, sachant, dit saint François de Sales, que « la pratique de Dieu est de « tirer son honneur de notre humiliation ». Non-seulement ils pardonneront à leurs ennemis, mais ils saisiront l'occasion de leur faire du bien.

254. — Le bon exemple exige que les curés résident constamment dans leur paroisse. Aussi le saint Concile de Trente leur rappelle-t-il qu'ils sont tenus à la résidence personnelle. *Obligari ad personalem residentiam* (4).

Ce devoir de la résidence est si rigoureux qu'on y manque d'une manière grave, non-seulement par une absence prolongée, mais aussi par des absences courtes et souvent réitérées.

A plus forte raison serait-il violé par ceux qui ne se trouveraient, pour ainsi dire, dans leur paroisse que le dimanche, et qui promèneraient partout, pendant la semaine, le spectacle d'une vie inoccupée.

(1) Pet. V. 3.
(2) Conc. Trid. Sess. XXIII. *de Reform.* C. 1.
(3) Tit. II. 7, 8.
(4) Conc. Trid. Sess. XXIII. *de Reform.* C. 1.

La charité chrétienne, une nécessité pressante ou l'obéissance qui Nous est due sont les seuls motifs qui peuvent dispenser un curé de résider dans sa paroisse. Nous n'entendons pas interdire par là les rapports modérés entre confrères et surtout entre confrères du voisinage, dont Nous avons déjà parlé (1).

255. — Il est interdit aux curés de s'absenter un dimanche, sans Notre permission écrite, et sans avoir confié leur paroisse à un prêtre approuvé par Nous, ou à un curé voisin, de Notre consentement. S'ils ont été surpris par une raison grave et tout-à-fait imprévue, ils doivent Nous avertir pendant leur absence (2).

256. — Ils ne doivent pas s'absenter pendant la semaine, et surtout découcher, sans avoir confié à un confrère le service de leur paroisse. Ils éviteront de s'absenter pendant le carême et aux principales fêtes de l'année.

Article 5.

Visites paroissiales.

257. — Un autre devoir des curés est de connaître leurs paroissiens. *Oves suas agnoscere* (3). Sans cela, ils manqueraient du caractère du bon pasteur indiqué par Notre-Seigneur lui-même : *Cognosco oves meas et cognoscunt me meæ* (4).

Quia, ut ipse ait Christus, lisons-nous dans le Concile de Soissons (5), *bonus pastor cognoscit oves suas, et vocat eas nominatim, ideo Parochus cognoscere debet fideles sibi commissos.*

Non ergo negligat morem hunc tam salutarem, singulas parœciæ suæ familias, certis temporibus, visitandi ; hocque munus adimpleat cum gravitate simul et modestiâ necnon et singulari charitate. Quamvis enim à quolibet inutili per

(1) Voir le Chapitre XXI des Statuts, N°ˢ 92 et 93.
(2) Conc. Suess. Tit. XV. Cap. 1.
(3) Conc. Trid. Sess. XXIII. *de Reform.* C. 1.
(4) Joann. X. 14.
(5) Conc. Suess. Tit. XV. Cap 1.

parœciam discursu abstinere debeat, non tamen officio suo satisfecisse arbitretur, si, domi inclusus, expectet ut ad ipsum veniant parochiani. Semper equidem valuit, sed his præsertim temporibus valet hoc præceptum Domini : Ite ad oves quæ perierunt domus Israel.

En conséquence, tous les curés et aumôniers s'appliqueront selon les règles de la prudence et de la discrétion à connaître les âmes qui leur sont confiées.

A cette fin, ils doivent rédiger le livre prescrit par le Rituel romain, sous le nom de *Status animarum.* Ils auront soin de le compléter ou modifier selon les circonstances.

Ce livre comprend : 1° le nom de chaque paroissien ; 2° son âge ; 3° sa profession ; 4° le lieu de son habitation ; 5° sa généalogie ; 6° sa condition temporelle ; 7° sa portée religieuse, etc.

Tous ces renseignements sont utiles au pasteur pour la direction générale de son ministère, pour le choix de ses instructions publiques et de ses recommandations privées. Ce guide précieux lui indiquera de quel côté il doit porter les efforts et les industries de son zèle : il est en même temps la matière de ses examens continuels, quelquefois un reproche muet de ses négligences, et souvent aussi un encouragement qui le soutient.

258. — L'unique moyen efficace de connaître l'état des âmes est la visite générale de la paroisse. Cette visite est aussi le moyen d'assurer au pasteur l'estime, la confiance et l'affection de ses paroissiens. Elle est l'occasion de donner des avis salutaires, de négocier et de propager les œuvres essentielles, telles que l'Œuvre des Séminaires, l'Œuvre des Mères chrétiennes, etc., et de préparer à son ministère de considérables résultats.

Si la visite paroissiale est utile dans tous les diocèses, dans celui de Châlons elle a le caractère d'une nécessité, vu que beaucoup de nos chrétiens ne vont pas à l'église, et que là où les paroissiens ne recherchent pas le pasteur, le pasteur doit aller à la recherche des paroissiens.

Aucun devoir n'est plus souvent rappelé dans les saints livres. C'est le maître de la maison donnant l'ordre de parcourir tous les chemins pour amener les invités. C'est la femme fouillant toutes les parties de sa demeure pour retrouver la dragme perdue. C'est le pasteur s'éloignant du troupeau fidèle pour aller à la découverte de la brebis égarée. C'est le sauveur résumant tout dans cette parole : *Ite ad oves quæ perierunt domus Israël* (1).

259. — En conséquence, sont déclarées obligatoires pour chaque curé : 1º la visite de toutes les familles dès son entrée dans la paroisse; 2º la visite annuelle de toutes les familles dans toutes les paroisses qui ne dépassent pas mille habitants; 3º la visite annuelle de mille paroissiens là où la population dépasse ce chiffre.

260. — Dans l'accomplissement de cette visite, le curé saura allier ensemble la gravité qui commande le respect, avec la simplicité qui inspire la confiance, la charité qui ne fait acception de personne avec la prudence qui sait se taire et parler à propos, enfin la bonté qui exclut la hauteur et la familiarité, avec la religion qui fait l'homme de Dieu.

261. — Aucun curé ne renoncera à visiter une maison sans avoir épuisé tous les moyens de la charité pastorale.

La saison, le jour, l'heure de la visite paroissiale doivent être déterminés avec un grand discernement.

262. — Un curé ne profitera jamais des renseignements qu'il aura pu recueillir, dans sa visite ou autrement, pour parler en mal de sa paroisse ni d'un seul de ses paroissiens. A l'exemple de saint Paul qui relevait volontiers les vertus des fidèles, les appelant sa joie, sa gloire et sa couronne, le bon prêtre aime à cacher les défauts de ses enfants spirituels, à gagner leur confiance et à se déclarer satisfait du peuple à la tête duquel la divine Providence l'a placé.

(1) Matth. X. 6.

Article 6.

Missions et Retraites.

263. — Si le prêtre et le religieux considèrent les retraites comme indispensables pour se maintenir dans l'accomplissement de leurs devoirs et dans la pratique des vertus de leur état, à plus forte raison les fidèles, exposés à plus de dangers et favorisés de moins de grâces, ont-ils besoin d'être rappelés de temps en temps à la méditation des vérités éternelles, à l'examen sérieux de leur conscience et à la nécessité de se mettre en état de paraître devant Dieu.

C'est l'œuvre des missions : ce qui a fait dire à saint Vincent de Paul que « la mission est l'un des plus grands « moyens de salut suscités par la Providence dans ces derniers « temps. »

Un pasteur ne doit donc pas négliger ce moyen de régénérer sa paroisse.

264. — Les avantages principaux attachés à ce ministère sont : 1° le réveil de la foi ; 2° le retour à la pratique des sacrements ; 3° la réforme des consciences engagées dans le péché avec la rupture des liens coupables ; 4° la réparation des sacrilèges ; 5° la réparation des torts faits au prochain ; 6° l'affermissement de la piété ; 7° la recomposition de la famille chrétienne ; 8° la prospérité des œuvres catholiques ; 9° l'accroissement de l'autorité pastorale.

265. — C'est pourquoi, vu ces avantages ; vu le sentiment de saint Vincent de Paul, de Saint Alphonse de Liguori et de tous les grands moralistes du clergé, Nous déclarons obligatoire, dans chaque paroisse, de dix ans en dix ans, la pratique de la mission paroissiale. La mission aura une durée de 15 jours au moins.

266. — Nous engageons MM. les curés à donner, dans l'intervalle de ces dix années, une ou plusieurs retraites destinées à maintenir leurs paroissiens dans la fidélité à leurs devoirs, à ramener ceux qui auraient manqué de persévérance ou ceux qui auraient résisté aux inspirations de la grâce pendant la mission.

267. — Les curés se conformeront, pour le choix des missionnaires, aux règles que Nous avons établies au Chapitre de la Prédication (1).

268. — Les curés s'efforceront de préparer le succès de la mission par la sainteté de leur vie et par le concours des paroissiens pieux.

269. — Pendant la mission, ils étudieront, de concert avec les missionnaires, les moyens les plus propres à en assurer le succès.

270. — Ils assureront la liberté des confessions, en les abandonnant aux missionnaires et à leurs auxiliaires.

271. — Les ressources matérielles indispensables à la mission peuvent provenir ou de la générosité de quelques bienfaiteurs, ou d'un legs, ou des souscriptions paroissiales, ou du conseil de fabrique, ou des associations générales établies à cette fin, telles que l'*Association de Saint-François de Sales*, l'*Œuvre des Campagnes*, *de Notre-Dame de Salut*, etc. Si, malgré ses efforts, un curé ne trouve pas les ressources nécessaires à la mission décennale de sa paroisse, il devra en référer à l'Evêché.

CHAPITRE XXV.

Devoirs spéciaux des Aumôniers.

272. — Ce que nous avons dit des curés doit, en général, s'appliquer aux aumôniers. Ils doivent montrer autant de zèle et de dévouement envers les âmes qui leur sont confiées.

273. — Les aumôniers des religieuses, qui sont chargés de les conduire dans les voies de la perfection évangélique, doi-

(1) Voir les Numéros 144 et 145.

vent, par état, aimer la solitude, la prière et l'étude des auteurs approuvés qui ont écrit sur les matières ascétiques.

274. — Ils s'efforceront d'entrer dans l'esprit des règles des communautés dont ils sont chargés, et auront soin d'y conformer leur direction. Le respect profond qu'ils professeront pour ces règles aidera les religieuses à les accomplir fidèlement.

Ils ne se permettront pas, de leur propre autorité, de les suspendre, ni d'introduire dans la communauté des exercices et des usages nouveaux ou de nouvelles pratiques de dévotion.

275. — A moins d'en être exceptionnellement chargés par Nous, ils ne s'immisceront ni dans le gouvernement de la maison, ni dans l'administration temporelle de ses biens. Ils s'abstiendront, en particulier, avec une scrupuleuse réserve, d'intervenir dans les élections. Jamais ils ne prendront parti pour les inférieures contre la supérieure, mais ils conseilleront en toute occasion le respect, l'obéissance, la charité et la régularité.

276. — Enfin, ils n'auront avec les religieuses que les rapports exigés par la nature de leurs fonctions.

Hors du confessionnal, ils ne les verront qu'au parloir, ou, en cas de maladie, à l'infirmerie. La supérieure en sera toujours avertie préalablement.

277. — Les aumôniers des hôpitaux et hospices doivent une sollicitude vraiment paternelle aux malades, aux vieillards et aux orphelins dont ils sont chargés.

Ils réuniront aussi souvent que la prudence et les règlements le permettront, les infirmes et les convalescents pour leur rappeler les éléments de la doctrine chrétienne, les instruire de leurs devoirs et les exhorter à la fréquentation des sacrements.

Les malades seront l'objet principal de cette sollicitude; ils leur assureront, par tous les moyens possibles, la grâce d'une bonne mort.

278. — Quant aux enfants élevés dans les hôpitaux ou orphelinats, les aumôniers s'appliqueront à les former, par les puissants motifs de la religion et par l'habitude de l'obéissance, de l'abnégation et du travail, à la vie laborieuse et dépendante qu'ils auront à mener dans le monde.

279. — Les aumôniers des collèges et des maisons d'éducation de garçons s'efforceront de donner aux élèves de ces établissements une instruction proportionnée aux différents âges. Cette instruction sera toujours exacte et capable de prémunir les enfants contre les périls que leur foi peut courir dans le milieu où ils sont élevés et dans celui où ils vivront un jour.

280. — Ils prendront garde de ne pas se laisser décourager par les difficultés de toutes sortes qu'ils rencontreront dans leur ministère auprès des enfants.

La direction religieuse des jeunes gens doit être paternelle, mais ferme et virile. Son objet principal est d'éclairer leur esprit, de former leur conscience et d'affermir leurs convictions.

281. — Les aumôniers des pensionnats ne se contenteront pas de donner l'instruction religieuse aux jeunes filles, ils leur inspireront aussi l'amour de la piété, de la modestie, du dévouement et des autres vertus qu'elles auront à pratiquer un jour. Ils les habitueront à régler leur imagination et leur sensibilité, à éviter la vanité, la frivolité et l'amour des plaisirs mondains, à s'appliquer aux travaux de leur condition, en un mot, à réaliser le portrait de la femme forte tracé par l'Esprit-Saint lui-même.

CHAPITRE XXVI.

Devoirs spéciaux des Vicaires,

282. — Les vicaires n'oublieront jamais qu'une de leurs principales obligations est la subordination à l'égard de leur curé. Ils sont envoyés pour l'aider, en travaillant sous sa direction.

Ils le feront avec déférence et respect.

283. — Le curé, de son côté, les traitera avec bienveillance, avec estime et avec confiance.

284. — L'esprit de l'Eglise veut qu'il leur donne une part active dans la gestion paroissiale, dans les travaux divers du ministère pastoral, dans les œuvres de zèle et de charité, afin que les curés deviennent ainsi les derniers formateurs du jeune clergé, et que le vicariat soit pour celui-ci le complément expérimental du séminaire.

285. — Les vicaires éviteront de rien dire ou de rien faire qui puisse affaiblir dans l'esprit des fidèles l'autorité du pasteur de la paroisse.

286. — Si le curé est d'un âge avancé, ils useront de la plus grande prévenance à son égard, et lui adouciront, autant que possible, les épreuves de la maladie et des infirmités qui en sont la suite.

287. — La communauté d'habitation et de vie étant le moyen le plus puissant de procurer, entre les prêtres attachés à un même ministère, une parfaite entente, une émulation de zèle et de piété, une sauvegarde pour la vertu, Nous exhortons fortement les Curés et les Vicaires à adopter cette vie commune, et Nous voulons que, s'ils peuvent prendre les dispositions nécessaires à cet effet, ou si Nous jugeons que leur presbytère est suffisamment vaste pour cela, les Curés procurent à leurs Vicaires un logement dans leur presbytère. La cohabitation et la commensalité sont pratiquées dans les meilleurs diocèses de France.

288. — Nous nous réservons de fixer le traitement des Vicaires, et, au besoin, le prix de la pension qu'ils auront à payer à leur Curé. Aucun changement ne devra être fait, sans Notre autorisation, à ce que Nous aurons réglé à cet égard.

289. — Les Vicaires ne doivent pas s'absenter de la paroisse, pendant la journée, sans s'être assurés que le service religieux n'en souffrira pas. Ils ne s'absenteront pas pendant la nuit, sans avoir demandé et obtenu l'agrément de leur Curé, et ils ne prolongeront pas leur absence au-delà du temps convenu avec lui.

290. — Ils devront aussi prévenir leur Curé, toutes les fois qu'ils n'assisteront pas au repas commun du presbytère. Ils ne devront accepter les invitations du dehors que rarement, et après avoir pris son avis. En général, ils n'en accepteront aucune qui n'aurait point été faite au Curé lui-même. Une grande réserve leur est commandée en ce qui concerne les visites dans la paroisse, et ils éviteront d'établir des relations avec les personnes hostiles à leur curé.

CHAPITRE XXVII.

Devoirs des Prêtres habitués.

291. — Nous entendons par prêtres habitués les prêtres qui résident sur une paroisse sans être obligés à y exercer les fonctions du saint ministère à un titre quelconque, quoiqu'ils puissent, avec Notre autorisation, ajouter à la célébration du saint sacrifice de la messe l'exercice d'autres fonctions ecclésiastiques, sous l'autorité du Curé, soit habituellement, soit dans des circonstances déterminées.

292. — Ces prêtres peuvent appartenir à Notre diocèse ou à un diocèse étranger. Mais, quels que soient leur diocèse et la liberté que Nous leur ayons laissée pour le lieu de leur résidence, aucun curé ne peut les autoriser à célébrer la sainte messe au-delà de cinq jours, ni à exercer une fonction ecclésiastique, avant d'avoir examiné les pièces qui déterminent la limite de leurs pouvoirs.

293. — Aucun prêtre étranger, traversant le Diocèse ou y séjournant momentanément, ne peut être admis à y célébrer la sainte messe, s'il n'est muni d'un *celebret* ou de pièces équivalentes. S'il réside dans le diocèse au-delà de cinq jours, les pièces doivent être visées à l'Evêché.

294. — Les prêtres qui conservent leur titre en quittant leurs fonctions et le territoire de leur paroisse, doivent faire renouveler leurs pouvoirs.

295. — Les prêtres habitués n'oublieront pas qu'ils doivent aux fidèles au milieu desquels ils viennent s'établir l'exemple des vertus chrétiennes et sacerdotales, et aux prêtres chargés du service paroissial la déférence et les égards indiqués par la hiérarchie. Ils éviteront de se mêler à l'administration de la paroisse, de juger et surtout de critiquer les actes du pasteur, et de lui créer des difficultés dans l'exercice de son ministère.

296. — De leur côté, les Curés donneront à leur vigilance le caractère de la charité fraternelle, surtout en facilitant l'exercice des fonctions qui leur seront confiés. Ils auront une bienveillance particulière et des ménagements respectueux pour ceux de ces prêtres qui seraient âgés ou infirmes.

CHAPITRE XXVIII.

Devoirs des Professeurs.

297. — Les supérieurs et professeurs de Nos maisons diocésaines d'éducation méditeront, avec profit, les recommandations que faisait saint Paul à son disciple Timothée : *Nemo adolescentiam tuam contemnat : sed exemplum esto fidelium, in verbo, in conversatione, in caritate, in fide, in castitate... Attende lectioni, exhortationi et doctrinæ. Noli negligere gratiam quæ in te est, quæ data est tibi... cum impositione manuum presbyterii... Attende tibi et doctrinæ. Insta in illis : hoc enim faciens, et te ipsum salvum facies, et eos qui te audiunt* (1).

298. — Les études profanes pouvant altérer l'esprit sacerdotal ils s'appliqueront à le conserver par la pratique de l'oraison mentale et des autres exercices de piété, par l'obéissance au règlement de la maison, et par la retraite annuelle. Aucun ne passera la nuit hors de la maison, sans la permission du Supérieur. Ils ne manqueront à aucun des devoirs de leur charge, sans en être régulièrement dispensés.

(1) 1 Tim. IV. 12 à 16.

299.— Les clercs détachés du grand séminaire pour remplir un office dans un de Nos établissements ne peuvent pas sortir de la maison sans la permission expresse du supérieur. Leur devoir est de suivre le règlement du grand séminaire dans son esprit et autant que possible dans sa lettre.

300. — Les supérieurs de Nos établissements diocésains sont les gardiens du règlement et des traditions de la maison, les modèles et les amis des professeurs encore plus que leurs maîtres.

301. — Ils tiendront régulièrement des conseils, dont le procès-verbal sera dressé, si l'objet du conseil est de quelque importance.

302. — Les supérieurs et les professeurs de Nos établissements secondaires reliront avec profit les conseils formulés sous forme de directoire, dans les Conciles provinciaux de Soissons et d'Amiens (1).

Titre troisième.

DE LA SCIENCE ECCLÉSIASTIQUE.

303. — La sainteté ne suffit pas au prêtre pour remplir son ministère avec fruit. Il doit avoir la science, puisque les fidèles attendent de lui lumière et direction, et puisque l'ignorance constitue une irrégularité non seulement de droit canonique, mais encore de droit naturel.

304. — Les prêtres de Notre diocèse, doivent donc consacrer à l'étude de la science ecclésiastique le temps que l'exercice de leurs fonctions, les soins nécessaires de la vie et les relations utiles ne remplissent pas.

---

(1) Conc. Suess. Tit. XVIII. Cap. 1. — Conc. Amb. Cap. 16.

CHAPITRE XXIX.

Premières études ecclésiastiques dans les Presbytères ou au Petit-Séminaire.

505. — Le moyen qui a le plus contribué au recrutement du clergé en France depuis la révolution, est l'application des Pasteurs à discerner et à former, dans leurs presbytères, des élèves destinés au Petit-Séminaire.

506. — Nous prions instamment les curés de ne pas négliger ce précieux moyen de découvrir et d'encourager les vocations ecclésiastiques en formant des élèves destinés à les remplacer un jour dans le saint ministère.

507. — Les élèves du presbytère suivront, autant que possible, le programme des études du Petit-Séminaire, se souvenant qu'il s'agit moins d'aller vite que d'aller sûrement et avec méthode, s'ils ne veulent pas s'exposer à de regrettables déceptions.

508. — Ce programme doit répondre aux besoins légitimes de notre temps.

Nous recommandons avec instance l'étude et la bonne exécution du plain-chant.

Selon la tradition salutaire du diocèse, le Petit-Séminaire reste exclusivement destiné aux aspirants à l'état ecclésiastique.

CHAPITRE XXX.

Des études du Grand-Séminaire.

509. — Nous conjurons les élèves de Notre Grand-Séminaire, dans l'intérêt de leur âme, pour le salut des fidèles qui leur seront confiés et au nom de Notre-Seigneur Jésus-Christ, de s'adonner à l'étude sérieuse et réfléchie de toutes les branches de la science ecclésiastique, en même temps qu'au soin de leur sanctification.

510. — Qu'ils s'appliquent à l'observation fidèle du règlement du séminaire, se souvenant que cette fidélité soutenue est l'un des éléments essentiels de la piété ecclésiastique.

311. — Les élèves ne seront admis à aucune ordination sans avoir subi, d'une manière satisfaisante, les examens prescrits par le règlement intérieur du Grand-Séminaire.

312. — A l'occasion de leur première messe, Nous ne permettons que les réunions composées d'ecclésiastiques et des plus proches parents.

CHAPITRE XXXI.

Des études des Prêtres.

313. — La science ne s'acquiert que par l'étude : l'étude est donc un devoir rigoureux pour tous les ecclésiastiques. Repousser la science, c'est encourir le châtiment dont menace la Sainte Ecriture. *Quia tu scientiam repulisti, et ego repellam te, ne sacerdotio fungaris mihi* (1).

314. — Voici l'objet ordinaire des études du prêtre : 1° l'Ecriture-Sainte et la Théologie, qu'il lira chaque jour ; 2° les SS. Pères dont il étudiera au moins la doctrine dans nos sermonnaires classiques, Bossuet, Bourdaloue, Massillon ; 3° le droit canonique, qu'il trouvera résumé dans les Actes des Conciles de la province de Reims et dans les Statuts du diocèse ; 4° l'Histoire ecclésiastique ; 5° la Liturgie ; 6° enfin l'administration temporelle des paroisses. Il ne donnera pas le même rang aux études littéraires et scientifiques, à moins que sa profession ne l'y oblige.

315. — Le prêtre doit former sa bibliothèque selon la nature des études requises par son emploi. Il est à désirer qu'il la destine par disposition testamentaire, à la création des bibliothèques décanales ouvertes aux prêtres du doyenné.

316. — Les livres prohibés par le Souverain-Pontife, par la Congrégation de l'Index ou par l'Ordinaire, doivent être rigousement supprimés.

(1) Osée, IV, 6.

317. — Nul ne peut publier sans Notre approbation un écrit traitant directement des choses sacrées sans encourir l'excommunication *latæ sententiæ* (1).

Il est même à désirer que les prêtres ne publient rien en aucun genre, surtout des articles de journaux, sans Nous avoir consulté.

CHAPITRE XXXII.

De l'examen des jeunes Prêtres.

318. — Afin d'entretenir le mouvement des études ecclésiastiques, d'en favoriser et d'en contrôler le progrès, et conformément aux prescriptions du Concile provincial de Soissons (2), tous les prêtres qui exercent des fonctions ecclésiastiques dans Notre diocèse doivent subir un examen annuel sur les matières qui leur sont indiquées d'avance, pendant les cinq années qui suivent celle de leur ordination ou de leur entrée dans le diocèse.

319. — Ces examens auront lieu du premier lundi qui suivra la Commémoraison des fidèles trépassés au samedi suivant, au chef-lieu de chaque archiprêtré, sous la présidence d'un vicaire général ou de l'archiprêtre.

Le président sera assisté de deux assesseurs au moins, désignés par Nous.

320. — Le président convoquera, au moins cinq jours d'avance, tous les jeunes prêtres de son archiprêtré, en indiquant à chacun le jour et l'heure de son examen.

321. — Le prêtre qui, sans raison légitime, omet de se présenter, est privé de tous ses pouvoirs, *ipso facto*.

S'il a un empêchement légitime, il doit demander au président de lui assigner un autre jour.

L'ajournement ne dépassera jamais quinze jours sans Notre permission.

(1) Bulle *Apostolicæ sedis, Excomm. latæ sent. nulli reservatæ*, N° 4, *Præter hos hactenus recensitos.*
(2) Conc. Suess. Tit. xviii. Cap. 3.

La dispense de l'examen ne sera jamais accordée.

522. — Les présidents consigneront le résultat de chaque examen dans un procès-verbal, qui sera signé après la séance par tous les membres de la commission d'examen, et Nous sera immédiatement adressé.

523. — Ceux qui n'auront pas répondu d'une manière satisfaisante seront obligés de subir l'examen une ou plusieurs années de plus.

CHAPITRE XXXIII.

Des Conférences ecclésiastiques.

524. — Selon le vœu du Concile de Soissons (1), pour donner un autre aliment à l'étude des ecclésiastiques comme pour établir une sage uniformité entre les pasteurs dans la direction des âmes et l'administration des paroisses, une Conférence ecclésiastique sera tenue dans chaque doyenné, tous les mois, depuis le mois de mai jusqu'au mois d'octobre inclusivement.

Dans les doyennés où les communications sont difficiles, Nous autorisons l'établissement d'une seconde section.

525. — Les réunions se tiendront selon la coutume de chaque doyenné soit au chef-lieu, soit dans une paroisse centrale, soit alternativement chez les ecclésiastiques qui doivent y prendre part.

526. — Le doyen est président de droit. Les présidents de section sont désignés par nous.

527. — La Conférence élira un vice-président, un secrétaire et un pro-secrétaire. L'élection aura lieu au scrutin secret, et à la pluralité des voix.

528. — Sont obligés d'assister à la conférence tous les Curés, Aumôniers, Vicaires et autres prêtres exerçant, en tout ou en partie, les fonctions du ministère, à moins d'empêchement légi-

(1) Conc. Suess. Tit. XVIII. Cap. 3.

time. Nous exhortons les autres ecclésiastiques à y porter le fruit de leurs études et de leur expérience.

329.— Les fonctions du Président sont : de veiller à l'observation du règlement, de répartir les sujets des Conférences entre les ecclésiastiques de chaque réunion, de maintenir l'ordre dans la Conférence, de diriger les discussions, de Nous signaler les absents qui ne sont pas régulièrement dispensés, de signer les procès-verbaux et de Nous les transmettre, en y ajoutant tous les renseignements utiles.

330.— Les fonctions du secrétaire sont de proposer les questions selon l'ordre indiqué dans le programme ; de faire le procès-verbal de la séance, en y marquant l'année, le mois, le jour, le lieu de la réunion, les membres présents et les membres absents avec les motifs pour lesquels ils n'ont pu se rendre à la réunion. Il rapportera sommairement les réponses de la Conférence sur les sujets proposés, les incidents sérieux, les observations importantes et le partage des voix. Il ne devra pas oublier que son office est de rapporter et non de juger pour approuver ou pour blâmer de son chef.

331.— Le procès-verbal de chaque séance sera lu au commencement de la séance suivante, signé par le président et le secrétaire, et envoyé immédiatement à l'évêché.

Le procès-verbal de la dernière Conférence de l'année sera envoyé à l'évêché le 31 octobre au plus tard, après avoir reçu l'approbation du Président.

332.— Les membres désignés pour traiter les questions du programme feront leur travail avec d'autant plus de soin qu'il formera la base de la discussion. S'ils ne pouvaient assister à la Conférence, ils auraient soin ou de se faire remplacer en temps utile avec l'agrément du Président, ou d'envoyer leur manuscrit qui serait lu par le secrétaire.

333.— Les autres membres pouvant être invités à donner leur avis sur les questions proposées, se feront un devoir de les étudier. Nous les engageons même à écrire leur travail.

334.— Le Président ouvrira la séance par la récitation du

Veni creator, le verset et l'oraison, et il la terminera par le *Sub tuum præsidium*.

335. — Les conférenciers liront leur travail selon l'ordre établi dans le programme : les observations seront présentées et les opinions exposées avec ordre, méthode, convenance, sans interruption, sans amertume, sans raillerie.

336. — Il est défendu de traiter aucune question en dehors des matières du programme ; on pourrait toutefois, avec la permission du Président, exposer quelques doutes relatifs aux difficultés pratiques du ministère.

337. — Le repas qui suivra la Conférence aura lieu dans le presbytère où elle sera tenue. Il commencera par la lecture de quelques versets du Nouveau Testament, et finira par celle d'un Numéro de l'Imitation de Jésus-Christ.

Aucun laïque ne sera admis à la Conférence ni au repas.

338. — Le jeu est rigoureusement défendu avant ou après la Conférence, soit au presbytère, soit dans une autre maison de la paroisse.

339. — Toutes ces règles sont confiées à la vigilance des Présidents.

DEUXIÈME PARTIE

DES CHOSES ECCLÉSIASTIQUES.

PREMIÈRE SECTION.

DES SACREMENTS.

CHAPITRE XXXIV.

De l'administration des Sacrements.

340. — Les fidèles ont droit aux sacrements, et le pasteur ne peut pas leur en refuser l'administration en dehors des cas spécifiés par le droit. Quelle que soit l'incommodité de l'heure ou de la distance, il doit s'y prêter de bonne grâce.

341. — L'administration des sacrements exige du prêtre : 1° l'état de grâce sans lequel il contracte la mort en donnant la vie ; 2° l'instruction touchant les limites de la juridiction, la matière et la forme du sacrement ; 3° la fidélité aux cérémonies du Rituel ; 4° le respect des convenances envers le prêtre ordinaire de la paroisse ; 5° le désintéressement pour écarter toute apparence de simonie.

CHAPITRE XXXV.

Du Baptême.

342. — Nous recommandons aux prêtres d'enseigner solidement aux paroissiens : 1° la nécessité absolue du baptême pour le salut ; 2° l'obligation où sont les parents de le faire administrer sans retard aux nouveau-nés, et le jugement sévère des théologiens sur la gravité de ce retard quand il dépasse huit jours ; 3° le devoir d'avertir fort à l'avance le parrain et la marraine ; 4° la manière de baptiser, puisque tous les fidèles peuvent être dans la nécessité de le faire, surtout les médecins, les sages-femmes, les garde-malades ; 5° les devoirs attachés aux titres de parrains et de marraines.

343. — La faute de ceux qui attendent plus de trois semaines pour faire baptiser leurs enfants est tellement grave, que Nous n'hésitons pas de Nous en réserver l'absolution.

344. — L'ondoiement, c'est-à-dire, le baptême sans les cérémonies prescrites et hors de l'Eglise est interdit, hormis le danger de mort. Nous recommandons aux curés de ne pas Nous demander l'autorisation à ce sujet sans motif.

345. — Hors le cas de nécessité, l'ondoiement doit être fait avec l'eau baptismale, et les cérémonies liturgiques du baptême suppléées à l'époque fixée par Nous. S'il y a retard, les curés seront tenus de Nous avertir dans la huitaine.

346. — Si un enfant a été baptisé par un laïque et si la validité du baptême n'est pas clairement démontrée, le curé devra le renouveler sous condition.

347. — Dans la saison rigoureuse, et généralement toutes les fois que l'eau froide peut être nuisible à l'enfant, le prêtre administrera le baptême avec de l'eau tiède. Les onctions prescrites par le Rituel se feront avec le pouce de la main droite.

348. — Nul ne doit procéder au baptême d'un adulte, ni à celui d'un hérétique converti, ni à son abjuration, sans Nous avoir consulté.

Si leur baptême est conditionnel, il doit être suivi du sacrement de Pénitence.

349. — Les curés conseilleront aux parents de donner aux enfants baptisés les noms des saints honorés par l'Eglise, à l'exclusion des autres.

Si un enfant était inscrit sur les registres de l'état civil sous un nom inacceptable, il suffira d'y ajouter, en le baptisant, un nom admis par l'Eglise ; ce dernier sera seul inscrit sur le registre paroissial (1).

350. — Le baptême d'un enfant revient de droit au curé de la paroisse, qui cédera volontiers son droit au gré des convenances.

____

(1) Dans ce cas, le nom ou les noms de l'état civil seront ajoutés entre parenthèse.

Lorsqu'un enfant aura été baptisé hors de la paroisse, copie de l'acte de baptême sera envoyée dans ladite paroisse, et transcrite sur les registres de l'Eglise.

Un diacre ne pourra administrer solennellement le baptême, sans Notre autorisation.

551. — Conformément aux règles canoniques, il est interdit :

1° De procéder au baptême solennel d'un enfant ou d'un adulte, sans un parrain et une marraine, ou au moins sans un parrain ou une marraine, et d'admettre plusieurs parrains ou marraines (1) ;

2° De recevoir pour parrains et marraines les infidèles, les hérétiques, les schismatiques, les excommuniés dénoncés, les pécheurs notoirement scandaleux, tels que les concubinaires, les aliénés, les enfants, à moins que l'un d'eux ait atteint l'âge de dix ans.

Les Curés n'écarteront personne des fonctions de parrain et de marraine, sans Nous avoir consulté, ou sans avoir employé les ménagements les plus délicats.

552. — Nul Curé, Vicaire ou Chapelain, ne servira de parrain dans le lieu de sa résidence, si ce n'est pour l'enfant de son frère ou de sa sœur.

Les religieux et les religieuses ne seront pas admis comme parrains ou marraines (2).

553. — Les actes de baptême doivent être rédigés en entier sur les deux registres des actes paroissiaux, et signés immédiatement après la cérémonie, par le prêtre qui a administré le sacrement, par le parrain et par la marraine.

Si ces derniers ne savent pas signer, mention doit en être faite dans l'acte. Les mêmes formalités seront remplies dans le cas d'ondoiement et lorsque les cérémonies sont suppléées après un ondoiement.

554. — Les Curés maintiendront ou introduiront, autant que

(1) Conc. Trid. Sess. XXIV, *de Reform.* C. 2.
(2) Conc. Suess. Tit. V, Cap. 3.

possible, dans leur paroisse, la louable coutume observée par les femmes chrétiennes, de venir à l'église pour rendre grâces à Dieu de leur heureuse délivrance, pour lui offrir l'enfant auquel elles ont donné le jour, pour renouveler elles-mêmes les promesses de leur baptême et recevoir la bénédiction de leur pasteur. Mais ils n'admettront pas à cette bénédiction, *benedictio post partum*, les femmes dont l'enfant serait notoirement le fruit de la fornication ou de l'adultère, celles dont le mariage n'a pas été célébré en face de l'Eglise, ni celles dont les enfants encore vivants ne seraient pas baptisés.

CHAPITRE XXXVI.

De la Confirmation.

355. — La Confirmation fortifie, accroît et perfectionne la vie surnaturelle reçue dans le baptême. Les chrétiens qui, pouvant recevoir ce sacrement, ne le reçoivent pas, se rendent coupables d'une négligence grave et mettent leur salut en danger. C'est donc un devoir pour les Curés de faire connaître à leurs paroissiens son importance, et de les persuader qu'il est encore plus nécessaire à une époque où la foi est plus exposée.

356. — Nous les invitons à relire, avant chaque visite pastorale, ce que Nous avons dit aux chapitres des Visites pastorales et de la Confirmation des enfants (1).

CHAPITRE XXXVII.

De la Pénitence.

357. — L'administration du sacrement de Pénitence réclame une foi vive, une science solide et étendue, une vertu peu commune, un dévouement sans bornes. Tous les prêtres doivent donc s'y préparer par la prière et par l'étude. Car les fautes qu'ils

1) Voir les Chapitres XXIII, Art. 1ᵉʳ et XXIV, Art. 2. § 3. III.

commettraient dans le tribunal de la pénitence pourraient causer leur perte avec celle des âmes.

558. — L'approbation est nécessaire pour reconnaître l'aptitude d'un prêtre à recevoir les confessions, mais elle ne donne pas le pouvoir de confesser. Il faut avoir, en outre, la juridiction.

559. — Les prêtres qui ont reçu de Nous, soit la juridiction ordinaire en vertu d'un titre ou d'un office auquel est attaché le soin des âmes, soit la juridiction déléguée en vertu d'une commission particulière, mesureront l'étendue des pouvoirs qui leur sont accordés, pour ne pas les dépasser.

560. — D'après le droit commun et en vertu de leur juridiction ordinaire, les Curés peuvent absoudre validement les habitants de leur paroisse, partout où ils se présentent pour se confesser. Les Vicaires et les autres prêtres n'ayant qu'une juridiction déléguée, ne peuvent absoudre que sur le territoire pour lequel ils ont été approuvés.

Selon l'usage du diocèse, et à moins de clause contraire, le pouvoir de confesser s'étend au diocèse tout entier. Cependant, aucun prêtre ne doit confesser dans une paroisse étrangère, sans le consentement formel ou au moins légitimement présumé du pasteur de la paroisse.

561. — Des facultés spéciales sont nécessaires pour absoudre validement les religieuses cloîtrées ou demi-cloîtrées, et pour absoudre licitement toutes les religieuses, quelles qu'elles soient, à moins qu'elles ne soient en voyage ou autorisées à rester momentanément hors de leur résidence.

En règle générale, les Curés sont les confesseurs ordinaires des religieuses non cloîtrées qui résident sur leur paroisse, à moins qu'elles n'aient un aumônier autorisé à les confesser, ou qu'elles n'aient reçu de Nous la permission de s'adresser à un autre confesseur.

562. — Le confesseur extraordinaire des religieuses doit être agréé par Nous.

563. — Les Curés, Vicaires et Aumôniers des diocèses limitrophes sont autorisés à confesser, avec l'agrément du propre

Pasteur, dans les paroisses de Notre diocèse qui confinent à leur territoire. Nous leur donnons, dans ce but, les mêmes pouvoirs qu'à Nos prêtres approuvés (1).

364. — Le pouvoir d'absoudre des cas réservés tient à une autorisation spéciale (2).

365. — En règle générale, c'est dans l'église ou dans une chapelle ouverte au culte public que le prêtre doit entendre les confessions, et non dans les chapelles ou oratoires privés, à moins d'une permission expresse.

366. — Les églises ou chapelles où s'exerce le ministère de la confession doivent avoir un confessionnal, ou au moins une grille qui sépare le confesseur du pénitent.

La confession des personnes du sexe est interdite hors de là.

En cas de surdité ou d'infirmité sérieuse, elles peuvent être entendues à la sacristie, mais non sans confessionnal ou sans grille. Si leur état de maladie l'exige, elles peuvent être confessées à demeure, mais non sans les précautions commandées par la modestie.

367. — Il est interdit d'entendre les confessions des femmes soit avant le jour, soit après la nuit close, sauf le cas de nécessité ; et alors, une lumière doit être placée près du confessional, et l'entrée de l'église ouverte à tous.

368. — La confession des hommes peut être entendue dans des appartements particuliers, mais non sans les formes respectueuses qui conviennent à un sacrement.

369. — La confession fréquente étant le plus puissant moyen de sanctification pour une paroisse, Nous conjurons les pasteurs d'y accoutumer leurs enfants, les jeunes gens et même les chrétiens de tout âge ; et pour cela, de se rendre exactement au confessionnal aux jours et aux heures convenables, d'accueillir tous les pénitents sans exception avec une charité paternelle, de laisser aux paroissiens la plus grande liberté dans le choix des

(1) Voir l'Appendice. — IX.
(2) Voir les Chapitres LXII, LXIII, et LXIV.

confesseurs, d'aider les pénitents à faire une bonne confession, et par conséquent, de les interroger, si l'accusation paraît insuffisante, mais avec circonspection sur les sixième et neuvième commandements, surtout dans le jeune âge.

370.— Le saint Concile de Trente veut que la pénitence sacramentelle soit proportionnée aux fautes, médicinale et salutaire. S. François de Sales dit dans ses *Constitutions synodales* :

« Les confesseurs feront toujours en sorte que les pénitences
« soient en même temps un remède pour le passé et un préser-
« vatif pour l'avenir. Ils ordonneront, à cet effet, des actes et
« des bonnes œuvres qui soient directement opposés aux pen-
« chants et aux passions favorites des pécheurs. »

371. — Dans l'exercice de la confession, le prêtre ne doit jamais, ni par le ton de voix ni par les mouvements, faire soupçonner que le pénitent accuse des fautes considérables ou que l'absolution lui est différée ou refusée. Il ne s'entretiendra jamais des défauts, des vices, des désordres, pas même des bonnes qualités qu'il connaît seulement par la confession ; et même si le pénitent l'y autorise, il ne doit pas le faire sans une évidente nécessité.

372. — Tout billet de confession doit être rédigé en ces termes : « Je déclare avoir entendu en confession N. », avec la date et la signature. Rien de plus.

373. — Nous défendons de publier ou de mettre en usage dans Notre diocèse aucun bref d'indulgence, avant d'avoir obtenu Notre autorisation. Ceci est conforme à la volonté du S. Siège.

374. — Nous rappelons aussi que tous ceux qui obtiennent l'autorisation d'indulgencier les chapelets, croix, médailles, etc., de recevoir dans certaines confréries ou de donner des scapulaires, doivent soumettre l'autorisation reçue à Notre *visa*, avant d'en faire usage.

375. — Quant aux indulgences anciennes qui ne reposeraient pas sur des titres authentiques, Nous défendons de les annoncer à l'avenir avant de Nous avoir consulté.

CHAPITRE XXXVIII.

De l'Eucharistie.

ARTICLE 1er.

Dévotion envers la Sainte Eucharistie.

576. — Les pasteurs doivent s'efforcer d'inspirer aux chrétiens une grande foi envers le sacrement de l'Eucharistie.

Et, pour alimenter cette dévotion, ils auront soin que la présence de Notre Seigneur sur le saint autel soit constamment l'objet des marques de respect prescrites par les règles ecclésiastiques.

577. — La sainte Eucharistie doit être conservée dans un tabernacle doublé en dedans, la porte comprise, d'une étoffe de soie blanche ou de drap d'or, et entretenu extérieurement avec décence et propreté. Elle doit reposer dans un ciboire revêtu d'un pavillon d'étoffe de soie blanche ou de drap d'or, et le saint ciboire doit être placé, ainsi que la custode, sur un corporal qu'on aura soin de changer de temps en temps.

578. — Le tabernacle ne doit renfermer que la sainte Eucharistie, à l'exclusion de tout autre objet. Il doit être fermé solidement. La clé, distinguée par quelque ornement, ne doit pas rester sur la porte du tabernacle, hors le temps de la messe ou de la communion ; elle doit être déposée dans un lieu sûr et déterminé.

579. — Le tabernacle doit être revêtu d'un conopée de drap d'or ou de soie blanche, ou mieux encore de la couleur de l'office du jour.

580. — Une lampe doit être allumée, jour et nuit, dans toutes les églises et chapelles où repose le Saint Sacrement, *en face* et non *à côté* de l'autel.

Le Saint-Siège ayant permis l'emploi très économique du pétrole et des autres huiles minérales *in casu veræ necessitatis ab ordinariis locorum recognoscendæ* (1), il n'y a jamais lieu à dispense.

(1) Romæ, 31 Jul. 1882.

381. — Le Saint Sacrement ne résidera *continuò* qu'à un seul autel dans une même église ou chapelle.

Lorsqu'il cesse d'y résider, le conopée doit être enlevé et la lampe éteinte, pour en avertir les fidèles.

382. — Les saintes espèces doivent être renouvelées au moins tous les quinze jours, et même plus souvent, si l'humidité du tabernacle le demande.

383. — La sainte Réserve doit être conservée au moins dans toutes les églises des paroisses où réside un curé, et à moins de circonstances exceptionnelles, l'Eglise doit rester ouverte pendant le jour.

384. — Les curés habitueront leurs paroissiens, et surtout les enfants, à donner au Saint Sacrement des signes d'adoration, soit en entrant dans l'église, soit pendant l'élévation, la communion et la bénédiction, soit à son passage lorsqu'il est porté en procession ou en viatique.

ARTICLE 2.

De la sainte Communion.

385. — Dès le commencement du Carême, les curés et aumôniers rappelleront aux fidèles : 1° le devoir de la communion pascale ; 2° celui de s'y préparer par une vie plus chrétienne, par la pénitence et par une bonne confession ; 3° celui de faire la communion pascale dans sa paroisse à moins d'une permission expresse de l'Ordinaire ou du curé qui l'accordera volontiers. Ils auront soin de relire dans la théologie les cas où la communion doit être refusée.

386. — Les curés doivent calquer leur enseignement dans la direction des âmes sur le Concile de Latran qui exhorte les fidèles à la communion fréquente, et sur le Concile de Trente qui leur conseille de communier chaque fois qu'ils assistent au saint sacrifice de la messe, selon la coutume de la primitive église.

387. — Si la communion fréquente doit être justifiée par une vie sérieuse, par une pratique sincère de la vertu, par l'accomplissement fidèle des devoirs d'état, par la coopération aux bonnes œuvres et par une vie édifiante; le confesseur n'oubliera pas que d'autre part elle soutient la vertu fragile, elle protège les âmes tentées, elle est le moyen le plus puissant de former la jeunesse à la solidité de conscience et à la persévérance.

388. — Nous renouvelons l'obligation faite aux confesseurs et directeurs des écoles, pensionnats ou orphelinats d'assurer par la confession au moins mensuelle, et selon le besoin des âmes, bi-mensuelle, la facilité de faire souvent la sainte communion.

389. — Nous supplions les curés de faciliter la fréquentation des sacrements aux personnes pieuses, aux mères chrétiennes, aux personnes consacrées à Dieu, à tous ceux que la grâce attire et qui deviennent par là les auxiliaires du clergé en tout ce qui intéresse la gloire de Dieu.

ARTICLE 3.

De la Communion des infirmes.

390. — Le Concile de Soissons recommande d'exhorter les malades et les infirmes qui ne peuvent se transporter à l'église à recevoir la sainte communion dans leur demeure, principalement à l'occasion des grandes fêtes de l'année. Comme ils ne sont pas en danger de mort, ils doivent alors communier à jeun (1).

391. — Ceux qui sont en danger de mort sont spécialement obligés à recevoir la communion, vu le précepte divin de communier plusieurs fois dans le cours de la vie. C'est donc un devoir pour les curés de rappeler cette obligation à leurs paroissiens et de prendre tous les moyens que leur suggérera un zèle prudent, pour qu'aucun malade ne meure sans avoir reçu le saint viatique.

Les fautes et les scandales de la vie passée ne sont pas un motif de refuser la sainte Eucharistie à un malade, s'il se montre bien disposé et s'il se soumet à faire les réparations que le bon exemple et la justice réclament.

(1) Conc. Suess. Tit. VII. Cap. 3

592. — On pourra réitérer la communion en viatique, de huit jours en huit jours, pendant tout le cours d'une maladie, aux personnes qui en témoigneraient le désir.

Nous permettons même de la réitérer de trois en trois jours en faveur des personnes pieuses, mais il faut que les malades soient réellement en danger de mort.

593. — Cependant, les curés ne doivent pas attendre pour administrer le saint viatique que leurs paroissiens soient à la dernière extrémité. Dès que la maladie prend un caractère alarmant, ils doivent leur proposer les sacrements, et les préparer sans délai à les recevoir.

594. — On doit laisser aux malades pleine liberté d'appeler le confesseur qui leur convient, pourvu que ce soit un prêtre approuvé. Mais le droit réserve l'administration du saint viatique aux curés et à leurs vicaires.

Toutefois, Nous ne saurions trop insister pour qu'ils condescendent, sans aucune difficulté, aux désirs des malades qui voudraient recevoir le saint viatique des mains d'un autre prêtre. Il est de la plus grande importance de leur épargner, dans un moment aussi grave, toute occasion de trouble ou de contrariété. Cette recommandation s'applique également à l'administration de l'extrême-onction.

D'un autre côté, Nous rappelons aux prêtres étrangers au ministère de la paroisse, qu'ils ne doivent se rendre à la demande des familles ou des paroissiens qu'avec la plus grande discrétion et pour des motifs sérieux, afin de ne pas s'exposer à amoindrir l'autorité ou la considération du pasteur.

595. — Suivant la recommandation du saint Concile de Trente, la sainte Eucharistie doit être portée aux malades avec *honneur et respect* (1). Les Pasteurs s'efforceront donc de réveiller dans les fidèles la dévotion au Saint Sacrement porté aux malades ; ils leur rappelleront les indulgences accordées par l'Église aux fidèles qui accompagnent le saint Viatique, et ils

____

(1) Conc. Trid. Sess. XXIII. Cap. 5 et 7.

leur inspireront cette dévotion par la foi et la piété avec lesquelles ils accompliront eux-mêmes cet acte de leur ministère.

596. — Lorsque les circonstances locales ne permettront pas
de porter publiquement la divine Eucharistie dans les rues,
selon les prescriptions du Rituel, le prêtre la portera dans une
custode ou un petit ciboire placé dans une bourse de soie sus-
pendue à son cou par un ruban. Il sera, autant que possible,
revêtu d'un surplis et d'une étole, et il se couvrira ensuite d'un
vêtement assez ample pour l'envelopper convenablement. Il se
rendra chez le malade, en adorant et en priant avec ferveur. A
moins de circonstances exceptionnelles, il se fera accompagner
par le sacristain ou par un pieux laïque.

CHAPITRE XXXIX.

De l'Extrême-Onction.

ARTICLE 1er.

Du soin des malades.

597. — Parmi les soins du ministère pastoral, il n'en est pas
de plus important que le soin des malades. Nous conjurons donc
Nos chers coopérateurs, *par Notre Seigneur Jésus-Christ et par
la charité du Saint-Esprit* (1), de diriger de ce côté toutes les
industries de leur zèle.

Pour se pénétrer plus profondément de ce devoir et pour en
mesurer l'étendue, ils liront de temps en temps les instructions
contenues dans le Rituel Romain sur cette matière.

598. — En l'accomplissant, ils ne feront nulle acception de
personnes ; ils montreront seulement une charité particulière
envers les malades pauvres et délaissés, contribueront, s'ils le
peuvent, au soulagement de ces malheureux, et intéresseront à
leur situation les personnes riches et charitables de leur paroisse.

599. — Nous condamnons formellement l'habitude de cer-

____

(1) Rom. XV, 30.

tains curés qui attendent que les malades les fassent appeler pour les visiter. Nous enjoignons à tous les pasteurs de prendre les moyens les plus efficaces pour être informés immédiatement des maladies graves de leurs paroissiens, et d'aller les visiter sans délai, à moins que la crainte d'un refus public des sacrements ne les oblige à prendre d'avance les précautions suggérées par la prudence.

400. — L'expérience prouve que, parmi ceux qui ne demandent pas les sacrements ou qui paraissent décidés à ne pas les recevoir, il en est qui les désirent au fond du cœur, et qu'un certain nombre de ceux qui les avaient d'abord refusés, les reçoivent plus tard avec consolation et avec fruit.

Si donc ils n'étaient pas d'abord accueillis comme il convient, ils devraient prier et faire prier pour le malade, se présenter souvent à son domicile, non point pour le voir, mais pour s'informer, avec intérêt, auprès de sa famille, des progrès de la maladie, en attendant avec confiance le triomphe de la grâce.

Ils auraient soin de ne pas lui faire parler des sacrements et de ne pas lui en parler eux-mêmes devant témoins, s'ils pouvaient l'aborder, afin que son refus, s'il avait lieu, puisse rester secret.

Dans le cas où ce refus deviendrait public et persévérerait jusqu'à la mort, sans qu'on puisse l'attribuer à une illusion sur l'état de sa santé ou à un accès de démence, ils Nous consulteraient avant de lui accorder ou de lui refuser la sépulture ecclésiastique.

401. — Un prêtre admis auprès d'un malade doit, avant tout, s'efforcer de mériter sa confiance. Il s'assurera ensuite, délicatement, s'il est instruit des vérités et des devoirs essentiels de la religion, et s'il a besoin de faire une confession générale. Il lui facilitera l'aveu de ses fautes par des interrogations discrètes. Il l'amènera prudemment, s'il y a lieu, à réparer le tort fait au prochain et le scandale dont il peut être coupable, et à se réconcilier avec ses ennemis. Il l'excitera surtout à la contrition sincère de toutes ses fautes, à une grande confiance dans les mérites de Notre Seigneur Jésus-Christ, et à une parfaite résignation à la volonté de Dieu.

402. — Dans certains cas, il pourra l'engager à mettre ordre à ses affaires temporelles, et à s'assurer des prières après sa mort par quelques pieuses libéralités faites aux pauvres ou à l'Eglise. Mais, en général, il doit se borner à ces avis. Il ne convient pas qu'il intervienne plus directement dans le règlement des dispositions testamentaires.

403. — Dans l'intérêt des âmes, Nous exhortons les curés à entretenir, autant qu'il est en eux, de bons rapports avec les médecins qui exercent dans leur paroisse. Un médecin qui estime et aime son curé l'avertit, au besoin, de l'état des malades, et consent même quelquefois à lui ouvrir les voies pour pénétrer auprès d'eux. Ils trouveront aussi de précieux auxiliaires parmi les personnes pieuses, prudentes et charitables de leurs paroisses, s'ils obtiennent d'elles qu'elles lui fassent connaître les malades, qu'elles les visitent et les secourent et qu'elles les préparent doucement à la réception des sacrements.

404. — Nous recommandons aux confesseurs et aux curés de visiter les malades et les infirmes qui, sans être en danger de mort, sont retenus chez eux par de longues infirmités. Ils les aideront, par leurs conseils, à pratiquer la patience et à sanctifier leurs ennuis et leurs peines, et ils pourront les disposer à recevoir de temps en temps les sacrements de pénitence et d'eucharistie.

405. — Enfin, les malades les plus intéressants, ceux au lit desquels la charité, l'amitié et la reconnaissance doivent surtout conduire un prêtre, ce sont ses confrères dans le sacerdoce. Ils n'abandonneront donc pas leurs confrères malades aux soins de ses parents et de ses domestiques ou de personnes étrangères ; mais ils se montreront amis fidèles, fermes, dévoués et désintéressés. Ce sera le dernier et le plus utile des témoignages d'affection que des prêtres se doivent les uns aux autres ici-bas.

ARTICLE 2.

De l'administration du Sacrement de l'Extrême-Onction.

406. — La visite des malades donne au pasteur la facilité de les préparer à la réception des Sacrements, et en particulier de l'Extrême-Onction, qui est le sacrement des malades.

Les effets de ce sacrement sont de consoler les malades, de leur inspirer la patience, de les fortifier contre les tentations, de les rassurer contre les horreurs de la mort, de les purifier des restes de leurs péchés, et de rendre la santé au corps lorsqu'elle est utile à l'âme.

407. — En instruisant avec soin les fidèles de ces salutaires effets, les curés combattront efficacement ce préjugé funeste et si répandu, que l'Extrême-Onction est l'annonce presque infaillible d'une mort prochaine, et que ce sacrement ne doit être donné qu'à ceux dont la guérison est désespérée.

Ils disposeront ainsi leurs paroissiens à formuler dans leur cœur le désir de recevoir l'Extrême-Onction dans leurs graves maladies. D'après le sentiment commun des théologiens, ce désir formulé et non révoqué suffit pour assurer les effets de ce sacrement en faveur d'un malade qui a perdu connaissance.

408. — Les malades qui ont la liberté de leur esprit et qui soupçonnent la gravité de leur mal, sont obligés de demander l'Extrême-Onction. Il y a aussi obligation pour les personnes qui les entourent de les engager avec prudence à la recevoir en temps opportun.

Mais le prêtre qui a charge d'âmes doit, plus que tous les autres, faire ce qui est en son pouvoir pour qu'aucun malade ne meure sans avoir reçu ce sacrement.

Le Catéchisme du Concile de Trente enseigne que celui-là pèche très-gravement, qui a l'habitude d'attendre, pour conférer les derniers sacrements, le moment où tout espoir de guérison a disparu, et où le malade commence à perdre connaissance.

409. — Toutefois, l'Extrême-Onction ne peut être administrée qu'aux malades, et elle ne doit être donnée qu'à ceux qui le sont dangereusement. On doit l'administrer : 1° aux enfants malades, lorsqu'ils sont arrivés à un âge où ils paraissent capables d'offenser Dieu ; 2° aux vieillards qui, sans maladie caractérisée, sont menacés d'une mort prochaine ; 3° aux malades tombés dans la démence, s'il n'y a pas péril d'irrévérence, et s'ils n'ont pas été privés de raison pendant toute leur vie ; 4° aux malades sourds-muets, aux faibles d'esprit ou idiots qui paraissent avoir eu assez d'intelligence pour offenser Dieu, même lorsqu'on les jugerait incapables de recevoir le viatique ; 5° enfin, à tous les malades auxquels on peut accorder l'absolution, au moins sous condition, sauf les cas où l'on aurait à redouter quelque scandale.

Lorsqu'on doute si le malade est vivant ou s'il est capable de recevoir l'Extrême-Onction, on doit lui administrer ce sacrement sous condition.

410. — On ne doit administrer qu'une seule fois ce sacrement à un malade dans la même maladie, à moins que, revenu d'un premier danger, il ne fasse une rechute grave qui fait craindre de nouveau pour ses jours.

411. — En général, lorsque les malades sont en état de recevoir le saint viatique, il est bon de conférer en même temps le sacrement de l'Extrême-Onction.

412. — On doit se conformer en tout aux prescriptions du Rituel romain pour l'administration du sacrement des malades. Cependant, Nous permettons qu'on omette toujours l'onction *ad lumbos*, et qu'on se serve d'une spatule au lieu de faire les onctions avec le pouce, en cas de maladie gravement contagieuse.

413. — L'Extrême-Onction, étant un sacrement des vivants, ne sera conférée qu'après la confession, ou au moins après l'absolution, si la confession est devenue impossible.

414. — Après avoir conféré l'Extrême-Onction, le prêtre n'oubliera pas d'appliquer au moribond l'indulgence plénière *in articulo mortis*, et, si la vie du malade se prolonge, il continuera à le visiter pour l'encourager, le soutenir, le réconcilier de nouveau au besoin, et lui prodiguer, jusqu'à la fin, les témoignages de son dévouement sacerdotal. S'il ne peut pas être présent au dernier moment, il fera faire, autant que possible, par d'autres personnes pieuses, la recommandation de l'âme.

CHAPITRE XL.

De l'Ordre.

415. — Le sacrement de l'Ordre, par le but de sa divine institution, par la haute dignité à laquelle il élève, par le caractère indélébile qu'il imprime, par le pouvoir étonnant qu'il confère, par les grâces supérieures qu'il assure, par la sublimité de ses fonctions et la sainteté qu'elles exigent, mérite un grand respect de la part de ceux qui se préparent à le recevoir et de la part de ceux qui l'ont reçu.

416. — En parlant de l'*Association diocésaine de Saint-Joseph pour les besoins des séminaires*, Nous avons rappelé aux prêtres comment ils doivent susciter, discerner, puis soutenir et cultiver les vocations à l'état ecclésiastique.

C'est surtout lorsque les aspirants au sacerdoce approchent du moment où ils seront appelés à recevoir les saints ordres, qu'ils doivent leur prodiguer leurs soins, leurs leçons et leurs exemples à l'époque des vacances, afin que ce temps de repos, qui est toujours une épreuve pour la vertu et la vocation des jeunes clercs, ne devienne pas un écueil pour l'une et pour l'autre.

417. — A l'époque des ordinations, les Curés ne manqueront pas de les recommander aux prières des fidèles, et ils profiteront de cette occasion pour instruire leurs paroissiens sur la nécessité et la sainteté de l'état ecclésiastique, et pour leur faire comprendre que c'est un devoir pour eux, et qu'il est de leur intérêt de prier pour obtenir du Ciel de bons prêtres, puisque, selon le saint Concile de Trente, *l'intégrité des supérieurs est le salut des inférieurs* (1).

418. — Ils exposeront aussi aux parents les motifs qu'ils ont de diriger vers le sanctuaire ceux de leurs enfants en qui ils remarquent d'heureuses inclinations, ou, au moins, de contribuer, selon leurs ressources, à l'éducation des lévites, s'ils n'ont pas le bonheur d'en compter dans leur famille.

419. — Le Concile de Soissons rappelle (2) que le saint Concile de Trente exige de tous les clercs appelés au Sous-diaconat, ou la possession d'un bénéfice ecclésiastique, ou un titre patrimonial qui puisse suffire à une honnête existence (3).

Nous continuerons à dispenser de cette obligation tous les clercs auxquels leur position de fortune ne permettra pas de la remplir. Mais Nous ne pouvons pas en dispenser les autres. A défaut de bénéfice ecclésiastique, Nous Nous réservons de fixer, avec eux, si Nous le jugeons bon, le taux de leur pension patrimoniale dans chaque cas particulier ; et cette pension, ajoutent le Concile de Trente et le Concile de Soissons, ne peut être ni aliénée ni détournée de sa destination, sans l'autorisation de l'Evêque.

420. — L'ordination d'un clerc au Sous-diaconat et à la Prêtrise doit être annoncée au prône de la messe de paroisse de son domicile trois jours de dimanches ou de fêtes d'obligation (4).

L'acte de ces publications sera dressé par les curés et transmis par eux sans retard, une semaine au moins avant l'ordination, au Supérieur de Notre Grand-Séminaire ou à Nous.

421. — Tous les prêtres honorés du sacerdoce se rappelleront souvent l'avertissement de saint Paul à son disciple Timothée :

(1) Conc. Trid. Sess. VI, *de Reform*, Cap. 1.
(2) Conc. Suess. Tit. X. Cap. 2.
(3) Conc. Trid. Sess. XXI, *de Reform.* Cap. 2.

(4) Voir à l'Appendice les formules de publication et de certificat de publication de bans — X et XI.

*Admoneo te ut resuscites gratiam Dei quæ est in te per impositio-
nem manuum mearum* (1).

Ils célébreront, chaque année, avec une dévotion particulière,
l'anniversaire de leur ordination sacerdotale.

422. — Ils méditeront souvent sur les obligations de leur
saint état et s'efforceront, par la sainteté de leur vie, de témoi-
gner leur reconnaissance à Celui qui les a élevés au rang de
princes de son peuple. *Sicut enim Episcopi Apostolorum in Ecclesia, ita presbyteri cæterorum discipulorum vicem tenent. Unde
oportet eos semper esse memores tantæ dignitatis, ut quorum
manus in sacerdotio consecratæ sunt, id nunquam polluant, et
super quos fusum est oleum sanctæ unctionis Dei, ab eâ nunquam degenerent. Unusquisque igitur tam in conversatione sua
quam in habitus et vultus ac sermonis gravitate, talem se domi
forisque, et suis et extraneis exhibere studeat, ut maturitate morum et repudiatione omnium levitatum ac vanitatum, omnibus
sibi adhærentibus, seque intuentibus, formam disciplinæ, ve-
recundiæ ac modestiæ infundat* (2).

CHAPITRE XLI.

Du Mariage.

423. — Nous recommandons aux pasteurs de faire comprendre
à leurs paroissiens que le mariage, saint dans son origine
par la divinité de son institution, est devenu plus saint encore,
depuis que Notre-Seigneur Jésus-Christ l'a élevé à la dignité
de sacrement, et en a fait l'image de son union intime et indis-
soluble avec l'Eglise; et que, dès lors, le mariage du chrétien
doit être honorable en toutes choses, puisqu'il ne peut absolument exister pour eux sans être en même temps un sacrement.

424. — Ils leur enseigneront aussi que l'Eglise a reçu

(1) II Tim. I, 6
(2) Rit. Cat. Tom. 1, p. 764.

de Jésus-Christ le pouvoir d'établir des empêchements, dont l'effet rend le contrat de mariage non-seulement illicite, mais nul et invalide devant Dieu.

425. — Ils leur rappelleront que le mariage religieux entre chrétiens, contracté devant le propre curé et dans les conditions essentielles exigées par l'Église, est seul le vrai mariage, et que les effets de l'acte civil ne lient pas la conscience et ne s'étendent pas au-delà du for extérieur et légal.

Dans leurs instructions sur ce sujet, ils s'exprimeront avec toute la circonspection et la mesure que demande une matière si délicate.

426. — L'Encyclique de Léon XIII, du 10 février 1880, sur le *Mariage chrétien*, expose avec une grande élévation et une parfaite modération la doctrine de l'Église. Nous en recommandons l'étude à tous les curés.

427. — Ils auront soin aussi de rappeler aux parents l'obligation où ils sont, dans les projets de mariage qu'ils font pour leurs enfants, de se proposer beaucoup plus leur sanctification et leur salut éternel que les avantages de la fortune ou de la position.

428. — Ils rappelleront également aux futurs époux qu'ils commettraient une grande faute, s'ils n'interrogeaient, pour contracter un engagement si grave, qu'un vil intérêt ou une aveugle passion.

Ils les exhorteront à consulter Dieu par la prière, et à se préparer, par une bonne confession, à la réception d'un sacrement qui exige l'état de grâce, et même, à appeler les bénédictions du ciel sur leur union par la réception de la sainte Eucharistie.

ARTICLE 1.

De la publication des bans et du temps prohibé.

429. — Nous défendons de célébrer aucun mariage entre catholiques, sans que les bans aient été publiés conformément aux prescriptions du Concile de Trente, ou sans que les futurs époux aient obtenu dispense de cette publication.

En recevant la demande de publication, le curé s'assurera du lieu du domicile des futurs époux ; il examinera s'ils ne sont pas liés par un empêchement (1) et si le jour fixé pour le mariage ne concourt pas avec un jeûne ou une abstinence obligatoires.

Il leur remettra, au besoin, une note détaillée des pièces, dispenses et certificats qu'ils devront présenter pour se marier, et leur donnera tous les avis nécessaires pour que la célébration du mariage ne souffre, au dernier moment, aucun obstacle ni aucun retard.

430. — Les bans seront publiés à haute et intelligible voix, au prône de la messe paroissiale, trois jours consécutifs de dimanches ou de fêtes d'obligation, dans l'église du domicile des contractants.

431. — Le certificat de publication de bans ne pourra être délivré que le lendemain de la dernière publication, à moins que le curé n'ait une certitude morale qu'il ne se produira pas d'opposition.

Le mariage ne pourra avoir lieu que le lendemain de la dernière publication.

432. — La publication se fera conformément aux prescriptions du Rituel romain, sans désignation de l'état ou de la profession des futurs conjoints.

On indiquera seulement leurs noms et prénoms, leur qualité de majeur ou de mineur, les noms et prénoms des pères et mères, et pour les veufs, les noms du premier mari ou de la première épouse, et la paroisse ou les paroisses où ils ont une résidence de droit ou de fait.

L'annonce se terminera comme il suit : « Si vous connaissez « quelque empêchement canonique qui s'oppose à la célébra- « tion dudit mariage, les règles de l'Église vous obligent à nous « en donner avis. »

(1) Conc. Suess. Tit. XI, Cap. 2.

On se contentera de désigner les enfants naturels par les noms qu'ils portent et par leur domicile, sans mentionner leur naissance.

Pour éviter toute surprise, on préviendra en outre les fidèles des dispenses obtenues, et on ajoutera que les bans sont publiés pour la première, la deuxième ou la dernière fois.

453. — Nous recommandons d'inscrire toutes les publications sur un registre spécial.

454. — Le Concile de Soissons à décidé que l'on suivrait, relativement aux publications de mariage, les dispositions de la loi civile, en ce qui concerne la majorité et la minorité (1) : or, cette loi fixe la majorité, relativement au mariage, à vingt-et-un ans accomplis pour les filles, et à vingt-cinq ans pour les hommes.

Le jeune homme privé de ses ascendants devient majeur à vingt-et-un ans accomplis (2).

455. — Nous avons dit que les bans doivent être publiés au domicile des parties.

Il y a deux sortes de domicile : le domicile de droit et le domicile de fait ; ces deux domiciles peuvent être séparés ou confondus.

Le domicile de droit des mineurs est celui de leurs père et mère, ou tuteur, ou ascendants. Le domicile de fait est le lieu qu'ils habitent depuis six mois au moins.

Le domicile de droit pour les majeurs est celui qu'ils acquièrent dans une paroisse, en y résidant de fait pendant six mois, même lorsqu'ils viennent d'un diocèse étranger (3).

Cela posé :

1° Si les futurs époux ont un domicile différent, ils doivent être publiés dans l'Église paroissiale de chacun d'eux ;

2° S'ils sont majeurs, les bans ne doivent être publiés qu'au

---

(1) Conc. Suess. Tit. XI, Cap. 8.
(2) Code civil, art. 160.
(3) Conc. Suess. Tit. XI, Cap. 3.

domicile acquis par six mois de résidence. S'ils ont eu plusieurs résidences successives dont aucune n'a duré six mois, il suffira de les publier dans leur domicile actuel, ou dans celui où les affiches civiles seront posées ;

3° Si les contractants ou l'un d'eux ont deux domiciles égaux ou presque égaux dans deux paroisses différentes, le mariage sera publié dans les deux domiciles ;

4° S'ils sont mineurs, les bans seront publiés dans le domicile de droit et dans le domicile de fait acquis par six mois de résidence ;

5° Les militaires et les domestiques sont soumis aux règles que nous venons de tracer. Si, après leur libération, les militaires n'ont pas encore acquis un domicile de six mois, ils considéreront comme leur domicile de fait, s'ils sont mineurs, et comme leur domicile de droit, s'ils sont majeurs, la paroisse qu'ils ont habitée pendant six mois au moins, avant leur départ pour le service.

6° Les bans des personnes qui travaillent pendant la semaine dans une paroisse, et rentrent dans la paroisse de leur domicile pour y passer le dimanche, ne doivent être publiés que dans cette dernière.

7° Les personnes qui n'ont pas de domicile fixe, telles que certains ouvriers, les industriels ambulants, les colporteurs, les mendiants, etc., pourront n'être publiées que dans la paroisse où elles veulent se marier, s'il est constaté qu'elles sont catholiques, qu'elles ne sont pas liées par un mariage antérieur, et qu'il n'existe pas entre elles d'empêchement canonique.

8° Dans les cas douteux et non prévus par l'exposé qui précède, on s'en tiendra aux dispositions de la loi civile.

436. — Nous étendons à six mois le temps qui pourra s'écouler depuis la dernière publication jusqu'à la célébration du mariage. Au bout de six mois, il sera nécessaire de renouveler une fois la publication : au bout d'un an, on devra la renouveler trois fois.

437. — On ne publiera pas les bans des catholiques autorisés à se marier avec des hérétiques.

438. — Lorsque l'urgence ne permet pas de Nous en demander la dispense, Nous permettons de marier, sans publication de bans, un malade qui a contracté civilement, ou un concubinaire en danger de mort, à condition qu'il remplira auparavant les formalités civiles.

439. — Les curés qui connaîtraient un empêchement public à un mariage projeté, ne devraient pas en commencer ou en continuer les publications, à moins que la dispense ne fût demandée et qu'ils n'eussent l'assurance de l'obtenir en temps utile.

440. — Dans le cas d'une opposition fondée sur des motifs plausibles et faite par des personnes qui ont ce droit, le curé suspendrait les publications, et Nous enverrait immédiatement, avec ses observations, l'acte d'opposition rédigé par écrit, et signé par les opposants. Il attendrait Notre décision avant de passer outre.

441. — Un curé ne doit pas procéder à un mariage, sans avoir la certitude que toutes les formalités relatives à la publication des trois bans ont été remplies, ou que les parties en ont obtenu dispense.

442. — Toute demande de dispense doit être faite par écrit, et indiquer les raisons qu'on a de la solliciter. Cette règle s'applique aux demandes de dispense de temps prohibé, et d'empêchements dirimants ou prohibants.

443. — Les archiprêtres et les doyens ne peuvent accorder les dispenses de bans et de temps prohibé que si la demande qui leur en est faite réunit ces conditions. Ils doivent rédiger sur une des feuilles qu'ils tiennent en dépôt chaque dispense qu'ils délivrent, et la remettre au curé qui la demande.

S'ils ont besoin d'une dispense pour leurs propres paroissiens, ils doivent également lui assigner son numéro sur leur registre. L'omission de ces prescriptions peut entraîner la nullité de la dispense.

444. — Nous permettons de procéder au mariage :

1° Lorsque la dispense de bans ou de temps prohibé, quoique demandée en temps opportun dans quelque Diocèse que ce soit, n'est pas arrivée au moment de la célébration du mariage;

2° Lorsque, par suite d'un oubli involontaire, le curé s'aperçoit trop tard que les publications n'ont pas été faites partout où il le fallait, ou autant de fois qu'on devait les faire;

3° Lorsqu'une dernière publication a été omise involontairement par le curé, sans que le temps lui permette d'y suppléer.

Mais, dans tous ces cas, le curé devra Nous avertir de ce qu'il a fait.

445. — Lorsque les futurs époux appartiennent à deux paroisses différentes dans Notre Diocèse, il suffit que la demande de dispense des publications soit faite par le curé qui doit célébrer le mariage.

446. — Lorsque l'un des deux appartient à un Diocèse étranger, la dispense doit être demandée dans les deux Diocèses (1).

447. — La dispense de temps prohibé est toujours demandée par le curé qui célèbre le mariage.

ARTICLE 2.

Des empêchements et des dispenses des
empêchements de mariage.

448. — Les prêtres employés dans le saint ministère doivent avoir des notions précises sur tout ce qui concerne les empêchements de mariage, les dispenses à obtenir, et la réhabilitation des mariages nuls.

[1] Par suite d'un accord établi avec les Evêques de quelques diocèses, il suffit, lorsqu'un des contractants habite l'un de ces Diocèses, de demander dispense de la publication des bans à l'Evêque dans le diocèse, duquel le mariage devra être célébré. — Voir à l'Appendice les conventions faites à ce sujet avec plusieurs Evêchés. — IX.

Dans les cas douteux, ils devront s'adresser à Nous ou prendre conseil d'un prêtre expert dans ces questions.

449. — Nous leur recommandons d'apporter un grand soin et beaucoup d'exactitude dans l'examen des motifs canoniques de dispense, dans la rédaction des suppliques, et dans les informations préalables.

Ces informations doivent être prises auprès des futurs époux, de leurs parents et d'autres personnes consciencieuses parmi celles qui connaissent le mieux les familles des contractants.

Elles ont pour objet spécial : l'espèce et le degré de l'empêchement ; les causes soit honnêtes, soit infamantes de la demande de dispense ; l'âge et l'état de la fortune des parties.

Sauf le cas de pauvreté, une aumône ou componende, réglée suivant l'usage de la chancellerie romaine et en rapport avec la nature de la dispense et avec la fortune des familles, est toujours exigée, et doit être consignée à l'avance entre les mains du curé qui fait l'enquête.

450. — Le curé de chacun des deux contractants doit prendre les informations prescrites ; mais il est de règle que la supplique soit dressée et envoyée à l'Evêché par le curé de la suppliante.

451. — D'après les décisions générales de la Sacrée-Pénitencerie, lorsque les futurs appartiennent à des diocèses différents, la demande de dispense est faite de préférence, et il suffit qu'elle soit faite par le curé de la suppliante, qui l'adresse à son évêque.

452. — Cependant, si le mariage doit être célébré dans le diocèse du suppliant, celui-ci peut demander la dispense à son évêque. De même, s'il s'agit d'un empêchement dont un seul des deux évêques peut dispenser, en vertu d'un Indult pontifical, il est préférable de s'adresser à cet évêque, même lorsque le mariage ne doit pas avoir lieu dans son diocèse.

453. — Toute supplique, même destinée au Souverain-Pontife, doit être envoyée à l'évêque. On peut cependant faire exception à cette règle pour certains empêchements occultes, dont on demanderait dispense à la Sacrée-Pénitencerie.

454. — Il est nécessaire d'expliquer si l'empêchement provient d'un commerce licite ou illicite, lorsqu'il s'agit d'un empêchement d'affinité ; si c'est le futur qui est veuf ou si c'est la future qui a perdu son époux, lorsqu'il s'agit d'un mariage entre beau-frère et belle-sœur ; quel est celui des deux contractants qui est au degré le plus proche, lorsque les degrés de parenté ou d'affinité sont inégaux.

Un arbre généalogique bien dressé répond à presque toutes ces questions.

455. — Pour faire comprendre aux pasteurs l'importance qu'ils doivent attacher à une demande de dispense, Nous leur rappelons :

1º Que la dispense n'est pas valide, si les faits énoncés ne sont pas vrais. *Si preces veritate nitantur, si vera sint exposita,* disent les Rescrits ;

2º Qu'une indication inexacte de la fortune des suppliants peut, quand elle s'écarte gravement de la vérité, compromettre la validité d'une dispense ;

3º Que Nous Nous déchargeons sur les curés de l'obligation rigoureuse qui Nous est imposée de vérifier de nouveau, avant la fulmination, la vérité des faits allégués dans la supplique : *Super quo conscientiam tuam oneramus ;*

4º Que si la dispense est nulle par la faute du curé, le sacrement est nul aussi par sa faute ; et alors, il est responsable de toutes les conséquences de cette nullité ;

5º Qu'une dispense doit toujours être demandée au moins cinq et même six semaines avant l'époque fixée pour le mariage, toutes les fois qu'il s'agit d'un empêchement du deuxième au troisième degré et au-dessus, ou d'un empêchement *mixtæ religionis,* etc.;

6º Qu'aucune demande de dispense d'un empêchement qui est à la fois civil et canonique ne peut être envoyée à Rome, à moins que le curé ne certifie, dans la supplique, que la dispense civile a été obtenue, ou au moins que les parties sont sûres de l'obtenir ;

7° *Generaliter Parochi curabunt addere causis allatis, latino sermone, hanc causam, quando res veritate nitetur :* timor fundatus contractûs mere civilis ; vel timor contractûs mere civilis, juxta parochi æstimationem ;

8° *Quoad impedimenta occulta sive dirimentia, sive prohibentia, confessarius curet sponsos satis citò ad sacrum tribunal admittere, ut possit, si necesse sit, ante diem matrimonii, vel dispensationem, vel* perinde valere *obtinere* ;

9° En outre, lorsque l'acte de fulmination leur sera remis, les curés devront s'assurer de nouveau, avant d'en faire part aux intéressés, que la situation est toujours la même qu'au moment des enquêtes, et ils n'oublieront pas que, si un empêchement occulte était devenu public, la même dispense ne pourrait plus servir (1).

456. — Tant que l'empêchement est occulte, c'est le confesseur qui est délégué pour en dispenser au tribunal de la pénitence. Il peut accomplir cette mission, même dans le cas où il ne peut donner l'absolution.

457. — Un curé ou un confesseur qui découvrirait, après la célébration du mariage, un empêchement dirimant, public ou occulte, devrait agir avec beaucoup de prudence. Si les époux étaient dans la bonne foi, il ne devrait leur faire connaître l'invalidité de leur mariage et ses conséquences qu'après avoir obtenu les dispenses nécessaires pour sa réhabilitation.

458. — En ce qui concerne les mariages mixtes, les curés s'efforceront de détourner la partie catholique de ces alliances. S'ils ne peuvent obtenir qu'elle y renonce, ils se conformeront scrupuleusement aux prescriptions de la curie romaine, que nous rapporterons à l'Article troisième (2).

(1) Voir, à l'Appendice des renseignements plus détaillés sur les dispenses de mariage — XII.

(2) Voir les Numéros 474, 475 et 476.

ARTICLE 3.

De la célébration du Mariage.

459. — Depuis le Concile de Trente, la présence du propre curé ou de son délégué est nécessaire pour la validité du mariage (1).

460. — Toute la question est donc de savoir quels sont ceux qui peuvent être considérés comme curés des contractants, en ce qui concerne le mariage. Ce sont :

1° Le curé de la paroisse qui a toujours été habitée par l'une des deux parties.

Il convient cependant de ne pas s'écarter, sans raison sérieuse, de l'usage de célébrer le mariage dans la paroisse de la fiancée ;

2° Le curé de la paroisse où l'une des parties habite publiquement et sans fraude, même depuis peu de jours, avec l'intention de s'y fixer après son mariage ;

3° Le curé de la paroisse où l'un des conjoints a son domicile depuis six mois, quand même il n'aurait pas l'intention d'y prolonger son séjour, après son mariage ;

4° Le curé de la paroisse où l'une des parties avait auparavant son domicile, tant qu'il ne s'est pas écoulé six mois depuis qu'elle l'a quitté ;

5° Le curé de la paroisse où l'une des parties réside à peu près la moitié de l'année ;

6° Le curé de la paroisse où habitent le père, la mère ou le tuteur des mineurs non émancipés ;

7° Le curé de la paroisse où les mineurs émancipés ont leur domicile de droit, ou leur domicile de fait ;

8° Enfin le curé de la paroisse où habitent de fait, et depuis six mois, les parties contractantes, quoiqu'elles aient ailleurs

____

(1) Conc. **Trid.** Sess. **XXIV**, *de Reform.*, Cap. 1.

leur véritable domicile dans lequel elles n'ont pas perdu le droit de se marier.

461. — Les personnes même majeures qui ont acquis un quasi-domicile dans une paroisse, comme les étudiants, les militaires, les commis, les ouvriers, les domestiques, etc., peuvent se marier soit devant le curé du quasi-domicile, soit devant le curé du domicile de leurs parents.

462. — Lorsqu'une paroisse deviendra vacante par la mort du titulaire ou par toute autre circonstance, le prêtre désigné soit par Nous, soit par le doyen, pour la desservir, sera considéré comme le propre curé, pour la célébration du mariage, jusqu'à la prise de possession d'un nouveau pasteur.

463. — Si l'office divin ne se célèbre pas le dimanche dans l'église de cette paroisse, les bans seront publiés dans l'église du curé intérimaire.

464. — Nous rappelons la suspense *ipso facto* portée par le Concile de Trente (1) contre tout prêtre qui, n'étant pas le Curé de l'un des futurs époux, se permettrait de célébrer leur mariage ou de leur donner les bénédictions *intra missam* sans avoir obtenu la délégation de l'Ordinaire ou du pasteur. Quand les deux époux appartiennent à un diocèse étranger, la suspense encourue est réservée à l'évêque de ce diocèse.

465. — Nous engageons les curés à se montrer faciles et accommodants envers leurs paroissiens pour les autoriser soit à se marier ailleurs, soit à faire bénir leur union dans la paroisse par un prêtre de leur choix.

466. — Avant la célébration du mariage, on demandera aux futurs époux : 1° leur acte de baptême, si on n'a pas la certitude qu'ils sont baptisés ; 2° leur certificat de première communion ; 3° les certificats de publication de bans signés des curés des paroisses où la publication a dû avoir lieu, ou bien l'acte de dispense des publications qui n'ont pas été faites ; 4° leur billet de confession ; et 5° pour éviter d'enfreindre la loi civile,

____

(1) Conc. Trid. Sess. XXIV, *de Reform.*, Cap. 1.

le certificat régulier du maire, constatant que les contractants ont rempli les formalités prescrites par cette loi.

467. — Si les futurs ou l'un d'eux n'ont pas fait leur première communion, on s'efforcera de les y préparer ; mais, si les circonstances l'exigent, on pourra, auparavant, célébrer leur mariage.

468. — Si l'une des parties refuse de comparaître au tribunal de la pénitence, on ne fera rien sans Nous consulter.

469. — Nous défendons de célébrer les mariages, à moins d'une autorisation spéciale de Notre part, ailleurs que dans les églises paroissiales, vicariales, chapelles de secours ou annexes ouvertes au culte public, selon l'usage établi, et dans un autre temps que la matinée.

Nous ne faisons d'exception que pour les mariages *in extremis*. Nous exhortons les Curés à faire tous leurs efforts pour que la célébration du mariage soit toujours accompagnée de la messe.

Lorsque les parties auront été retenues devant l'officier de l'état civil au delà de leur attente, on pourra les marier à l'Eglise, au sortir de la mairie. Mais la messe, si elle doit être célébrée, commencera toujours avant midi.

470. — Nous défendons aussi de célébrer les mariages les dimanches et jours de fêtes d'obligation.

Si les familles veulent choisir, pour un mariage, un jour de jeûne ou d'abstinence, on tâchera de les en dissuader, et, au besoin, on Nous en référera.

471. — On se conformera exactement aux prescriptions du Rituel et du Missel, ainsi qu'aux règles liturgiques pour la messe à dire, la présence de deux ou trois témoins qui est essentielle, la bénédiction de l'anneau et la bénédiction des époux *intra missam*, etc.

472. — La célébration solennelle des mariages est interdite depuis le premier dimanche de l'Avent jusqu'au jour de l'Epiphanie, et depuis le mercredi des Cendres jusqu'au dimanche *In albis* inclusivement.

473. — Si Nous permettons la célébration d'un mariage en temps prohibé, il ne faut pas oublier que cette permission n'entraîne jamais et ne peut jamais entraîner la permission de dire la messe *pro sponsis*, ni de donner les bénédictions *intra missam*.

474. — Pour la célébration des mariages mixtes, on se conformera aux décisions données par la Sacrée-Congrégation de l'Inquisition (1). Ainsi : 1° le consentement des époux sera reçu à la sacristie, dans la forme ordinaire prescrite par le Concile de Trente et indiquée dans le Rituel ; 2° si la sacristie n'est pas convenable, on pourra y suppléer par un autre lieu adjacent, par exemple une chapelle écartée, sans cierges allumés et sans ornementation spéciale ; 3° le Curé ne sera pas revêtu des ornements sacrés et ne donnera aucune bénédiction ; 4° il n'y aura pas de messe.

475. — Si, dans un cas particulier, l'accomplissement de ces prescriptions menaçait d'entraîner un sérieux dommage, soit pour la religion, soit pour le curé, soit pour la partie catholique, on Nous consulterait.

476. — Immédiatement après la cérémonie, les pasteurs doivent inscrire exactement, selon la formule indiquée, les actes de mariage sur les registres paroissiaux.

Ils feront signer les actes, avant la sortie de l'église, par les époux et par les témoins. S'il s'agit d'un mariage mixte, ils feront mention expresse de la dispense obtenue et de l'engagement pris par la partie dissidente de faire élever tous les enfants nés ou à naître, dans la religion catholique, et de ne point gêner la partie catholique dans l'accomplissement de ses devoirs religieux.

(1) 15 novembre 1858.

DEUXIÈME SECTION.

DU CULTE DIVIN.

---

477. — Les pasteurs des âmes enseigneront aux fidèles la nature et la nécessité du culte divin, tant intérieur qu'extérieur.

Comme le culte extérieur est très-propre à exciter la dévotion intérieure des fidèles, ils s'appliqueront avec zèle à tout ce qui peut en relever la majesté.

Nous croyons dono utile de leur rappeler, dans ce but, leurs obligations principales à ce sujet.

CHAPITRE XLII.

Des Eglises et des Chapelles. — De leur Mobilier. Des Sacristies.

ARTICLE 1er.

Des Eglises.

478. — L'église, étant la maison de Dieu où les fidèles se réunissent pour accomplir les actes du culte public, Nous devons d'abord appeler sur elle toute la sollicitude du curé.

Le droit canonique veut qu'avant de construire une église ou une chapelle publique, le plan de l'édifice, le choix de l'emplacement, l'orientation, le devis des dépenses, les ressources dont on dispose, et même, s'il y a lieu, le montant de la dotation affectée à l'entretien et au service du nouvel établissement, soient soumis préalablement à l'examen et à l'approbation de l'évêque diocésain.

479. — Nous défendons de démolir, sans Notre autorisation, aucune église ou chapelle publique, de les affecter à un usage profane en totalité ou en partie, d'y exécuter des réparations importantes ou des constructions nouvelles, d'y faire aucun changement qui pourrait en modifier le caractère architectural.

Les curés savent, d'ailleurs, qu'avant d'entreprendre des travaux relatifs à leur église, ils doivent accomplir les prescriptions de l'Administration civile sur la conservation et la restauration des édifices consacrés au culte.

480. — Nous défendons aussi de faire servir les églises à des réunions profanes. Nous ne faisons d'exception que pour l'adjudication des bancs et des chaises, et pour la distribution des prix du catéchisme, pourvu qu'on ne s'écarte pas de la décence et de la réserve qu'exige la sainteté du lieu.

481. — Nous recommandons aux curés de veiller avec le plus grand soin au bon ordre et à la propreté de leur église. Il serait humiliant pour un prêtre que la maison de Dieu, dont il est le gardien, ne présentât pas, à défaut de richesse, l'aspect décent qui peut toujours s'allier avec la pauvreté. Si les ressources leur font défaut pour y faire exécuter les réparations nécessaires, ils s'efforceront d'intéresser, par tous les moyens, les autorités civiles et les paroissiens favorisés des dons de la fortune ou de la grâce, à la conservation de la maison de Dieu, et s'ils ont la douleur de n'obtenir aucun résultat de leurs démarches patientes et persévérantes, ils se feront un devoir de Nous en prévenir.

482. — Il n'est permis qu'au prêtre chargé du service d'une église d'avoir, dans les murs, une ouverture d'où il puisse adorer le Saint-Sacrement.

Les simples fidèles n'auront ni porte ni fenêtre par où l'on puisse entrer ou voir dans l'église, à moins qu'un titre légitime ne leur en donne le droit.

483. — La prudence demande que les fenêtres des églises, et surtout des églises isolées soient munies de barreaux de fer.

Si on a des raisons de craindre quelque profanation, on pourra renfermer le Saint Sacrement pendant la nuit soit à la sacristie soit au presbytère, soit dans un autre endroit complètement sûr.

Si une église vient à être violée ou polluée, si les saintes hosties sont sacrilègement profanées ou volées, Nous Nous réservons à Nous seul d'ordonner la réconciliation de l'édifice sacré, et de prescrire les mesures qui nous paraîtront convenables.

ARTICLE 2.

Des Chapelles et Oratoires domestiques.

484. — Afin de prévenir les abus qui peuvent facilement naître de la concession des chapelles domestiques, Nous déclarons que, si l'on désire obtenir l'autorisation d'en établir, on doit remplir les conditions suivantes :

1º Les chapelles seront éloignées des chambres à coucher, offices, etc.

2º Dans les pièces situées au- dessus des chapelles, il n'y aura ni chambre à coucher, ni salle de récréation ;

3º On n'entreposera, dans les chapelles, aucun objet profane ;

4º On aura soin d'en tenir la porte fermée après la messe ;

5º Elles seront propres et munies de tout ce qui est nécessaire à la célébration du saint sacrifice.

6º On n'y exercera aucune fonction curiale, et on n'y entendra pas la confession de personnes du sexe, sans Notre permission expresse ;

7º Aucun prêtre étranger au diocèse, et non muni d'un *celebret*, ne sera admis à y célébrer la messe, même une seule fois ;

8º On n'y célébrera qu'une messe par jour. Toutefois, le chapelain, ou, à son défaut, le curé de la paroisse pourra autoriser un prêtre étranger à y célébrer par exception et pour des raisons de convenance dont il sera juge ;

9º On n'y conservera pas la sainte Eucharistie, à moins d'une autorisation formelle. Si cette autorisation est accordée, la clé du tabernacle devra être confiée au chapelain ou au curé de la paroisse ;

10º On n'y célébrera pas la messe les jours suivants : le jeudi et le samedi saints ; les jours de Pâques, de l'Ascension, de la Pentecôte, de la solennité de saint Pierre et saint Paul, de l'Assomption de la Sainte-Vierge, de la Toussaint, de Noël et de la fête patronale de la paroisse, à moins que la chapelle n'ait été autorisée en faveur d'un malade ou d'un infirme qui ne peut assister à la messe de paroisse.

11° Hors le cas où les chapelles domestiques seraient desservies par un chapelain nommé par Nous, elles sont placées sous l'inspection et la surveillance du curé de la paroisse.

12° Les curés veilleront à ce que toutes les prescriptions marquées ci-dessus soient respectées, et à ce que les autorisations soient renouvelées à l'époque fixée, et restent constamment affichées dans la chapelle.

Une autorisation non renouvelée à l'époque voulue cesserait d'exister par ce seul fait.

485. — Nous défendons d'admettre pour la messe dans les chapelles domestiques, les jours de dimanches, d'autres personnes que celles en faveur desquelles la concession a été faite, à moins que des circonstances extraordinaires n'empêchent des étrangers de se rendre à la paroisse, ou que le curé n'ait permis à des infirmes d'y assister.

486. — Si une chapelle domestique éloignée de l'église paroissiale était considérée par Nous comme une chapelle de secours, le public pourrait y être admis, pourvu qu'on y fasse une instruction selon les règles établies (1).

487. — On ne doit employer, pour la bénédiction d'une chapelle domestique, que la formule prescrite dans le Rituel pour la bénédiction d'une maison neuve.

ARTICLE 3.

Des sacristies.

488. — La sacristie étant une dépendance de l'église, destinée à recevoir les objets consacrés au culte divin, doit être propre, décente et bien ordonnée.

____

(1) Voir le Chapitre XXIV des Statuts, Art. 2, Nᵒˢ 125 et 136.

489. — On ne doit y parler que par nécessité et à voix basse, et on ne doit pas y traiter d'affaires entièrement étrangères au saint ministère.

490. — L'entrée de la sacristie n'est généralement permise qu'aux hommes, et pour des motifs légitimes. Les sacristines ne doivent y entrer que pour remplir leur office, et, autant que possible, quand elle n'est pas occupée par des prêtres. Elles éviteront aussi de traverser le sanctuaire et de remplir aucune de leur fonction dans l'église pendant les offices.

491. — Toutes les précautions seront prises pour que la sacristie ne soit pas humide.

Entre autres meubles, les sacristies auront un prie-Dieu avec une grille pour la confession des femmes sourdes ou infirmes, un crucifix, une piscine, un tableau des fondations, et une armoire à trois clés, à moins qu'on ne juge plus prudent de la placer ailleurs.

492. — Les portes, clés et serrures doivent toujours être en bon état et les fenêtres munies de barreaux de fer.

ARTICLE 4.

Du mobilier des Eglises.

493. — Toute église ou chapelle ouverte au culte doit être pourvue de tous les meubles et objets nécessaires au service divin.

Le mobilier d'une église doit être, autant que possible, en parfaite harmonie avec les proportions et le style architectural de l'édifice.

494. — Nous désirons vivement que les calices, patènes, ciboires, custodes, soient en or, ou en argent doré à l'intérieur.

Il est très désirable que l'ostensoir soit aussi en or ou en argent, au moins dans sa partie supérieure (1).

[1] Nous permettons toutefois de conserver, jusqu'à ce que l'on puisse s'en procurer d'autres, les calices et ciboires dont le pied n'est pas en

Le calice et la patène doivent être consacrés par un évêque : le ciboire et la custode peuvent être bénits par un prêtre autorisé.

Si l'on fait redorer ces objets, ils doivent être consacrés ou bénits de nouveau.

495. — L'autel doit être couvert de trois nappes bénites, de fil de lin ou de chanvre. Les autres garnitures peuvent être en coton.

Si l'autel n'est pas fixe, il doit y avoir une pierre consacrée, munie de reliques, sans fracture, et portant le sceau épiscopal.

L'autel où est conservé le Saint Sacrement doit avoir un tabernacle. On ne doit placer sur le tabernacle que le crucifix.

496. — On ne laissera jamais passer plus d'une année sans nettoyer les vases sacrés, les burettes, les croix, les chandeliers, les autels, et en général tous les meubles et même les murs intérieurs ou le plafond de l'Église.

497. — Les corporaux, les pales, les purificatoires, les aubes, les cordons, les amicts doivent être en fil de lin ou de chanvre. Les garnitures des aubes en coton sont tolérées.

Les amicts doivent porter une petite croix à quatre ou cinq centimètres du bord supérieur.

Les corporaux seront changés tous les trois mois, les purificatoires tous les huit jours, les amicts et les manuterges tous les quinze jours.

or ou en argent. A plus forte raison, Nous permettons de conserver les ostensoirs dont la custode seule est en or ou en argent doré à l'intérieur et même d'acheter des ostensoirs dont le pied est en fer ou en cuivre doré ou argenté. Mais ce n'est qu'en cas de nécessité absolue que l'on pourrait acheter des calices ou des ciboires, qui ne seraient pas en or ou en argent doré à l'intérieur.

Un décret de la Congrégation des Rites, du 6 décembre 1866, permet, en faveur des églises pauvres, les vases sacrés en *bronze d'aluminium*, sous des conditions fixées dans une instruction du 9 décembre de la même année. — Voir cette Instruction à l'Appendice. — XIII.

Il n'appartient qu'aux prêtres et aux clercs qui sont dans les ordres sacrés de laver les corporaux, les pales et les purificatoires qui ont servi.

Ils doivent les laver dans deux eaux différentes au moins, avant de les donner à blanchir même à des religieuses. L'eau des trois premières lotions doit être jetée dans la piscine.

498. — Les ornements sacerdotaux doivent être d'un tissu d'or, d'argent ou de soie. Leur couleur doit être conforme aux rubriques.

Les ornements et les linges sacrés devront être bénits par un prêtre qui en ait reçu de Nous le pouvoir (1).

499. — Nous désirons qu'aucune Eglise ne soit privée des Stations du Chemin de la Croix.

MM. les curés éviteront de laisser dans le lieu saint des tableaux déchirés ou peu décents, des statues mutilées ou grotesques, et d'y placer, ou de porter en procession aucune image peinte ou en relief qui n'aurait pas été reconnue convenable et bénite par un prêtre délégué par Nous.

500. — Il y aura un bénitier dans l'Eglise à chaque porte d'entrée, et l'eau bénite sera renouvelée en temps convenable.

Les curés doivent instruire les fidèles des effets salutaires de l'eau bénite et des sentiments avec lesquels il faut en user. Ils leur recommanderont d'en conserver pieusement dans leurs maisons, d'en avoir auprès de leur lit, et les prémuniront contre les usages superstitieux qu'il pourraient en faire.

---

(1) On doit faire bénir la chasuble, l'étole, le manipule, le cordon, les nappes d'autel, la pale, le corporal, l'amict et l'aube.

CHAPITRE XLIII.

Du saint Sacrifice de la Messe.

ARTICLE 1er.

De la célébration de la Messe.

501. — L'action par excellence de la religion qui s'accomplit dans l'église, est le saint sacrifice de la messe. La messe est le centre et l'âme du culte chrétien ; elle est la source féconde des grâces qui opèrent la sanctification des âmes ; elle est la plus éminente des fonctions sacerdotales.

Nous ne connaissons rien à cet égard de plus capable de faire impression sur le prêtre, et qui soit rempli de plus utiles enseignements que ces paroles du saint Concile de Trente :

Quod si necessariò fatemur nullum aliud opus adeò sanctum ac divinum a Christi fidelibus tractari posse, quam hoc ipsum tremendum mysterium in quo vivifica illa hostia qua Deo patri reconciliati sumus in altari per sacerdotes quotidie immolatur; satis etiam apparet omnem operam et diligentiam in eo ponendam esse, ut quanta maxima fieri potest interiori cordis munditiâ et puritate atque exteriori devotionis ac pietatis specie peragatur (1).

502. — Nous exhortons tous les prêtres à célébrer régulièrement tous les jours le saint sacrifice de la messe. Mais Nous leur recommandons d'accomplir cette fonction redoutable avec une grande pureté de conscience, par des motifs de foi et avec une piété sincère.

503. — Qu'ils joignent à ces sentiments élevés la modestie, le recueillement, l'observation fidèle des rubriques, et qu'ils évitent une précipitation choquante.

____

(1) Conc. Trid. Sess. XXII. *De Sacrif. missæ*, Cap. 8.

504. — Autant que possible, ils ne monteront à l'autel qu'après avoir récité Matines et Laudes. Ils feront précéder la célébration du saint sacrifice, de l'oraison ou de quelque temps de préparation, et la feront suivre d'un quart d'heure d'action de grâces.

505. — Nous appelons particulièrement leur attention sur la matière du saint sacrifice. Ils ne devront employer que des pains d'autel récents et faits par des personnes de confiance (1) ; ils prendront toutes les précautions que la prudence commande, pour que le vin ne soit pas altéré.

Ils renouvelleront les saintes espèces tous les quinze jours, et même plus souvent si l'humidité de l'Eglise l'exige.

506. — Les curés se feront un devoir de dire la messe à des heures réglées et commodes pour les fidèles, et surtout pour les enfants des écoles et pour les religieuses institutrices, afin que celles-ci ne soient privées ni de l'assistance au saint sacrifice ni de la communion. Ils veilleront à ce que les prêtres, attachés à leur église, la disent à des heures fixes, à moins qu'ils n'en soient empêchés par leurs infirmités.

507. — Il est défendu de célébrer la messe sans servant, ou d'employer à ce ministère une personne du sexe, même religieuse, sauf un cas extraordinaire dans lequel cette personne devrait se tenir hors du sanctuaire et se borner à répondre.

508. — Les curés rempliront un devoir de conscience en choisissant, dans leur paroisse, des enfants pieux et intelligents, pour les former à bien servir la messe. Il est affligeant de voir trop souvent les petits clercs des églises servir un prêtre à l'autel avec une légèreté déplorable, dans une tenue inconve-

---

(1) *Consuetudo consecrandi hostias a tribus vel sex mensibus confectas est ingens abusus omnino tollendus.* S. R. Cong. 16 Decemb. 1826. — *Particulæ consecrandæ debent esse recentes. Optandum foret ut non excederent quindecim dies, vel ad summum, mensem a tempore quo confectæ sunt.* Gardellini apud Gury. —

Juxtà Benedictum XIV, renovandæ sunt particulæ consecratæ singulis octo aut saltem quindecim diebus. De sacrif. Missæ. *App.* 3. §. 6. N° 5.

nante et malpropre, répondant avec précipitation et sans articuler leurs paroles. Les prêtres qui ont la charge d'une église ou d'une chapelle sont responsables de ces irrévérences, qui font injure à Dieu et scandalisent les fidèles.

ARTICLE 2.

Des honoraires de Messes.

509. — L'honoraire des messes n'est pas une aumône. C'est une rétribution fondée sur la justice, dont la nature et le chiffre sont réglés par l'Eglise, et dont le prêtre, qui la perçoit légitimement, a la libre disposition.

510. — Un prêtre ne peut élever l'honoraire de la messe à un taux supérieur à celui que Nous avons fixé ; mais il peut accepter tout ce qui lui est offert spontanément par les fidèles.

511. — Il est absolument défendu par le Saint-Siège de retenir pour soi une partie de l'honoraire des messes que l'on fait acquitter par d'autres, alors même que cet honoraire dépasserait le taux ordinaire, à moins que les donateurs n'aient voulu faire une générosité *personnelle*, ou que le prêtre auquel les honoraires sont transmis, ne déclare spontanément y renoncer.

512. — Nous rappelons les défenses absolues faites par le Souverain-Pontife de remettre ou de recevoir des honoraires de messes pour achat de livres, d'ornements, pour abonnements de journaux, etc. Il y a dans ce commerce un trafic inconvenant et dangereux.

513. — Aucun prêtre ne doit différer plus de trois mois l'acquit des messes dont le jour n'est pas fixé, à moins du consentement formel ou justement présumé des personnes qui ont donné l'honoraire (1).

514. — On ne disposera pas arbitrairement des intentions

—————

(1) *In missis celebrandis pro recenter defunctis, dilatio unius mensis gravis reputanda est juxta S. Liguorium, Salmant, Lugo, etc.* — Gury.

que l'on ne pourrait pas acquitter. On pourra les remettre à des confrères pieux du diocèse, ou bien on les déposera à Notre secrétariat ; mais Nous ne permettons pas d'en envoyer hors de Notre diocèse.

515. — Chaque prêtre tiendra une note exacte du nombre des messes dont il s'est chargé, en y marquant avec soin les messes déjà acquittées. Il serait infiniment regrettable que cette note n'existât pas ou ne fût pas en règle au jour de sa mort.

ARTICLE 3.

Du Binage.

516. — Les lois de l'Eglise défendent à tout prêtre de dire plus d'une messe par jour, sans une permission expresse, à l'exception du jour de Noël, où on peut dire trois messes.

517. — Mais les besoins des fidèles ont amené le Saint-Siège à autoriser le *binage*, dans des cas déterminés, les jours de dimanches et de fêtes d'obligation, et même en certains autres jours fixés par des Indults particuliers (1).

518. — L'autorisation de *biner* n'est accordée que pour les besoins des fidèles. On ne doit donc jamais en user pour une messe de mariage ou d'enterrement. Un prêtre autorisé à *biner* dans une église ne l'est pas, pour cela, à *biner* dans une autre, et ne peut pas déléguer l'autorisation qu'il a reçue de dire deux messes.

Il faut une raison très-grave pour biner *sub eodem tecto*, et surtout *ad idem altare*.

519. — Nous permettons le binage, aux jours indiqués, à tout prêtre chargé de desservir au moins deux églises ou chapelles publiques. Nous le permettons aussi, pour une fois, lorsque le recours au Doyen est impossible, à l'ecclésiastique appelé à remplacer, pour cause de maladie, un prêtre chargé de deux églises, et au curé chargé d'une seule église qui remplace un

(1) Voir à l'Appendice, l'Indult relatif au binage. — XIV.

voisin malade, à condition que Nous en serons informé dans le courant de la semaine suivante.

Dans les autres cas, l'autorisation de biner devra Nous être demandée.

520. — Le prêtre autorisé à dire deux messes se conformera, en ce qui concerne les ablutions, aux instructions de la Sacrée Congrégation des Rites, en date du 15 mars 1858 (1).

521. — La Sacrée Congrégation des Rites, dans un but élevé, interdit aux prêtres de recevoir un honoraire pour toute messe de *binage*, quand même cet honoraire devrait être employé à une bonne œuvre. Il n'y a d'exception que pour le jour de Noël (2).

ARTICLE 4.

De la Messe de paroisse.

522. — Bien que, dans la discipline actuelle de l'Eglise, l'assistance à la messe de paroisse ne soit pas obligatoire par elle-même, elle est cependant obligatoire indirectement pour la plupart des fidèles qui ne trouvent qu'à cette messe, dans les instructions de leur pasteur, le moyen de connaître les vérités et les devoirs du salut.

Moneat Episcopus populum diligenter, teneri unumquemque parochiæ suæ interesse, ubi commode id fieri potest, ad audiendum verbum Dei (3).

Les curés, les cathéchistes et les confesseurs s'abstiendront

(1) Voir, à l'Appendice, ces Instructions. — XV.

(2) Un Indult apostolique autorise actuellement les prêtres de Notre diocèse à recevoir un honoraire pour leur seconde messe, et, dans ce cas, s'ils sont chargés de deux paroisses, à n'appliquer qu'une messe à ces deux paroisses, à condition que l'honoraire de la seconde sera versé entre Nos mains, pour être consacré à Nos œuvres diocésaines.

Si cet Indult n'était plus renouvelé, Nous en avertirions Notre clergé par les moyens ordinaires. Voir cet Indult à l'Appendice. — XVI.

(3) Conc. Trid. Sess. XXIV. Cap. 4.

donc de toute parole qui pourrait faire croire aux fidèles qu'ils peuvent, sans motif et en toute circonstance, se dispenser d'assister à la messe de paroisse et n'entendre qu'une messe basse ; ils insisteront, au contraire, sur l'obligation indirecte de préférer la messe de paroisse à toute autre, et ils feront ressortir les précieux avantages attachés à cette pratique.

522. — Les supérieurs, aumôniers et chapelains des établissements dont la chapelle est ouverte au public, éviteront de célébrer la messe ou de faire des exercices religieux pendant la messe de paroisse.

524. — L'heure de la messe de paroisse sera fixée selon qu'il conviendra le mieux à la majorité des paroissiens, et elle ne devra pas être changée sans de graves motifs.

Tous les dimanches et fêtes, la messe de paroisse doit être chantée intégralement. L'impossibilité absolue de trouver des chantres, ou le défaut de temps pour les curés qui disent deux messes, sont les seuls motifs qui permettent de tolérer une messe basse, l'omission de certains chants ou la continuation de la messe pendant certains autres ; et encore on ne devrait pas admettre, pendant plus de trois mois, cette infraction aux règles liturgiques, sans Nous en prévenir.

525. — La messe de paroisse sera toujours précédée de l'aspersion de l'eau bénite, et on y fera la distribution du pain bénit.

526. — Nous recommandons aux curés de ne rien négliger pour conserver, partout où il existe encore, l'usage de célébrer *in choro* les fêtes de dévotion.

CHAPITRE XLIV.

Des Vêpres.

527. — L'assistance aux vêpres, les jours des dimanches et fêtes, est une des pratiques les plus louables et les plus chères à l'Église.

Les pasteurs la recommanderont donc souvent à leurs paroissiens.

Ils leur rappelleront que le précepte de la sanctification des dimanches et fêtes embrasse non-seulement l'assistance religieuse au saint sacrifice de la messe, mais encore la cessation de tout travail servile. Ils leur feront comprendre que l'assistance aux vêpres et même à d'autres pieux exercices les aidera à éviter les amusements et les divertissements dangereux auxquels le désœuvrement pourrait les exposer, et que, d'ailleurs, s'ils veulent véritablement sanctifier le jour du Seigneur, il ne doit pas suffire à leur foi de donner uniquement à Dieu le temps de la messe, mais qu'ils doivent employer son saint jour à des œuvres de piété, de zèle et de charité, parmi lesquelles les vêpres ont la première place.

528. — Les vêpres seront donc chantées, à une heure fixe et commode pour les paroissiens, tous les jours de dimanches et de fêtes d'obligation, dans toutes les églises des paroisses où le curé réside.

Si, par suite du malheur des temps ou de circonstances exceptionnelles, le prêtre est privé de tout concours pour chanter ou pour psalmodier les vêpres, il se fera un devoir de les réciter à l'église, à l'heure indiquée pour l'office public.

CHAPITRE XLV.

Du culte rendu au Saint-Sacrement exposé.

529. — Outre le culte que nous devons rendre constamment à Notre Seigneur Jésus-Christ présent dans le saint tabernacle, nous lui rendons un hommage plus solennel en certaines circonstances, soit en l'exposant à l'adoration des fidèles sur le saint autel, soit en faisant en son honneur les offices connus sous le nom de *Saluts du Saint-Sacrement*, soit en le portant en procession dans les églises ou dans les rues.

Ces pratiques religieuses, généralement admises, sont très-propres à exciter et à développer dans les cœurs la dévotion envers l'auguste mystère de nos autels, et elles procurent à tous les chrétiens l'occasion et le moyen de réparer les outrages auxquels Notre divin Sauveur est trop souvent exposé, et de lui rendre l'honneur que méritent son amour pour les hommes et ses perfections infinies.

Les curés inspireront donc à leurs paroissiens une grande dévotion à ces différentes formes du culte public rendu au Très Saint-Sacrement.

ARTICLE 1er.

De l'Exposition du Très Saint-Sacrement.

550. — Le Saint-Sacrement sera exposé dans l'ostensoir, à tous les offices, s'il y a des adorateurs :

1° Le dimanche de la Quinquagésime et les deux jours suivants ;

2° Le jour de la solennité de la Fête-Dieu ;

3° Le jour de la fête du Sacré-Cœur ;

4° Pendant les exercices de l'adoration perpétuelle ou de l'*Association de l'Adoration réparatrice* régulièrement établie.

Il sera exposé à la messe et aux vêpres, si on chante les vêpres, le jour de l'incidence de la Fête-Dieu (jeudi après la Sainte-Trinité), et tous les jours de l'Octave.

Nous permettons de l'exposer pendant toute la journée, aux jours susdits, dans les paroisses qui peuvent réunir un assez grand nombre d'adorateurs.

551. — Pour jouir de la faveur de l'exposition du Saint-Sacrement, il faut que six cierges au moins brûlent constamment à l'autel de l'exposition, et qu'il y ait toujours des adorateurs dans l'intervalle des offices. Nous n'avons pas besoin de recommander aux ecclésiastiques de la paroisse de donner largement l'exemple de l'adoration.

552. — Nous recommandons particulièrement à tous les curés l'établissement de l'*Adoration perpétuelle* dans leur paroisse (1).

____

(1) Voir le Chapitre XXIV des Statuts, Art. 3. § 4. N°s 245 à 248.

ARTICLE 2.

Des Saluts du Très Saint-Sacrement.

533. — Quoique, au point de vue liturgique, un Salut consiste uniquement dans le chant du *Tantum ergo* avec le verset et l'oraison, suivi de la Bénédiction du Saint-Sacrement, Nous permettons de continuer avec sobriété l'emploi d'autres chants liturgiques, de telle façon que leur longueur ne fatigue pas les fidèles sous prétexte d'augmenter leur piété. On trouvera ces prières et ces chants dans les Offices de l'Eglise à l'usage de Notre diocèse.

A ce point de vue, distinguant la Bénédiction ou le Salut proprement dit, des Saluts en usage parmi nous, Nous divisons les Saluts en deux classes : les Saluts solennels avec l'Ostensoir et les Saluts simples avec le Ciboire.

534. — L'exposition du Saint-Sacrement sera toujours terminée par un Salut solennel. La bénédiction sera donnée toutes les fois que, pour quelque motif que ce soit, le Saint-Sacrement sera reposé dans le tabernacle. Mais, en aucun cas, il ne devra y avoir plus d'un Salut par jour dans la même église, à moins que les Confréries ou autres œuvres n'aient obtenu la faveur d'un Salut spécial.

535. — Il y aura un Salut solennel aux jours suivants : la solennité de l'Immaculée-Conception, Noël, la solennité de l'Epiphanie, Pâques, l'Ascension, la Pentecôte, les dimanches de la clôture des Pâques et de la fête du patronage de Saint-Joseph (3° dimanche après Pâques), la solennité de la Fête-Dieu, la fête du Sacré-Cœur, la solennité de Saint-Pierre et Saint-Paul, les fêtes de Saint-Mémmie, Saint-Donatien et Saint-Domitien, de l'Assomption, de la Toussaint, de la Dédicace, la solennité du Patron ou Titulaire, le jour des premières communions, le dernier jour de l'année, et les deux premiers jours des exercices de l'Adoration perpétuelle (1).

(1) Voir Chapitre XXIV. Art. 3. §. 4. N° 245.

556. — Nous permettons aussi les Saluts solennels : le jour de la Circoncision, le jour de Saint-Joseph, le lundi de Pâques, le jour de la Sainte-Trinité, les jours de la Nativité, de l'Annonciation et de la Purification de la sainte Vierge ; le jour de la Nativité de saint Jean-Baptiste, quand cette fête tombe le dimanche ; le jour de la fête de Saint-Etienne, les jours de l'ouverture et de la clôture du mois de Marie et du mois du Sacré-Cœur, les jours des fêtes de l'Invention de la Sainte-Croix et de Saint-François-Xavier, en faveur des associés de la Propagation de la foi, et enfin le premier dimanche de chaque mois, avec faculté pour le cas où l'on ferait en ce jour l'un des Saluts précités de renvoyer le Salut du mois au premier dimanche libre.

Nous autorisons aussi les Saluts des Confréries dont il sera parlé plus loin (1).

557. — Il y aura un Salut simple tous les dimanches de l'avent et du carême, tous les jours de la sainte quarantaine où les curés feront une instruction dans une de leurs églises (2), et tous les jours d'une mission ou d'une retraite paroissiale.

558. — Nous permettons un Salut simple tous les jours, depuis le 17 jusqu'au 23 décembre, tous les jours du mois de mai, en l'honneur de la sainte Vierge, le dimanche et deux fois par semaine pendant le mois de juin, en l'honneur du Sacré-Cœur, tous les jours d'une retraite de première communion ou de confirmation ou d'une retraite de Confrérie ou d'Association, et à toutes les réunions de l'Association des Mères chrétiennes composées de six personnes au moins (3).

559. — A tous les Saluts solennels, le Célébrant sera revêtu de la chape. Il pourra faire les Saluts simples en surplis avec l'étole. Le voile huméral est de rigueur pour donner la bénédiction à tous les Saluts.

(1) Voir Chapitre L. N°s 561 à 565.
(2) Voir Chapitre XXIV. Art. 1. § 2. N° 236.
(3) Voir Chapitre XXIV. Art. 3. §. 2. N° 236.

540. — Les paroisses ou les communautés qui recevraient l'autorisation d'avoir d'autres Saluts que ceux dont Nous venons de parler, les feront inscrire sur un tableau qui sera signé par Nous ou par un de Nos vicaires généraux, et affiché dans un endroit apparent de la sacristie.

Toute permission accordée de vive voix n'est que provisoire. Nous ne permettons les saluts de fondation qu'autant que la fondation a été régulièrement autorisée.

ARTICLE 3.

Des Processions du Saint-Sacrement.

541. — Pour donner plus de solennité à l'Exposition ou aux Saluts du Saint-Sacrement, on accompagne quelquefois ces cérémonies d'une Procession.

Pour porter le Saint-Sacrement en procession, le Célébrant doit porter le voile huméral, avec la chape blanche, à moins que la procession ne suive immédiatement un office qui réclamerait la chape d'une autre couleur.

542. — On fera, si les circonstances le permettent, deux processions extérieures du Saint-Sacrement; l'une le jour de la solennité de la Fête-Dieu, et la seconde le dimanche où se célèbre la fête du Sacré-Cœur.

On pourra faire, en outre, une procession du Saint-Sacrement dans l'intérieur des églises les jours de Noël, Pâques, l'Ascension, la Pentecôte, la fête de saint Pierre et saint Paul, la fête de saint Memmie et ses compagnons, la Toussaint, la fête du Patron, la première communion, et la clôture des exercices de l'Adoration perpétuelle.

Il serait prudent de la supprimer les jours où il y aurait sermon aux vêpres, si le salut avait lieu immédiatement après les vêpres.

543. — Nous autorisons la pieuse cérémonie du matin du jour de Pâques, connue sous le nom de *Résurrection*.

CHAPITRE XLVI.

Des cérémonies et du chant des Offices.

544. — Quoique les fidèles assistent aux offices du dimanche pour accomplir un devoir, il n'en est pas moins vrai qu'ils s'y rendront plus volontiers et en plus grand nombre, si les offices sont célébrés avec décence et dignité.

Les curés s'appliqueront donc à accomplir avec exactitude et gravité toutes les cérémonies prescrites par l'Eglise. Ils se feront aussi un devoir de les expliquer aux fidèles, afin de leur donner plus d'attrait et plus de goût pour des prescriptions liturgiques dont ils comprendront mieux l'objet et le but.

545. — Ils habitueront, par leurs exemples et par leurs leçons, tous ceux qui approchent du saint autel, pour y remplir quelque fonction, à conserver une tenue modeste et respectueuse.

Ils formeront de bonne heure autant d'enfants qu'ils pourront en trouver, pour les différents services de l'office divin, et ils les exerceront eux-mêmes, de manière à leur faire prendre, pour le maintien, pour la démarche et pour tout ce qui tient à leur extérieur, des habitudes conformes à la sainteté de la fonction qu'ils seront appelés à remplir (1).

546. — Comme le chant est une des principales parties du culte public, et comme il peut contribuer beaucoup à augmenter la splendeur des offices et à élever les âmes vers le Ciel, ils le feront exécuter dans leurs églises d'une manière digne de la majesté de Dieu, et ils ne négligeront rien pour le rendre populaire parmi leurs paroissiens.

547. — Pour atteindre ce but, Nous souhaiterions qu'ils pussent réunir des chœurs de jeunes gens, et même d'hommes de tout âge, aux heures ou aux jours où ceux-ci ont des loisirs, afin de leur apprendre les chants sacrés. Ne rencontreraient-ils

(1) Voir le Chapitre XLIII des Statuts, Art. 1. N° 508.

que quelques hommes ou quelques jeunes gens de bonne volonté, ils s'épargneraient la dure nécessité de ne plus pouvoir procurer à leurs paroissiens que des messes basses ou des offices qui inspirent plutôt la commisération que le respect.

548. — Nous les invitons du moins à donner ou à faire donner, dans toutes les paroisses, des leçons de plain-chant à tous les enfants du petit et du grand catéchisme, et à donner une place aux exercices de chant dans tous les catéchismes de persévérance.

Ils profiteront aussi de toutes les réunions des *Œuvres de Jeunesse* pour perfectionner les jeunes gens dans l'étude et l'exécution des chants d'Eglise.

549. — Ils assigneront dans l'église, à tous les enfants et jeunes gens qui peuvent chanter, des places qui leur permettent de prendre part au chant de tous les offices.

550. — Nous défendons de placer les chantres dans les tribunes, à moins de circonstances rares et exceptionnelles qui ne passeront jamais à l'état d'habitude. Dans ce cas ils seront, autant possible, accompagnés d'un ecclésiastique.

551. — Ils rappelleront souvent à leurs paroissiens que leur assistance aux offices sera beaucoup plus agréable à Dieu et leur attirera plus de grâces, s'ils s'associent par le chant aux prières liturgiques.

Ils s'efforceront de les amener ainsi à chanter au moins les prières les plus ordinaires, telles que le *Kyrie*, le *Gloria*, le *Credo*, les psaumes, les hymnes et les chants de la bénédiction du Saint-Sacrement.

552. — L'orgue et l'harmonium sont de précieux auxiliaires pour l'étude et l'exécution des chants d'église. Nous faisons des vœux pour qu'on en généralise l'usage, surtout pour l'accompagnement du plain-chant.

553. — Nous recommandons particulièrement aux curés la surveillance des enfants pendant les offices. Comme ils ne peuvent pas exercer eux-mêmes cette surveillance, ils en chargeront, autant que possible, une personne de confiance. Si elle leur fait défaut, ils leur assigneront des places qui leur permettent de se rendre compte de la manière dont ils se comportent.

Dans tous les cas, ils éviteront de les reléguer à l'écart. Si les enfants étaient confinés dans les endroits les plus reculés de l'église, ils n'auraient aucun goût pour des cérémonies religieuses qui échapperaient à leurs regards ; et s'ils n'étaient pas surveillés, ils s'habitueraient de bonne heure à se tenir dans le lieu saint comme dans un lieu ordinaire, et ne comprendraient jamais le recueillement que réclame l'assistance à nos saints offices.

CHAPITRE XLVII.

De l'Habit de chœur.

554. — L'habit de chœur de Nos vicaires-généraux archidiacres et des chanoines titulaires est réglé par un Indult pontifical.

Les chanoines honoraires portent la barrette, le rochet et la mosette bordée de rouge avec l'aumusse en été et le manteau en hiver.

Les supérieurs de Nos maisons diocésaines, les doyens et les curés en titre, qui ne sont pas chanoines honoraires, portent la barrette, le rochet et la mosette noire. Ils peuvent se servir du manteau noir en hiver.

Les autres ecclésiastiques portent la barrette et le surplis à larges manches.

Personne ne peut revêtir le rochet, s'il n'a l'usage de la mosette.

Nous permettons l'usage du surplis avec une soutane fermée du haut en bas aux laïques appelés à servir à l'autel ou à remplir les fonctions de chantres.

555. — Si les prêtres doivent toujours se distinguer par la décence de leurs vêtements, à plus forte raison doivent-ils prendre garde de ne jamais exercer les fonctions sacrées avec des vêtements sales, déchirés, dont la forme vieillie ou souillée inspirerait le mépris de leur ministère et de leur personne.

Mais les curés sont tenus aussi de veiller au bon état des vêtements de tous les employés d'église, et même de ne pas permettre que ceux qui ne sont pas revêtus du surplis approchent de l'autel ou traversent le chœur dans une tenue qui leur ferait interdire l'entrée de nos maisons.

Nous leur recommandons de prendre un soin tout particulier des costumes de leurs enfants de chœur. Ils leur donneront une idée d'autant plus sainte de leurs fonctions, et leur inspireront des sentiments d'autant plus vifs de foi et de piété, qu'ils apporteront plus de soin à leur composer un extérieur convenable pour se présenter devant l'autel du Seigneur, qu'ils sont appelés servir.

S'ils ne trouvent personne autour d'eux pour les suppléer dans ces diverses occupations, ils considéreront comme un devoir important de s'y livrer eux-mêmes, et de pourvoir à tous les détails qui intéressent la décence et la dignité du culte divin.

CHAPITRE XLVIII.

Des Processions prescrites par la liturgie.

556. — Nous invitons les pasteurs des âmes à instruire de temps en temps leurs paroissiens des fins générales et particulières que l'Eglise s'est proposées dans l'institution des Processions, et à leur apprendre avec quels sentiments de foi et quel recueillement ils doivent y assister.

557. — Les Processions sont ordinaires ou extraordinaires. Les Processions ordinaires sont, outre les deux Processions de la Fête-Dieu, celles de la fête de la Purification de la Sainte Vierge, des Rameaux, de Saint-Marc et des Rogations, celle des Châsses pour la ville de Châlons, celle de l'Assomption de la Sainte Vierge en France pour l'accomplissement du vœu de

Louis XIII, et celle du jour de la Commemoraison des fidèles trépassés pour tout le diocèse.

Les curés feront tous leurs efforts pour maintenir l'usage de faire ces Processions, au moins dans l'intérieur de leurs Eglises. Nous en dispensons toutefois ceux auxquels toute assistance et tout concours convenable feraient défaut.

Les Processions extraordinaires sont celles que Nous pourrons ordonner ou autoriser pour diverses causes.

Nous autorisons d'une manière générale, dans les paroisses où elles sont en usage, les Processions du jour de la première communion, du lendemain de la fête patronale de chaque paroisse, du jour de l'installation des curés, du jour de la première messe d'un nouveau prêtre, et du jour de la fête de l'Œuvre de la Sainte-Enfance.

Nous permettons aussi de faire une Procession le jour de la fête d'une Confrérie ou Congrégation canoniquement érigée.

Nous Nous réservons d'autoriser les autres Processions, d'après les demandes qui Nous seront adressées.

558. — Nous prions les pasteurs de ne pas oublier que la beauté des Processions consiste beaucoup plus dans l'ordre qui y règne, et dans le recueillement et la piété des assistants, que dans les démonstrations extérieures dont elles peuvent être accompagnées.

CHAPITRE XLIX.

Des Bénédictions.

559. — Il appartient au prêtre de bénir : *Sacerdotem oportet benedicere* (Pontif. Rom. *De Ord. Presbyteri*). Il peut user de son pouvoir, en particulier, toutes les fois qu'il le juge bon.

Mais si la bénédiction qu'il donne revêt la forme d'un acte public, ou s'applique à un objet destiné au culte public, il doit se conformer aux règles établies par l'Eglise, et se souvenir de cette recommandation du Rituel romain : *Noverit sacerdos quarum rerum benedictiones ad ipsum, et quæ ad episcopum suo jure pertinent, ne majoris dignitatis munera temere aut imperite unquam usurpet propria auctoritate.*

560. — Les bénédictions *communes* et non réservées que l'on trouve dans le Rituel ou dans le *Manuale sacerdotum*, peuvent être données par tous les prêtres en particulier, même s'ils les appliquent à une croix, un tableau, une statue, etc.

Mais ils doivent Nous demander l'autorisation de donner ces bénédictions, lorsqu'elles s'appliquent à un objet destiné au culte public, ou lorsqu'elles s'accomplissent avec solennité, c'est-à-dire, avec accompagnement d'un servant au moins, et en présence des fidèles.

A plus forte raison, doivent-ils Nous demander l'autorisation de faire les bénédictions *réservées* du Rituel.

CHAPITRE L.

Des Confréries.

561. — Les Confréries sagement dirigées contribuent singulièrement au maintien de la foi et des habitudes chrétiennes dans une paroisse.

Nous avons dejà parlé de l'importance des Associations connues sous le nom d'Œuvres de jeunesse et de préservation en recommandant diverses œuvres paroissiales, diocésaines et générales (1.)

Nous Nous occupons ici des Associations connues sous le nom de Confréries ou Congrégations, c'est-à-dire des réunions de personnes qui se proposent de vivre chrétiennement en accomplissant un règlement commun, adapté à leur âge et à leur position, et qui se mettent, pour atteindre ce but, sous la

______

(1) Voir le Chapitre XXIV des Statuts, Art. 3. §. 2, 3 et 4.

protection de Notre-Seigneur ou d'un Saint dont la Confrérie ou Congrégation porte le nom.

762. — Les membres d'une Confrérie puisent une force plus grande pour pratiquer la vertu, dans l'exemple qu'ils se donnent, dans les pratiques pieuses auxquelles ils se livrent, et dans les prières qu'ils font les uns pour les autres.

Aussi, Nous invitons les Curés à établir dans leur paroisse une Confrérie au moins parmi celles qui leur paraissent répondre le mieux aux besoins de leurs paroissiens ou d'une partie d'entre eux, et surtout à maintenir et à ranimer les Confréries qui existent déjà. *Sodalitates istæ,* dit le Concile d'Amiens, *et præsertim quæ pristinis usibus et moribus magis sunt consentaneæ, ad cultum Dei, beatissimæ Mariæ virginis et sanctorum provehendum, et ad christianæ professionis scopum assequendum, pretiosa profectò auxilia conferre videntur* (1).

Cependant, la prudence doit régler leur zèle à cet égard : si les Confréries étaient trop multipliées dans une paroisse, on pourrait craindre qu'elles ne se nuisent mutuellement; et si les mêmes personnes étaient engagées dans un trop grand nombre d'associations pieuses, on s'exposerait à voir succéder au premier élan la lassitude et la négligence.

563. — D'après la Constitution de Clément VIII, du 7 décembre 1604, aucune Confrérie ne peut être érigée dans un diocèse, sans la permission de l'Ordinaire. Les Règlements de ces Confréries doivent être préalablement soumis à son approbation. Nous engageons même les curés à ne pas poser les bases de la Confrérie et à n'en pas essayer le fonctionnement, sans Nous avoir consulté.

Dans les paroisses où l'établissement d'une Confrérie ne paraîtrait pas possible, les curés établiront, en dehors des offices paroissiaux, une réunion de piété, qui aura lieu tous

____

(1) Conc. Amb. Cap. XIII.

les dimanches et fêtes d'obligation. Tous les paroissiens seront invités à y assister; mais, lors même qu'elle ne serait composée que des enfants du catéchisme, elle ne devra pas être omise.

Elle consistera dans la récitation du chapelet, et, autant que possible, dans quelques mots d'édification et le chant d'un cantique.

Elle pourra se confondre avec la réunion mensuelle de l'Association des Mères chrétiennes (1).

Elle se confondra avec l'exercice du chapelet dans les Eglises où cette dévotion est en honneur.

564. — Nous ne pouvons pas oublier ici la dévotion si touchante du mois de Marie. Nous nous réjouissons de la voir établie dans la plupart des paroisses du Diocèse : elle ne peut qu'attirer sur elles d'abondantes bénédictions.

Nous recommandons aussi la dévotion du mois du Sacré-Cœur au zèle et à la piété des pasteurs et des fidèles (2).

565. — Quant aux corporations, aux groupes d'ouvriers ou de personnes qui, sans former des confréries canoniquement érigées, ont cependant leurs fêtes religieuses, Nous autorisons les curés à se prêter aux louables désirs de ces associations, pourvu que tout se passe dans l'église avec convenance et dignité, et qu'on se tienne dans les limites des règles liturgiques, en ce qui concerne les offices qu'elles font célébrer.

Ils pourront profiter utilement de ces fêtes religieuses pour adresser à leurs paroissiens des avis sages et paternels qui, en produisant dans les cœurs une salutaire impresssion, disposeront les auditeurs à une vie plus chrétienne.

Ils feront tous leurs efforts auprès d'eux pour les amener à solliciter l'autorisation de transférer les fêtes de ces Confréries, lorsqu'elles tomberont un jour où il n'est pas permis d'user d'aliments gras.

(1) Voir le Chapitre XXIV des Statuts, N° 236.
(2) Voir les Saluts permis à l'occasion de ces dévotions. Chap. XLV. Art. 2 — N°s 536 et 538

566. — Lorsque les curés voudront célébrer ces fêtes en un jour de fête double, ou en transférer la solennité soit pour un an, soit habituellement, ils devront Nous en demander l'autorisation (1).

CHAPITRE LI.

Du culte des saints. — Des saintes images. — Des saintes reliques.

567. — L'Eglise attache une grande importance au culte des saints dont elle veut honorer les vertus par ses hommages, et obtenir la protection par ses prières.

Mais elle nous fait un devoir de veiller à ce qu'aucune pratique superstitieuse, erronée, vaine, intéressée ou non approuvée ne se glisse dans les honneurs que nous leur rendons.

568. — Il appartient aux curés d'éclairer leurs paroissiens sur la nature, l'objet, le but du culte des saints. Ils doivent prendre garde de ne parler qu'avec une grande circonspection des grâces extraordinaires, guérisons, apparitions, faits merveilleux, etc., quand ces prodiges n'ont pas été examinés et reconnus par l'autorité ecclésiastique.

569. — Ils ne doivent pas permettre de rendre un culte à des images ou statues qui ne représenteraient pas un mystère ou un saint reconnu par l'Eglise, ou qui ne seraient pas conformes aux modèles généralement adoptés par les règles liturgiques ou par l'usage.

570. — Si leur église possède des reliques, ils auront soin qu'elles soient toujours placées dans un endroit convenable et qu'elles ne soient exposées à aucune irrévérence. Ils ne devront les présenter à la vénération publique que si leur authenticité est bien établie, et si les pièces qui constatent cette authenticité

---

(1) Voir, à l'Appendice, l'Indult Pontifical relatif à ces concessions.—XVII.

ont été revêtues du *visa* de l'Ordinaire. Il faut, en outre, que ces reliques soient renfermées dans un reliquaire décent.

571. — Nous défendons à toute personne de briser, sans Notre autorisation, le sceau d'un reliquaire appartenant à une église ou à une chapelle publique, et de distraire une portion quelconque de la relique qui y est renfermée.

572. — Les titres d'authenticité des reliques doivent être conservés avec soin dans les archives de la paroisse, et une copie de ces titres doit être enfermée dans le reliquaire.

CHAPITRE LII.

Des saintes Huiles.

573. — Les Saintes Huiles doivent être, comme les saintes reliques, l'objet des soins particuliers et de la vénération spéciale des pasteurs.

Les vases qui les contiennent doivent être en argent (1). Chacun de ces vases aura sa propre inscription en lettres bien lisibles, afin d'éviter toute méprise. Ils seront conservés avec soin, dans un meuble propre, décent et fermant à clé.

Outre ces petits vases en argent, il est nécessaire, dans les archiprêtrés et les doyennés, d'en avoir d'autres plus grands, soit pour transporter les saintes huiles, soit pour en conserver une réserve pendant l'année courante. Ces vases doivent être en étain, s'ils ne sont pas en argent. Ils ne doivent être ni en verre ni en cuivre.

574. — La distribution des Saintes Huiles doit se faire à l'Eglise où à la sacristie, après convocation à cet effet (2).

(1) Nous permettons à MM. les Curés de se servir de vases en étain ou en verre pour recevoir les saintes huiles au chef-lieu du Doyenné, à condition qu'à leur retour, ils les verseront immédiatement dans les vases en argent.

Les vases en étain qui sont actuellement en usage sont tolérés.

(2) Voir le Chapitre VI. N° 23.

On doit se servir des saintes huiles consacrées le jeudi saint précédent, à partir du jour où elles ont été distribuées.

Nous recommandons aux curés qui peuvent facilement se procurer des huiles nouvelles avant le samedi saint, de s'en servir pour l'office de ce jour.

On se rendrait coupable d'une négligence grave, si on retardait l'usage des saintes huiles nouvelles jusqu'à la veille de la Pentecôte inclusivement.

575. — Si, au jour du renouvellement des saintes huiles, il en reste encore d'anciennes, on les versera dans la lampe de l'église, ou, mieux encore, on en imbibera du coton que l'on brûlera et dont on jettera les cendres dans la piscine. Les vases seront ensuite soigneusement purifiés à l'intérieur et à l'extérieur.

Nous recommandons aux doyens de ne point délivrer les saintes huiles dans des vases qui ne réuniraient pas ces conditions.

576. — L'eau baptismale doit être aussi l'objet d'un grand respect; on la conservera dans un état de grande propreté, ainsi que la burette ou coquille qui sert à l'administration du baptême.

Elle doit être protégée par un couvercle fermé à clé.

CHAPITRE LIII.

Des Cimetières et de la Sépulture ecclésiastique.

577. — Le cimetière est considéré, dans le droit canonique, comme un appendice nécessaire de l'église paroissiale. Lorsqu'il est adjacent à l'église, il est bénit avec elle. Les mêmes causes qui déterminent la perte de la bénédiction des églises, déterminent celle de la bénédiction des cimetières. Mais la profanation du cimetière n'entraîne pas la profanation de l'église.

578. — Les curés inspireront aux fidèles un grand respect pour la dépouille des morts et pour le cimetière où ils attendent la résurrection générale.

Ils feront tous leurs efforts pour conserver aux cimetières leur caractère catholique, pour faire bénir les nouveaux cimetières, et pour écarter toutes les causes qui leur feraient perdre leur bénédiction.

Mais si les circonstances les obligent à fermer les yeux sur les infractions aux lois ecclésiastiques relatives à cette terre sacrée, ils auront soin de bénir chaque tombe en récitant l'oraison du Rituel, *Deus, cujus miseratione*, avec le cérémonial prescrit, avant de lui confier la dépouille mortelle du défunt.

579. — Nous croyons toutefois devoir rappeler les règles principales tracées par l'Eglise sur les inhumations :

Tout cimetière doit être bénit solennellement par Nous ou par Notre délégué. Une croix doit y être érigée. Une partie du terrain, non bénite, est exclusivement réservée aux enfants morts sans baptême et aux personnes non catholiques.

On doit refuser la sépulture ecclésiastique, d'après le Concile de Soissons (1), aux infidèles et à ceux qui sont nommément excommuniés. Le cimetière serait pollué par leur inhumation.

On doit encore la refuser à ceux qui sont publiquement hérétiques, schismatiques, apostats ; à ceux qui sont morts en se battant en duel ou dans un autre acte évidemment criminel, s'ils n'ont pu donner, avant de succomber, aucune marque de repentir ; à ceux qui se sont suicidés en pleine connaissance ; à ceux qui ont refusé par impiété, avec scandale et devant témoins, les sacrements de l'Eglise, et enfin aux enfants morts sans baptême.

Un inconnu qu'on trouverait mort recevrait la sépulture ecclésiastique, à moins qu'il ne fût prouvé qu'il n'était pas catholique ou qu'il s'est suicidé.

580. — On ne doit permettre, en aucun cas, de déposer sur le cercueil aucun emblème d'associations réprouvées par l'Eglise.

581. — En règle générale, l'inhumation doit avoir lieu dans la paroisse sur le territoire de laquelle a eu lieu le décès. Mais Nous engageons les curés à accorder facilement aux familles, sous la réserve des droits fixés par le tarif, l'autorisation de faire inhu-

(1) Conc. Suess. Tit. IX. Cap. IV.

mer un de leurs membres dans une autre paroisse ; et, pour éviter à l'avenir toute difficulté relative à l'interprétation de l'article 8 du tarif diocésain, Nous décidons que, dans ce cas, les familles seront libres de choisir la classe qui leur conviendra, soit pour la présentation du corps dans la paroisse du décès, soit pour le service d'inhumation, dans la paroisse où le défunt sera transporté.

Le curé de la paroisse du décès devra toujours faire parvenir au curé chargé de l'inhumation un certificat constatant que le défunt est mort dans la religion catholique, et que la famille est autorisée à le faire inhumer ailleurs.

Tout prêtre doit réclamer ce certificat avant de procéder à l'inhumation.

582. — D'après l'article 77 du Code civil, aucune inhumation ne doit être faite sans une autorisation sur papier libre délivrée sans frais, par l'officier de l'état civil.

583. — La police des cimetières appartient aux autorités locales. Si un pasteur remarquait des abus ou des irrévérences relativement à ces lieux si dignes de respect, il les en préviendrait avec les égards convenables, et, en cas de refus d'y remédier, il Nous en donnerait avis.

TROISIÈME SECTION.

ADMINISTRATION TEMPORELLE DES PAROISSES.

CHAPITRE LIV.

Des Fabriques.

584. — Bien que l'administration temporelle des fabriques ne relève pas exclusivement de l'autorité des curés, le pasteur, mieux placé que personne pour connaître les besoins du culte et les nécessités du service religieux, doit exercer une grande influence dans la discussion et la décision des affaires relatives au culte, surtout dans les paroisses rurales. Il est donc très important qu'il s'entretienne dans la connaissance, non seulement des règles canoniques, mais aussi des lois, décrets, ordonnances et règlements qui concernent les fabriques et règlent leur organisation, leurs charges et leurs attributions. Il doit aussi se tenir, autant que possible, au courant des modifications qui seraient introduites dans la jurisprudence.

585. — Nous recommandons aux pasteurs de ne pas accepter les fonctions de président du conseil ou du bureau de fabrique, comme aussi de décliner avec fermeté les fonctions de trésorier ou de secrétaire, sauf à venir en aide au trésorier et au secrétaire en titre.

586. — Nous les supplions de veiller à ce que les conseils et les bureaux de fabrique se maintiennent dans une situation régulière et fonctionnent d'une manière conforme aux lois.

Ils ne devront jamais attendre plus de trois mois pour faire les élections partielles destinées à compléter le conseil ou le bureau. S'ils rencontrent des difficultés, ils Nous en préviendront.

587. — Ils seront particulièrement attentifs à la bonne gestion des fonds de la fabrique. Les budgets seront préparés, discutés et arrêtés aux époques fixées ; les comptes seront rendus avec clarté et appuyés de pièces régulières. Il serait humiliant pour les fabriques, de nos jours surtout, que leur comptabilité laissât voir un désordre que ne connaît pas celle des communes.

588. — Le bureau des marguilliers doit tenir en ordre un double inventaire : l'un du mobilier de l'église, l'autre des titres, papiers et documents relatifs aux biens de la fabrique.

Il doit faire, chaque année, le récolement de ces inventaires, avant la *Quasimodo*.

589. — Un tableau des fondations doit être affiché dans la sacristie.

590. — Chaque fabrique doit posséder un coffre ou une armoire à trois clés, pour y déposer l'argent, les titres, les inventaires, les registres et les clés des troncs.

591. — Tout en s'occupant activement des intérêts de leur église, les curés éviteront avec soin de dépasser leurs droits, de s'emparer de l'administration qu'ils doivent partager avec le conseil, de faire des dépenses qui n'auraient pas été régulièrement votées, ou de les faire sans le concours ou l'assentiment du trésorier, etc.

592. — Ils donneront toujours, au sein du conseil de fabrique, l'exemple de la modération, de la charité, et, s'il le faut, de l'abnégation et de l'humilité, sauf à Nous avertir si tous les droits légitimes n'étaient pas respectés.

CHAPITRE LV.

Des Fondations.

593. — D'après le droit canonique, les fondations de services religieux ne peuvent être établies que par l'Ordinaire ; c'est à lui également qu'il appartient d'en régler les honoraires et d'apprécier la valeur des garanties dont il importe de les entourer.

Notre approbation doit donc toujours être sollicitée pour l'acceptation des libéralités grevées de fondations, pour le tarif de leurs charges et pour le placement de leurs capitaux, quand elles ne reposent pas sur des immeubles (1).

594. — Nous conseillons de transcrire sur un registre *ad hoc* tous les titres de fondation de la fabrique, par ordre chronologique.

595. — Toutes les fondations doivent être acquittées exactement, selon les intentions des fondateurs, sans qu'on puisse en employer les fonds même en partie, à une autre destination, ou qu'on y fasse aucun changement, ou aucune réduction, sans Notre autorisation.

Nous n'avons pas besoin de rappeler les peines canoniques encourues par ceux qui s'approprient ou appliquent à d'autres usages, sous quelque prétexte que ce soit, les biens légués pour être employés au service divin ou en œuvres de piété et de charité (1).

CHAPITRE LVI.

Des droits temporels des Curés.

596. — Les curés nommés à une paroisse en prendront possession à l'époque que Nous aurons déterminée. Ils feront constater cette prise de possession par le bureau des marguilliers.

Le procès-verbal de cette prise de possession sera inscrit sur le registre des délibérations de la fabrique. Une triple expédition Nous en sera immédiatement transmise.

Les curés devront, en outre, dans la quinzaine qui suivra leur prise de possession, faire enregistrer leur nomination sur le registre décanal, sous peine de nullité.

597. — A partir du jour de leur prise de possession, les curés ont droit au logement, au traitement et au casuel. Ils ont aussi le droit de régler la police du culte dans les Eglises qu'ils desservent.

(1) Voir, à l'Appendice, divers renseignements sur l'administration des fabriques. — XVIII.

ARTICLE 1er.

Du logement et de ses dépendances.

598. — Tout curé a droit à la jouissance d'un presbytère, s'il en existe un, ou à une indemnité de logement, s'il n'en existe pas. Il a droit, en outre, à la jouissance des dépendances du presbytère, et de tous les biens da la cure ou succursale, quelle que soit leur nature, sauf à donner, s'il y a lieu, une indemnité au prédécesseur ou à ses ayant-droit. Il n'appartient donc pas au prédécesseur de s'indemniser lui-même des frais qu'il a pu faire, en s'attribuant ce qui, régulièrement, doit rester attaché à la propriété le jour où il cesse ses fonctions.

599. — Lorsqu'une succursale vacante est desservie *par binage*, le prêtre qui en fait le service a droit à la jouissance du presbytère et du jardin, s'ils existent. Il ne doit pas les affermer ni les laisser affermer sans Notre autorisation, et sans Nous avoir soumis les conditions du bail.

600. — Il est essentiel qu'un curé, soit à son entrée dans une paroisse, soit à sa sortie, fasse, de concert avec le maire ou le président du Conseil de fabrique, dresser un état de situation du presbytère et de ses dépendances.

Le double de cet état doit rester entre ses mains.

Il doit aussi faire, dans les mêmes circonstances, un récolement de l'inventaire du mobilier de l'Eglise, ainsi que de tous les papiers et registres de la fabrique et de la cure ou succursale.

Sa signature doit être apposée au bas de l'Etat de situation et de l'inventaire, avec celle du maire ou du président du Conseil de fabrique.

Nous attachons d'autant plus d'importance à l'accomplissement de ces formalités que c'est le seul moyen d'éviter qu'aucun objet ne s'égare, et, au besoin, de déterminer les

---

(1) *Const. Apostolicæ sedis*, III. Excomm. latæ sent. nem. reserv.

responsabilités relativement aux pertes ou aux désordres qui peuvent être constatés plus tard.

601. — Les curés qui jouissent des droits de la cure ou succursale, en sont aussi les conservateurs. Ils doivent donc agir en usufruitiers consciencieux et être toujours en mesure de remettre à leur successeur, en bon état, le dépôt qui leur est confié.

602. — Ils ne doivent et ne peuvent laisser distraire, pour quelque destination que ce soit, aucune partie, même superflue, du presbytère et de ses dépendances. Cette distraction ne peut être autorisée, s'il y a lieu, qu'après un avis donné par Nous, et dans l'intérêt d'un service public.

Si des projets de ce genre étaient formés par les communes, les curés devraient Nous en prévenir sans retard.

603. — Un curé est tenu aux réparations locatives du presbytère ainsi qu'au paiement des dégradations survenues par sa faute.

Les doyens n'oublieront pas la mission dont Nous les avons chargés à ce sujet au Numéro 115.

ARTICLE 2.

Du traitement et du casuel.

604. — Les curés, vicaires, et généralement tous les prêtres qui possèdent un titre rétribué, ont droit au traitement attaché à ce titre, à partir du jour de leur prise de possession.

Des décisions formelles du Saint-Siège déclarent que les traitements des curés et desservants *induunt naturam fructuum beneficii ecclesiastici* (1).

605. — Le casuel doit être perçu aux termes du tarif diocésain approuvé par le Gouvernement, sans diminution ni augmentation du taux fixé.

______

(1) S. Pœnitentiaria, pluries, præsertim 9 januarii 1823.

Nous n'entendons pas toutefois interdire aux Ecclésiastiques d'abandonner la rétribution qui leur est due, à titre gracieux, dans des cas particuliers : mais il ne doivent pas renoncer au casuel par une mesure générale. Les concessions de ce genre sont ordinairement, pour les successeurs de ceux qui les ont faites, la source de grandes difficultés.

606. — Le tarif approuvé par le Gouvernement doit être adopté, sans modification, dans toutes les paroisses, à moins d'une dispense formelle de Notre part donnée par écrit.

Toutefois, en réclamant leurs droits, les prêtres éviteront avec soin tout ce qui pourrait justement donner lieu de leur part au soupçon d'avarice.

A plus forte raison éviteront-ils d'introduire, dans leurs paroisses, de nouveaux usages qui n'auraient pour motif ou pour but que leur intérêt personnel.

Article 3.

De la police du culte.

607. — Le curé a le droit de régler, en se conformant aux lois de l'Eglise et aux ordonnances diocésaines, tout ce qui regarde l'exercice du culte dans l'intérieur de son Eglise.

A lui seul, il appartient de fixer l'heure des offices et l'ordre des cérémonies religieuses, de prendre la parole dans le lieu saint, de veiller à ce que le placement des bancs et des chaises ne nuisent en rien à la liberté et à la dignité du culte, etc.

608. — Nul ne peut disposer d'une place, dans l'Eglise, sans son assentiment.

Les fabriciens ont droit à un banc, dit *de l'Œuvre*, et les autorités à une place distinguée dans le *chœur* ou dans la *nef*, lorsqu'elles assistent *officiellement*, à des cérémonies ou à des prières demandées par le Gouvernement.

609. — Nous recommandons aux curés d'exercer le droit de police que les canons leur confèrent et que la loi leur reconnaît, avec beaucoup de prudence, d'impartialité et de douceur. Dans la répression de certains désordres, ils n'oublieront jamais ce qu'ils doivent à la dignité et à la sainteté du culte divin. Ils se garderont bien d'interrompre des cérémonies commencées ou de quitter l'autel pour s'occuper, par eux-mêmes, des soins de la police, et ils éviteront, dans leurs paroles et même dans le ton de la voix, tout ce qui pourrait troubler ou mal édifier les fidèles.

610.— Si quelques désordres graves avaient lieu dans l'Eglise, s'il était porté atteinte à la liberté du culte ou au respect dû aux ministres de la religion dans l'exercice de leurs fonctions, le curé devrait Nous en informer avant de porter plainte et de réclamer aucune mesure répressive.

611. — Les cloches des Eglises sont, comme les autres objets consacrés au service de Dieu, confiées à la garde du curé et placées sous sa surveillance.

612. — Elles ont reçu une bénédiction solennelle qui les a destinées au culte divin : elles ne doivent donc être employées à des usages profanes que dans des circonstances déterminées, avec l'autorisation de l'Evêque.

613. — Nous invitons les curés à se conformer, sous ce rapport, aux règlements établis de concert par les autorités ecclésiastique et civile. S'ils rencontrent des difficultés, ils se feront un devoir de Nous les soumettre; mais ils ne laisseront établir aucun usage nouveau, en ce qui concerne l'usage des cloches, sans Notre approbation.

614. — Nous les engageons à dresser un règlement des sonneries religieuses auxquelles le sonneur devra se soumettre pour les heures et le mode de chaque sonnerie. Il n'est pas décent d'abandonner au bon vouloir ou aux caprices de cet employé, le soin de fixer ce qui concerne l'usage des cloches.

615. — Il appartient encore au curé de régler ce qui a rapport aux quêtes conformément aux lois et aux prescriptions de l'Ordinaire.

Il doit veiller à ce qu'elles se fassent régulièrement, tenir un compte exact des quêtes faites pour d'autres besoins que ceux de la fabriqne, aider les marguilliers à recueillir et à placer en lieu sûr les quêtes dont le produit est destiné à l'Eglise, et s'assurer qu'elles ne donnent lieu à aucun désordre ni à aucun abus incompatible avec la sainteté de l'édifice sacré et des offices qui s'y célèbrent.

Nous interdisons toute quête non prévue par la loi ou par les réglements diocésains qui n'aurait pas pour but de subvenir aux besoins du culte.

Nous interdisons aussi les quêtes provoquées par des personnes étrangères, si elles n'ont pas reçu une autorisation écrite de Notre main. Cette condition est essentielle.

CHAPITRE LVII.

Des Registres paroissiaux.

616. — La tenue exacte des registres paroissiaux est d'une grande importance pour la bonne administration d'une paroisse : elle est aussi bien souvent d'un grand intérêt pour les fidèles. Nous désirons vivement que les curés et les vicaires s'en occupent avec soin, et qu'ils la considèrent comme un objet digne de leur zèle.

617. — Dans toutes les paroisses du diocèse, il y aura pour chaque commune et pour tout établissement dans lequel ont lieu des baptêmes, des mariages, des sépultures ou des premières communions, un registre en double exemplaire, coté et paraphé par un de Nos vicaires généraux, sur lequel seront inscrits les actes de baptêmes et de mariages, les sépultures, les premières communions et les confirmations.

618. — Tous les actes seront écrits lisiblement, correctement, selon les formules adoptées dans le diocèse. Ils seront rédigés en entier, au jour le jour, sans lacune, sur les deux exemplaires, et signés par le curé ou par son remplaçant. Les actes de baptême seront signés, en outre, par le parrain et la marraine, et les actes de mariage, par les époux et les témoins.

Si une correction ou une addition est nécessaire, elle sera approuvée à la marge.

619. — Si les curés, vicaires ou aumôniers n'écrivent pas eux-mêmes tous les actes, ils n'en confieront la rédaction qu'à une personne de confiance, et, avant d'y apposer leur signature, ils s'assureront par eux-mêmes que toutes les prescriptions précédentes ont été observées.

620. — Le numéro d'ordre, la nature de l'acte, les noms des personnes qui en sont l'objet seront reproduits à la marge en lettres plus apparentes.

Une table alphabétique, par nature d'actes, avec l'indication des numéros d'ordre et des pages du registre sera dressée, à la fin de l'année, sur les deux exemplaires qui seront clos par le curé, et dont l'un sera renvoyé à l'Evêché, tous les deux ans, dans la première quinzaine de janvier.

621. — Nous engageons tous les curés à avoir un registre dit *de paroisse* sur lequel ils inscriront :

1° Tout ce qui intéresse directement la paroisse, sa fondation, son antiquité, les monuments qui s'y trouvent, les traditions qui s'y conservent, ses usages, ses coutumes particulières, etc.

2° Les noms des bienfaiteurs qui auraient fait faire, à leurs frais, quelques réparations considérables, construire une chapelle, un clocher, un autel ; qui auraient donné des vases sacrés, une cloche, un riche ornement, etc.

3° Les noms des curés qui ont successivement gouverné la paroisse, l'époque de leur prise de possession, celle de leur changement ou de leur mort, etc.

4° Le jour des visites pastorales, les principales ordonnances ou recommandations qui ont été faites par l'évêque, les cérémonies qui ont eu lieu, et particulièrement celles de la confirmation.

5° Les évènements importants au point de vue spirituel et temporel, et en général tous les renseignements relatifs à l'histoire locale, et surtout à l'histoire de la religion dans la paroisse, pourvu qu'ils ne portent pas atteinte à la paix ou à l'honneur des familles.

622. — Ce registre sera placé en lieu sûr avec tous les autres registres et documents, conformément à ce que Nous avons dit précédemment (1).

(1) Voir le Chapitre XIX des Statuts, N°⁵ 79, 80, 81.

TROISIÈME PARTIE

DES JUGEMENTS ECCLÉSIASTIQUES.

CHAPITRE LVIII.

Du pouvoir judiciaire dans l'Eglise et des diverses formes de jugements.

625. — L'Eglise étant une société parfaite, possède, outre la puissance doctrinale et législative, la puissance judiciaire.

Cette puissance se rapporte à toutes les matières spirituelles et s'étend à tous les chrétiens baptisés. Mais le plus souvent, en France du moins, elle ne s'exerce qu'à l'égard des ecclésiastiques; et c'est principalement sous ce point de vue restreint que Nous l'envisageons ici.

624. — Le pouvoir judiciaire appartient au Souverain-Pontife dans toute l'Eglise, et à l'Evêque dans tout son diocèse, en vertu de cette parole qui leur a été dite dans la personne des apôtres : *Tout ce que vous lierez sur la terre sera lié dans le ciel, et tout ce que vous délierez sur la terre sera délié dans le ciel* (1).

Les évêques peuvent exercer leur pouvoir judiciaire ou immédiatement et par eux-mêmes, ou médiatement et par un ou plusieurs mandataires. Dans l'un et l'autre cas, ce pouvoir s'exerce ou ordinairement et selon les formes solennelles, ou extraordinairement, dans les jugements sommaires.

625. — Soit qu'il s'exerce de l'une ou de l'autre manière, il est soumis à des formalités qui sont essentielles à tout jugement, telles que la citation et l'interrogatoire de l'accusé, l'audition des témoins et la liberté de la défense.

---

(1) Matth. XVIII, 17.

S'il s'agit d'un jugement ordinaire, les principales formalités requises par le droit sont : une triple citation canonique, la sentence rédigée *par écrit* avec l'indication de la *cause* pour laquelle la censure est portée (1).

Il n'y a qu'une exception à ces règles : c'est celle qui a pour objet les dispenses prononcées *extrajudiciairement* et dites *ex informata conscientia*.

CHAPITRE LIX.

Des Officialités.

626. — Quoique les Officialités n'aient plus parmi nous d'existence *légale* au point de vue civil, elles ne sont pas sans avantages.

Il est bon que l'Evêque confie à un mandataire le soin de poursuivre les violations des saintes règles, et le pouvoir avec le devoir de les réprimer par des peines convenables.

Il est juste aussi que les accusés puissent, autant que le permet l'état actuel de l'Eglise de France, en dehors des cas où l'Evêque croirait devoir juger seul, s'entourer des garanties de la procédure canonique.

627. — Quel que soit le jugement épiscopal qui frappe un ecclésiastique, il est défendu, par le droit canonique, d'en appeler devant les juges séculiers sous peine d'excommunication spécialement réservée au Souverain-Pontife (2).

628. — Quoique les Officialités n'aient, par leur droit propre, à connaître que des causes canoniques, elles peuvent servir utilement d'arbitrage pour tout différend entre ecclésiastiques, ou même entre des ecclésiastiques et des laïques qui consentiraient à l'accepter comme arbitre.

629. — Comme les biens dont jouissent les ecclésiastiques,

(1) Cap. *Cum medicinalis, de sent. Excomm. in sexto.*
(2) Excommunication *latæ sententiæ*, spécialement réservée : N° VI.

indépendamment des biens purement temporels, sont de deux ordres, les uns spirituels et les autres mixtes, les peines qui peuvent les atteindre sont de deux sortes : les peines spirituelles ou les censures, et les peines *mixtes*.

630.—Les censures proprement dites sont de véritables peines *spirituelles* qui atteignent les coupables, même malgré eux.

Les unes sont communes aux ecclésiastiques et aux fidèles ; les autres n'atteignent que les ecclésiastiques.

Les premières sont l'excommunication, et l'interdit qui est local ou personnel.

Les secondes sont : la suspense dans ses diverses espèces, savoir : la suspense, qui est par elle-même et directement une censure, la suspense qui est directement et principalement *pénale* et la suspense *ex informata conscientia*.

631. — La violation d'une suspense, quelle qu'elle soit, entraîne la peine de l'irrégularité ; car, quoiqu'en général l'irrégularité ne soit pas une peine, mais un empêchement, elle prend le caractère de peine, lorsqu'elle provient *ex delicto*.

632.—Les peines qu'on peut appeler *mixtes* sont :

1° La privation de certains fruits des bénéfices ;

2° La privation du bénéfice lui-même ou du titre, et même la déposition et la dégradation.

633. — Les peines prononcées par les jugements ecclésiastiques peuvent encore être des peines simplement disciplinaires ou médicinales. Ces peines sont : l'avertissement, la réprimande, et l'envoi pour un temps dans une maison de retraite.

634. — Comme l'ignorance coupable des censures peut avoir, en certains cas, les plus graves conséquences, Nous exhortons tous les prêtres à étudier avec soin toutes les questions relatives à cette matière.

635. — Nous rappelons que, conformément au droit, toute ordonnance ou toute défense portée par Nous *sous peine de suspense* suppose une obligation grave. Si les circonstances enlevaient à la violation de la loi le caractère d'une faute mortelle, la suspense ne serait pas encourue.

656. — Nous recommandons aussi instamment l'étude de la question des *Irrégularités*, principalement par la lecture du Chapitre X *de Irregularitatibus*, du Concile de Reims.

657. — Il doit Nous suffire de rappeler à cet égard : 1° que tout ecclésiastique dans les ordres sacrés contracte l'irrégularité par la violation d'une censure; 2° que le pouvoir général que Nous accorderions de dispenser de l'irrégularité ne s'étendrait ni aux irrégularités *ex defectu*, même secrètes, ni à l'irrégularité provenant de l'homicide volontaire, même secret, ni aux irrégularités portées au for contentieux; mais qu'il s'étendrait aux autres irrégularités *ex delicto* qui seraient occultes dans le sens du droit (1).

Une irrégularité *ex delicto* peut être publique, quoique l'acte par lequel on l'a encourue soit secret : ainsi un prêtre dont l'excommunication est publique et qui a célébré la sainte messe en secret a encouru une irrégularité publique; mais, si l'excommunication est secrète, l'irrégularité est aussi secrète, quoique la messe ait été célébrée publiquement.

658. — Les prêtres autorisés à dispenser de l'irrégularité se serviront de la formule indiquée dans le Rituel Romain. Mais ils n'oublieront pas qu'ils ne peuvent, comme Nous, absoudre que Nos sujets, ou ceux qui passent la plus grande partie de l'année dans Notre diocèse, ou encore les vagabonds. Toutefois, ils peuvent absoudre Nos diocésains, même lorsque ceux-ci demeurent momentanément dans un diocèse étranger.

659. — Cela posé, Nous déclarons maintenir dans Notre diocèse le tribunal de l'Officialité, établi conformément aux prescriptions du Concile de Soissons (2).

Ce tribunal est chargé de juger, en Notre nom, les causes qui appartiennent à Notre juridiction contentieuse, au sujet de la foi, des mœurs et de la discipline, et que Nous ne jugeons pas à propos de Nous réserver.

(1) Conc. Trid. Sess. XXIV. *De Reform.* Cap. 6.
(2) Conc. Suess. Tit. XVII. Cap. 1.

Il connaît aussi des causes matrimoniales.

640. — L'Officialité se compose de trois membres : l'official et deux assesseurs, dont l'un remplit les fonctions de vice-official, lorsque l'official est absent, empêché ou récusé.

Les assesseurs n'ont que voix consultative sur l'application de la peine ; mais Nous leur accordons voix délibérative sur la question de culpabilité.

641. — Nous nous réservons le droit de présider Nous-même le tribunal de l'Officialité, lorsque Nous le jugerons opportun, et alors l'official et les assesseurs n'auront que voix consultative sur toutes les questions. En tout cas, aucun jugement ne sera mis à exécution sans Nous avoir été communiqué.

642. — Un greffier ou secrétaire est attaché à l'Officialité et a pour mission d'écrire les actes de l'Officialité et de la procédure judiciaire.

643. — Il y a aussi, auprès de l'Officialité, un promoteur, et, au besoin, un vice-promoteur.

Le promoteur veille à l'observation des ordonnances et des règles de la discipline ecclésiastique dans tout le diocèse. Il lui appartient de poursuivre, devant l'Officialité, les causes dont ce tribunal a droit de connaître. Il appelle et entend les accusés ainsi que les témoins à charge et à décharge. Il dresse procès-verbal des interrogatoires et des réponses, et il donne ses conclusions dans toutes les affaires.

644. — Les dignitaires de l'Officialité sont nommés par l'Évêque, et révocables à sa volonté.

645. — Les ecclésiastiques du diocèse devront obéir aux assignations du promoteur, et se soumettre aux jugements de l'official. Il n'est pas permis d'appeler de l'Évêque à l'official, ni de l'official à l'Évêque ; mais, dans les cas prévus par le droit, tout ecclésiastique condamné à une peine canonique par l'Officialité conserve la faculté d'en appeler au Souverain-Pontife. L'appel est, de sa nature, suspensif. Néanmoins, toute censure doit avoir immédiatement ses effets.

646. — Nous nous réservons d'user, lorsque Nous le jugerons à propos, de la faculté que Nous accordent les saints Canons d'agir extra-judiciairement, comme il va être expliqué dans le Chapitre suivant.

CHAPITRE LX.

Des Suspenses ex informata conscientia.

647. — Le Concile de Trente a établi que «nulle permission « accordée contre la volonté d'un Prélat pour se faire promou- « voir à un ordre supérieur, et nul rétablissement dans les fonc- « tions des ordres déjà reçus ne pourraient être valables en faveur « d'un Ecclésiastique auquel la promotion à des ordres sacrés « aurait été interdite par son Prélat, pour quelque cause que ce « fût, même pour un crime secret, et d'une manière quelconque, « même extrajudiciairement; ni en faveur d'un Ecclésiastique « qui aurait été suspendu des fonctions de ses ordres ou de sa « dignité ecclésiastiques (1)».

648. — Cette disposition disciplinaire a introduit dans le droit canon les suspenses *ex informata conscientia*. Ce mode de jugement, parfaitement légitime dans les cas prévus par le droit (2), est très souvent le seul possible. La violation d'une suspense *ex informata conscientia* entraîne l'irrégularité comme la violation d'une suspense prononcée avec toutes les formes judiciaires.

649. — Il y a entre cette censure et les autres plusieurs dif- férences : 1° les autres censures sont prononcées judiciairement et avec certaines formalités ; la suspense *ex informata conscientia* est prononcée extrajudiciairement et sans aucune formalité, sans monition, sans audition de témoins, sans débat et sans que la cause de la censure soit exprimée ; 2° les autres censures ne peuvent être prononcées pour un crime occulte ; 3° le droit d'*appel*

____

(1) Conc. Trid. Sess. XIV *de Reform.* C. 1.
(2) Bulle *Auctorem Fidei,* — Prop. XXIX et XXX.

n'existe pas pour les sentences *ex informata conscientia*, mais seulement le droit de *recours* au Saint-Siège, qui n'a pas d'effet suspensif.

L'Evêque, pour porter cette sentence, n'a besoin que de preuves propres à lui donner à lui-même et à la Sacrée Congrégation du Concile, s'il y a *recours*, la certitude morale que le crime a été commis par celui qui est frappé.

CHAPITRE LXI.

Des Synodes.

650. — Les Synodes ont été établis par l'Eglise pour maintenir la régularité de la discipline ecclésiastique dans un Diocèse et pour en accommoder les dispositions aux besoins variables du clergé et des fidèles.

651. — « C'est par le moyen des Synodes, disait Monseigneur « Vialard dans son Mandement du 6 août 1643, que le culte de « Dieu est entretenu, que la discipline ecclésiastique est rétablie, « conservée et perfectionnée ; que la foi des peuples est affermie, « que l'erreur, l'ignorance et le vice sont éloignés du sanctuaire ; « que les dissensions qui se rencontrent quelquefois entre les « frères cessent ; que les pasteurs se remplissent de zèle et « prennent de nouvelles forces pour surmonter les difficultés « qui accompagnent l'exercice du ministère, étant animés par le « bon exemple qu'ils se donnent les uns aux autres, et par les « remontrances salutaires qu'ils reçoivent de la bouche de leurs « prélats. »

652. — Quoique le vœu du Concile de Trente, rappelé par celui de Soissons soit dépassé, quant à l'esprit de la loi, par la pratique régulière des retraites pastorales, quand un Synode doit avoir lieu, tous les Ecclésiastiques convoqués sont obligés de s'y rendre. En cas d'empêchement légitime, ils requièrent dispense de cette obligation.

653. — Chacun se comporte dans ces saintes assemblées avec la modestie qui convient aux prêtres du second ordre,

Il y reçoit Nos avis et Nos conseils, comme émanés de Dieu même. Il regarde le Synode comme un temps de grâces et de bénédictions et il y correspond par un sincère recueillement.

654. — Chacun donne son avis sur les questions proposées, selon les lumières de sa conscience, et pour la plus grande gloire de Dieu. Celui qui parle s'exprime en peu de mots, assez haut pour être entendu de tous, mais toujours avec calme et avec réserve.

655. — Il n'oublie pas qu'il a dans cette assemblée voix seulement consultative, et que toute décision appartient exclusivement à l'Evêque.

CHAPITRE LXII.

Des Censures.

I.

De iis qui censuras incurrunt.

656. — 1° Censuræ sunt *latæ sententiæ* vel *ferendæ sententiæ*. Censura *latæ sententiæ* incurritur statim, sola legis violatione, absque ulla judicis sententia. Censura *ferendæ sententiæ* non incurritur nisi post sententiam judicis.

2° Ad incurrendam censuram requiritur ut peccatum sit grave, quatenus internum simul et quatenus externum ; requiritur insuper ut sit in genere suo completum, nisi aliter notetur in lege.

3° Censuræ non incurruntur ab impuberibus nisi hoc expressum sit in lege. Expressus autem in jure duplex tantum casus invenitur, scilicet : violatio clausuræ monialium et violenta percussio clerici.

Impuberes sunt puellæ annis duodecim et mares annis quatuordecim minores.

4° Sæpe accidit ut inter censuram incurrentes dicantur comprehendi illi, qui *auxilium, consilium, favorem* præbent actionibus prohibitis. Hæc autem ita sunt intelligenda, ut interveniat *formalis cooperatio* et *realis adhæsio.*

II.

De causis a censura excusantibus.

657. — 1° Ignorantia inculpabilis, seu leviter tantum culpabilis, sive legis actum prohibentis, sive censuræ ei annexæ, excusat a censura.

Attamen, si in decreto censuræ dicatur : *qui hoc fecerit scienter, consulto, qui præsumpserit,* etc., ignorantia etiam crassa excusat a censura.

2° Si, inquisitione facta, remaneat vel dubium facti, quia nempe peccatum non fuerit certo commissum, certo externum, certo completum, certo mortale, vel dubium juris, an existat lex sub censura imposita, an extendatur ad talem casum, non adest censura nec etiam reservatio pro casibus independenter a censura reservatis.

3° Metus gravis, v. g. metus amittendi vitam, famam, fortunam, excusat a censura, dummodo non incutiatur in contemptum Ecclesiæ.

4° Generaliter quidquid excusat vel a gravitate peccati interni, vel a gravitate actûs externi, excusat a censura.

5° Quia casus Summo Pontifici cum censura reservati, sunt principaliter reservati propter censuram, quando non incurritur censura, cessat et reservatio.

III.

De absolutione à censuris.

658. — 1° A censuris speciali modo Summo Pontifici reservatis nemo potest absolvere nisi sit ad hoc *specialiter* delegatus, etiamsi agatur de censuris occultis. Hinc generalis delegatio non sufficit, sed requiritur ut in illa delegatione mentio fiat explicita de casibus speciali modo reservatis.

2° Quoad censuras Summo Pontifici simpliciter reservatas, sunt occultæ vel non. Si non sunt occultæ, nemo ab eis absolvere potest, sine delegatione. Ab occultis vero, episcopus, vel, sede vacante, capitulum, per se aut per alium ad id specialiter deputandum, absolvere potest.

Id dicitur occultum quod a nemine vel a paucis tantum noscitur ità ut probabiliter in notitiam communitatis aut parochiæ non devenerit.

3° Omnes censuræ, sive occultæ, sive non occultæ Summo Pontifici vel simpliciter vel etiam specialiter reservatæ, devolvuntur ad episcopum, qui tunc, ex jure communi, per se vel per delegatos, ab eis absolvere potest, quando pœnitens versatur in impossibilitate Romam personaliter adeundi.

Impossibilitas dicitur omnis gravis et justa causa Romam adire impediens. Quæ provenire potest ex impedimento vel perpetuo, vel ad longum tempus, vel ad breve tempus.

Si impedimentum sit perpetuum, id est, quando saltem per quinquennium durare debet, tunc nulla remanet obligatio pro pœnitente qui ab episcopo absolutus est, Romam adeundi neque per se, neque per litteras.

Si impedimentum sit ad longum tempus, quod computatur a sex mensibus ad quinquennium, remanet pro absoluto, cessante impedimento, onus ad sedem apostolicam recurrendi saltem per libellum supplicem ; alioquin ipso facto eamdem censuram rursum incurrit.

Si impedimentum sit ad breve tempus, vel urget causa vel non. Si 1°, ut necessitas celebrandi, periculum infamiæ, seu scandali, pœnitens absolvi potest *indirecte* a quolibet confessario, sed sub onere tamen se sistendi coram superiore, impedimento cessante. Si 2°, non adest vera impossibilitas et pœnitens absolvi nequit.

4° In articulo mortis, nulla est reservatio et quilibet sacerdos absolvere potest. Attamen si agatur de censura speciali modo Summo Pontifici reservata, tenetur pœnitens, cum ad sanitatem redierit, se sistere Sanctæ Sedi.

IV.

De Censuris Episcopo reservatis.

659. — 1° Censura ab Episcopo lata non incurritur quando peccatum cui annexa est committitur extra diœcesim, quia lex est localis.

Nihilominus, si quid sub censura præscriptum et in diœcesi faciendum ab aliquo omittatur, v. g. residentia, assistentia synodo, etc., incurrit censuram quamvis extra diœcesim exis-tens, quia ibi delinquere censetur ubi non facit quod facere tenetur.

2° Juxta communiorem sententiam, nulli confessario, etiam habenti in sua diœcesi potestatem a censuris reservatis absol-vendi, fas est absolvere a censuris ab alterius diœcesis Episcopo latis, quia censura solvitur tantum ab illo qui tulit eam, vel a superiore.

3° In casibus ab Episcopo cum censura reservatis, si censura non incurratur propter vel ignorantiam, vel metum, manet tamen casus reservatus.

V.

De Casibus Episcopo sine censura reservatis.

660. — 1° Peccatum non est reservatum — Nisi moraliter certum sit illud esse grave quatenus internum et quatenus externum, — Quando non est in genere suo completum, nisi aliter notetur, — Quando committitur ante pubertatis annos.

2° Ignorantia non excusat a reservatione.

3° Cum reservatio sit jurisdictionis restrictio, confessarius absolvere nequit pœnitentem peregrinum a peccato reservato, quamvis illud peccatum non sit reservatum in diœcesi pœni-tentis. Sed, e contra, absolvere potest a peccato in sua diœcesi non reservato, etsi reservatum sit in diœcesi pœnitentis.

CHAPITRE LXIII.

**Des Censures portées par le Souverain Pontife
et des Cas qui lui sont réservés.**

Articulus 1:

661. — *Constitutio S. D. N. Pii, Divinâ Providentiâ Papæ IX,
qua limitantur censuræ ecclesiasticæ latæ sententiæ.*

Pius Episcopus, servus servorum Dei,

ad perpetuam rei memoriam.

« Apostolicæ Sedis moderationi convenit, quæ salubriter
veterum canonum auctoritate constituta sunt, sic retinere, ut,
si temporum rerumque mutatio quidpiam esse temperandum
prudenti dispensatione suadeat, Eadem Apostolica Sedes con-
gruum supremæ suæ potestatis remedium ac providentiam
impendat. Quamobrem cum animo Nostro jampridem revolve-
remus, ecclesiasticas censuras, quæ per modum latæ sententiæ, ipsoque facto incurrendæ ad incolumitatem ac disciplinam
ipsius Ecclesiæ tutandam, effrenemque improborum licentiam
coercendam et emendandam, sancte per singulas ætates indictæ
ac promulgatæ sunt, magnum ad numerum sensim excrevisse ;
quasdam etiam, temporibus moribusque mutatis, a fine atque
causis, ob quas impositæ fuerant, vel a pristina utilitate atque
opportunitate excidisse ; eamque ob rem non infrequentes oriri
sive in iis quibus animarum cura commissa est, sive in ipsis
fidelibus dubietates, anxietates, angoresque conscientiæ ; Nos
ejusmodi incommodis occurrere volentes, plenam earumdem
recensionem fieri Nobisque proponi jussimus, ut, diligenti
adhibita consideratione, statueremus, quasnam ex illis servare
ac retinere oporteret, quas vero moderari aut abrogare con-
grueret. Ea igitur recensione peracta, ac Venerabilibus Fratri-
bus Nostris S. R. E. Cardinalibus in negotiis Fidei Generalibus
Inquisitoribus per universam Christianam Rempublicam depu-

tatis in consilium adscitis, reque diu ac mature perpensa, motu proprio, certa scientia, matura deliberatione Nostra, deque Apostolicæ Nostræ potestatis plenitudine, hac perpetuo valitura Constitutione decernimus, ut ex quibuscumque censuris sive excommunicationis, sive suspensionis, sive interdicti, quæ per modum latæ sententiæ, ipsoque facto incurrendæ hactenus impositæ sunt, nonnisi illæ, quas in hac ipsa Constitutione inserimus, eoque modo, quo inserimus, robur exinde habeant ; simul declarantes, easdem non modo ex veterum canonum auctoritate, quatenus cum hac Nostra Constitutione conveniunt, verum etiam hac ipsa Constitutione Nostra, non secus ac si primum editæ ab ea fuerint, vim suam prorsus accipere debere.

$$§ \ I^{er}.$$

Excommunicationes latæ sententiæ speciali modo
Romano Pontifici reservatæ.

« Itaque excommunicationi latæ sententiæ speciali modo Romano Pontifici reservatæ subjacere declaramus :

1.

« Omnes a christiana fide apostatas, et omnes ac singulos hæreticos, quocumque nomine censeantur, et cujuscumque sectæ existant, eisque credentes, eorumque receptores, fautores, ac generaliter quoslibet illorum defensores (1).

(1) 1° *Hœreticos.* — Hanc censuram incurrit quicumque actu exteriori, voluntarie, scienter et pertinaciter christianismum negat, licet aliam religionem nonam plectatur, et quicumque rejicit actu externo et cum pertinacia dogma fidei catholicæ, cum animo hæresim formalem profitendi. Viri vulgo dicti *libres penseurs,* et qui rationalismo vel naturalismo adhærentes, revelationem, saltem ex parte, rejiciunt, huic censuræ subjacent. Sed excusat ab hæresi ignorantia veritatis etiam affectata, quia tum non scienter negat veritatem revelatam.

2° *Credentes.* — Qui dicunt hæreticos vel apostatas habere veram

II.

« Omnes et singulos scienter legentes sine auctoritate Sedis Apostolicæ libros eorumdem apostatarum et hæreticorum hæresim propugnantes, nec non libros cujusvis auctoris per Apostolicas litteras nominatim prohibitos, eosdemque libros retinentes, imprimentes, et quomodolibet defendentes (1).

III.

« Schismaticos et eos qui a Romani Pontificis pro tempore existentis obedientia pertinaciter se subtrahunt vel recedunt.

IV.

« Omnes et singulos, cujuscumque status, gradus seu conditionis fuerint, ab ordinationibus seu mandatis Romanorum Pontificum pro tempore existentium ad universale futurum

fidem. Qui morbo jacentes spiritualem illorum assistentiam postulant. Qui, eo animo externe manifestato, ad illos audiendos accedunt, ut parati sint credere si rationes eorum placeant.

3° Receptores. — Qui, in domo vel in alio loco, eos ratione hæresis aut apostasiæ tuendæ excipiunt.

4° Fautores. — Qui apostaticis aut hæreticis auxilio sunt ut suos errores in actum deducere, exercere, diffundere valeant.

5° Defensores. — Qui tuentur errores vel personas eorum, ita ut defensio personæ redundet in ejus errores.

(1) Inter libros hic prohibitos, non numerantur *Diaria* (les journaux), sed numerari debent libri ex professo hæresim propugnantes apostatarum vel hæreticorum qui ut tales publice cognoscuntur.

Libri autem *per apostolicas litteras* nominatim prohibiti, sunt libri *sub suo proprio titulo* prohibiti per bullam, brevem, encyclicam aut actum in quo sint hac verba : *de apostolicæ nostræ auctoritatis plenitudine*, vel *apostolica auctoritate*.

Regulæ Indicis de libris prohibitis obligant sub gravi, sed jam nunc nullam secum trahunt censuram.

Concilium appellantes, nec non eos quorum auxilio, consilio vel favore appellatum fuerit.

V.

« Omnes interficientes, mutilantes, percutientes, capientes, carcerantes, detinentes, vel hostiliter insequentes S. R. E. Cardinales, Patriarchas, Archiepiscopos, Episcopos, Sedisque Apostolicae Legatos, vel Nuntios, aut eos a suis Dioecesibus, Territoriis, Terris seu Dominiis ejicientes, nec non ea mandantes, vel rata habentes, seu præstantes in eis auxilium, consilium vel favorem.

VI.

« Impedientes directe vel indirecte exercitium jurisdictionis ecclesiasticæ sive interni sive externi fori, et ad hoc recurrentes ad forum sæculare, ejusque mandata procurantes, edentes, aut auxilium, consilium vel favorem præstantes.

VII.

« Cogentes sive directe, sive indirecte judices laicos ad trahendum ad suum tribunal personas ecclesiasticas præter canonicas dispositiones : item edentes leges vel decreta contra libertatem aut jura Ecclesiæ (1).

VIII.

« Recurrentes ad laicam potestatem ad impediendas litteras vel acta quælibet a Sede Apostolica, vel ab ejusdem Legatis aut Delegatis quibuscumque profecta, eorumque promulgatio-

---

(1) Cogit directe, qui personas assignat coram judice — indirecte, qui revelat, ex intentione, actus per se inducentes judices ad personas persequendas.

Ubi vero, sinente vel silente Sancta Sede, privilegium fori non amplius viget, nec jus a judice ecclesiastico obtineri potest, censura ipso facto cessat.

nem vel executionem directe vel indirecte prohibentes, aut
eorum causa sive ipsas partes, sive alios lædentes vel perterrefacientes.

IX.

« Omnes falsarios litterarum Apostolicarum, etiam in forma
Brevis ac supplicationum gratiam vel justitiam concernentium,
per Romanum Pontificem, vel S. R. E. Vice-Cancellarios seu
Gerentes vices eorum aut de mandato Ejusdem Romani Pontificis signatarum : nec non falso publicantes Litteras Apostolicas,
etiam in forma Brevis, et etiam falso signantes supplicationes
hujusmodi sub nomine Romani Pontificis seu Vice-Cancellarii
aut Gerentis vices prædictorum.

X.

« Absolventes complicem in peccato turpi etiam in mortis
articulo, si alius Sacerdos, licet non approbatus ad confessiones,
sine gravi exoritura infamia et scandalo, possit excipere mo-
rientis confessionem (1).

XI.

« Usurpantes aut sequestrantes jurisdictionem, bona, redditus, ad personas ecclesiasticas ratione suarum Ecclesiarum
aut Beneficiorum pertinentes (2).

(1) Sacerdos nec valide nec licite potest absolvere complicem ut talem
a se certo cognitum. Attamen cum in periculo mortis constitutum absolvere potest in sequentibus casibus : 1° Si alius sacerdos nec adsit nec
vocari possit. 2° Si vocari aut accedere sine gravi periculo infamiæ vel
scandali nequeat. 3° Si alius sacerdos nolit morientem audire. 4° Si pœnitens alium recuset. 5° Si antequam alius sacerdos accedere potuerit,
confessarius, urgente periculo, jam incœperit audire confessionem complicis.

(2) Usurpantes dicuntur qui aliquid alienum tanquam proprium sibi
sumunt. Hinc non cadunt in hanc censuram latrones, fures, milites,

XII.

« Invadentes, destruentes, detinentes per se vel per alios Civitates, Terras, loca aut jura ad Ecclesiam Romanam pertinentia ; vel usurpantes, perturbantes, retinentes supremam jurisdictionem in eis ; nec non ad singula prædicta auxilium, consilium, favorem præbentes.

« A quibus omnibus excommunicationibus huc usque recensitis absolutionem Romano Pontifici pro tempore speciali modo reservatam esse et reservari ; et pro ea generalem concessionem absolvendi a casibus et censuris, sive excommunicationibus Romano Pontifici reservatis nullo pacto sufficere declaramus, revocatis insuper earumdem respectu quibuscumque indultis concessis sub quavis forma et quibusvis personis etiam Regularibus cujuscumque Ordinis, Congregationis, Societatis et Instituti, etiam speciali mentione dignis et in quavis dignitate constitutis. Absolvere autem præsumentes sine debita facultate, etiam quovis prætextu, excommunicationis vinculo Romano Pontifici reservatæ innodatos se sciant dummodo non agatur de mortis articulo, in quo tamen firma sit quoad absolutos obligatio standi mandatis Ecclesiæ, si convaluerint.

§ II.

Excommunicationes latæ sententiæ Romano Pontifici
reservatæ.

« Excommunicationi latæ sententiæ Romano Pontifici reservatæ subjacere declaramus :

fructus et proventus Ecclesiæ furantes, eo quod non subtrahunt illa bona tanquam sibi debita (R. S. Cong.) Sed eam incurrit episcopus aut parochus qui actus jurisdictionis exercet in subditos vel territorium diœcesis aut parochiæ extraneæ.

I.

« Docentes vel defendentes sive publice, sive privatim propositiones ab Apostolica Sede damnatas sub excommunicationis pœna latæ sententiæ ; item docentes vel defendentes tanquam licitam praxim inquirendi a pœnitente nomen complicis, prouti damnata est a Benedicto XIV in Const. *Suprema* 7 Julii 1745 ; *Ubi primum* 2 Julii 1746 ; *Ad eradicandum* 28 Septembris 1746 (1).

II.

« Violentas manus, suadente diabolo, injicientes in Clericos, vel utriusque sexus Monachos, exceptis quoad reservationem casibus et personis, de quibus jure vel privilegio permittitur, ut Episcopus aut alius absolvat (2).

III.

« Duellum perpetrantes, aut simpliciter ad illud provocantes, vel ipsum acceptantes, et quoslibet complices, vel qualemcumque operam aut favorem præbentes, nec non de industria spec-

(1) Unde firma manet prohibitio inquirendi nomen complicis ; sed nunc censuræ tantum subjacent ii qui hanc praxim docent vel defendunt, non autem ii qui complicis nomen inquirunt.

(2) Triplex distinguitur violentia in clericos : 1° enormis, si magna interveniat vulneratio, vel magna sanguinis effusio aliunde quam e naribus, vel magna injuria ratione dignitatis personæ læsæ aut aliarum circumstantiarum ; 2° mediocris, qua fit suggillatio carnis vel copia sanguinis absque gravi læsione ; 3° levis, quæ talis dicitur non ratione culpæ quæ semper requiritur gravis, sed respectu percussionis enormis et mediocris, v. g. violentia absque macula, absque suggillatione carnis, absque magna injuria.

In dubio an sit gravis aut levis, ut gravis haberi debet. (Extrav.)

Violentia enormis et mediocris Summo Pontifici reservatur. Levis ad episcopum devolvitur.

tantes, illudque permittentes, vel quantum in illis est, non prohibentes, cujuscumque dignitatis sint, etiam regalis vel imperialis.

IV.

« Nomen dantes sectæ *Massonicæ* aut *Carbonariæ*, aut aliis ejusdem generis sectis quæ contra Ecclesiam vel legitimas potestates seu palam, seu clandestine machinantur ; nec non iisdem sectis favorem qualemcumque præstantes ; earumve occultos coriphæos ac duces non denuntiantes, donec non denuntiaverint (1).

V.

« Immunitatem asyli ecclesiastici violare jubentes, aut ausu temerario violantes (2).

VI.

« Violantes clausuram Monialium, cujuscumque generis aut conditionis, sexus vel ætatis fuerint, in earum monasteria absque legitima licentia ingrediendo ; pariterque eos introducentes vel admittentes, itemque Moniales ab illa exeuntes extra casus ac formam a S. Pio V. in Constit. *Decori* præscriptam.

VII.

« Mulieres violantes Regularium virorum clausuram, et Superiores aliosve eas admittentes.

VIII.

« Reos simoniæ realis in Beneficiis quibuscumque, eorumque complices.

____

(1) Cessat obligatio denuntiandi si legitime præsumi possit denuntiationem fore omnino otiosam aut graviter damnosam.

(2) Hæc immunitas in Gallia, legibus eam non agnoscentibus, moraliter observari nequit.

IX.

« Reos simoniæ confidentialis in Beneficiis quibuslibet, cujuscumque sint dignitatis.

X.

« Reos simoniæ realis ob ingressum in Religionem.

XI.

« Omnes qui quæstum facientes ex indulgentiis aliisque gra-
tiis spiritualibus excommunicationis censura plectuntur Constitutione S. Pii V, *Quam plenum* 2 Januarii 1569.

XII.

« Colligentes eleemosynas majoris pretii pro Missis, et ex
eis lucrum captantes, faciendo eas celebrari in locis ubi Missarum stipendia minoris pretii esse solent.

XIII.

« Omnes qui excommunicatione mulctantur in Constitutionibus S. Pii V *Admonet nos*, quarto Kalendas Aprilis 1567,
Innocentii IX, *Quæ ab hac Sede*, pridie nonas Novembris 1591,
Clementis VIII, *Ad Romani Pontificis curam*, 26 Junii 1592, et
Alexandri VII, *Inter ceteras*, nono Kalendas Novembris 1660,
alienationem et infeudationem Civitatum et Locorum S. R. E.
respicientibus.

XIV.

« Religiosos præsumentes clericis aut laicis extra casum
necessitatis Sacramentum extremæ unctionis aut Eucharistiæ
per viaticum ministrare absque Parochi licentia.

XV.

« Extrahentes absque legitima venia reliquias ex Sacris Cœmeteriis sive Catacumbis Urbis Romæ ejusque territorii, eis que auxilium vel favorem præbentes.

XVI.

« Communicantes cum excommunicato nominatim a Papa in crimine criminoso, ei scilicet impendendo auxilium vel favorem (1).

XVII.

« Clericos scienter et sponte communicantes in divinis cum personis a Romano Pontifice nominatim excommunicatis et ipsos in officiis recipientes.

§ III.

Excommunicationes latæ sententiæ Episcopis
sive Ordinariis reservatæ.

« Excommunicationi latæ sententiæ Episcopis sive Ordinariis reservatæ subjacere declaramus :

I.

« Clericos in Sacris constitutos vel Regulares aut Moniales post votum solemne castitatis matrimonium contrahere præsumentes ; nec non omnes cum aliqua ex prædictis personis matrimonium contrahere præsumentes.

II.

« Procurantes abortum, effectu secuto.

____

(1) Triplex distinguitur communicatio cum excommunicato : 1° In crimine criminoso, scilicet, cooperando crimini ratione cujus lata est excommunicatio ; 2° in divinis, id est, in missa, in officio divino, etc. ; 3° in humanis, seu in rebus vitæ temporalis. Ob primam communicationem solam hæc censura incurritur.

III.

« Litteris apostolicis falsis scienter utentes, vel crimini ea in re cooperantes.

§ IV.

Excommunicationes latæ sententiæ nemini reservatæ.

« Excommunicationi latæ sententiæ nemini reservatæ subjacere declaramus :

I.

« Mandantes seu cogentes tradi Ecclesiasticæ sepulturæ hæreticos notorios aut nominatim excommunicatos vel interdictos.

II.

« Lædentes aut perterrefacientes inquisitores, denuntiantes, testes, aliosve ministros S. Officii ; ejusve Sacri Tribunalis scripturas diripientes, aut comburentes ; vel prædictis quibuslibet auxilium, consilium, favorem præstantes.

III.

« Alienantes et recipere præsumentes bona ecclesiastica absque Beneplacito Apostolico, ad formam Extravagantis *Ambitiosæ* De Reb. Ecc. non alienandis.

IV.

« Negligentes sive culpabiliter omittentes denuntiare infra mensem Confessarios sive Sacerdotes a quibus sollicitati fuerint ad turpia in quibuslibet casibus expressis a Prædecess. Nostris Gregorio XV. Const. *Universi* 20 Augusti 1622, et Benedicto XIV, Constit. *Sacramentum pœnitentiæ,* 1 Junii 1741.

« Præter hos hactenus recensitos, eos quoque quos Sacrosanctum Concilium Tridentinum, sive reservata Summo Pontifici aut Ordinariis absolutione, sive absque ulla reservatione excommunicavit, Nos pariter ita excommunicatos esse declaramus; excepta anathematis pœna in Decreto Sess. IV. *De editione et usu Sacrorum Librorum* constituta, cui illos tantum subjacere volumus, qui libros de rebus sacris tractantes sine Ordinarii approbatione imprimunt, aut imprimi faciunt. »

Hic paulisper sistimus, ut inseramus excommunicationis pœnas, quas inflixit Tridentinum Concilium cum adjectis ab eo reservationibus, atque inde prosequemur exponere Constitutionem de qua agimus.

De usurpatoribus quorumcumque bonorum ecclesiasticorum aut jurium, quorum excommunicatio est Romano Pontifici a Concilio Tridentino reservata.

Sess. 22. C. 11 de Refor. « Si quem clericorum vel laicorum, quacumque is dignitate, etiam imperiali aut regali, præfulgeat, in tantum malorum omnium radix cupiditas occupaverit, ut alicujus ecclesiæ seu cujusvis sæcularis vel regularis Beneficii, montium pietatis, aliorumque piorum locorum jurisdictiones, bona, census ac jura etiam feudalia et emphyteutica, fructus, emolumenta, seu quascumque obventiones, quæ in ministrorum et pauperum necessitates converti debent, per se vel alios vi vel timore incusso, seu etiam per suppositas personas Clericorum aut Laicorum, seu quacumque arte aut quocumque quæsito colore in proprios usus convertere, illosque usurpare præsumpserit, seu impedire, ne ab iis ad quos jure pertinent, percipiantur, is anathemati tamdiu subjaceat, quamdiu jurisdictiones, bona, res, jura, fructus et redditus, quos occupaverit, vel qui ad eum quomodocumque, etiam ex donatione suppositæ personæ, pervenerint, ecclesiæ ejusque administratori sive Beneficiato integre restituerit, ac deinde a Romano Pontifice absolutionem obtinuerit..... Clericus vero, qui nefandæ fraudis et usurpationis hujusmodi fabricator seu consentiens fuerit eisdem pœnis subjaceat..... »

Excommunicatur Magistratus, si ad instantiam Episcopi non præbeat auxilium adversus contradictores clausuræ monialium : itemque violantes earum clausuram.

Sess. 15. C. 5 de Regul. « Bonifacii VIII Constitutionem, quæ incipit, *Periculoso*, renovans Sancta Synodus, universis Episcopis sub obtestatione divini judicii et interminatione maledictionis æternæ præcipit, ut

in omnibus monasteriis sibi subjectis ordinaria, in aliis vero Sedis
Apostolicæ auctoritate, clausuram sanctimonialium, ubi violata fuerit,
diligenter restitui, et ubi inviolata est, conservari maxime procurent,
inobedientes atque contradictores per censuras ecclesiasticas aliasque
pœnas, quacumque appellatione postposita, compescentes, invocato
etiam ad hoc, si opus fuerit, auxilio brachii sæcularis. Quod auxilium
ut præbeatur, omnes Christianos Principes hortatur Sancta Synodus, et
sub excommunicationis pœna ipso facto incurrenda, omnibus magistra-
tibus sæcularibus injungit. »

Sess. 25, ex Cap. 5 de Reg. « Ingredi autem intra septa monasterii
nemini liceat, cujuscumque generis aut conditionis, sexus vel ætatis fuerit, sine Episcopi vel Superioris licentia in scriptis obtenta, sub excommunicationis pœna ipso facto incurrenda. »

Excommunicantur raptores mulierum corumdemque consocii.

Sess. 24, ex Cap. 6 de Reform. matr. « Decernit Sancta Synodus, inter
raptorem et raptam, quamdiu ipsa in potestate raptoris manserit, nullum
posse consistere matrimonium. Quod si rapta a raptore separata et in
loco tuto et libero constituta illum in virum habere consenserit, eam raptor in uxorem habeat, et nihilominus raptor ipse ac omnes illi consilium, auxilium et favorem præbentes, sint ipso jure excommunicati... »

Excommunicantur qui libertatem matrimonii contrahendi violant.

Sess. 24, ex Cap. 9 de Ref. matr. « Ita plerumque temporalium domi-
norum ac magistratuum mentis oculos terreni affectus atque cupiditates
excæcant, ut viros et mulieres, sub eorum jurisdictione degentes,
maxime divites vel spem magnæ hæreditatis habentes, minis et pœnis
adigant cum iis matrimonium invitos contrahere, quos ipsi domini vel
magistratus illis præscripserint. Quare, quum maxime nefarium sit Matrimonii libertatem violare et ab eis injurias nasci, a quibus jura expec-
tantur, præcipit Sancta Synodus omnibus, cujuscumque gradus, dignitatis
et conditionis existant, sub anathematis pœna, quam ipso facto incurrant, ne quovis modo directe vel indirecte subditos suos vel quoscumque
alios cogant, quominus libere matrimonia contrahant. »

*Excommunicantur, qui cogunt mulierem ad ingrediendum
monasterium, vel impediunt.*

Sess. 21. Cap 18 de Regul. « Anathemati Sancta Synodus subjicit omnes
et singulas personas, cujuscumque qualitatis vel conditionis fuerint, tam

Clericos quam Laicos, sæculares, vel regulares, atque etiam qualibet dignitate fungentes, si quomodolibet coegerint aliquam virginem vel viduam, aut aliam quamcumque mulierem, præterquam in casibus in jure expressis, ad ingrediendum monasterium vel ad suscipiendum habitum cujuscumque religionis, vel ad emittendam professionem, quique consilium, auxilium vel favorem dederint, quique scientes eam non sponte ingredi monasterium aut habitum suscipere, aut professionem emittere, quoquo modo eidem actui vel præsentiam vel consensum vel auctoritatem interposuerint. Simili quoque anathemati subjicit eos, qui sanctarum virginum vel aliarum mulierum voluntatem veli accipiendi vel voti emittendi quoquo modo sine justa causa impedierint. »

*Excommunicantur duellantes et reliqui qui duellum
quasi honestum spectaculum permittunt vel adjuvant,
vel assistunt.*

Sess. 25. *ex Cap. 19 de Ref.* « Imperator, Reges, Duces, Principes, Marchiones, Comites et quocumque alio nomine domini temporales, qui locum ad monomachiam in terris suis inter christianos concesserint, eo ipso sint excommunicati. Qui vero pugnam commiserint, et qui eorum patrini vocantur, excommunicationis... pœnam incurrant... Illi etiam, qui consilium in causa duelli tam in jure, quam in facto dederint aut alia quacumque ratione ad id quemquam suaserint, nec non spectatores, excommunicationis ac perpetuæ maledictionis vinculo teneantur. »

Excommunicantur qui sequentes falsas propositiones docent.

Sess. 13. *ex Cap. 11 de Euchar.* « Ne tantum Sacramentum (*Eucharistiæ*) indigne atque ideo in mortem et condemnationem sumatur, statuit atque declarat ipsa Sancta Synodus, illis, quos conscientia peccati mortalis gravat, quantumcumque etiam se contritos existiment, habita copia confessoris, necessario præmittendam esse Confessionem sacramentalem. Si quis autem contrarium docere, prædicare vel pertinaciter asserere, seu etiam publice disputando defendere præsumpserit, eo ipso excommunicatus existat. »

Sess. 24, *ex Cap. 1 de Ref. matr.* « Dubitandum non est, clandestina matrimonia, libero contrahentium consensu facta, rata et vera esse matrimonia, quamdiu Ecclesia ea irrita non fecit, et proinde jure damnandi sunt illi, ut eos Sancta Synodus anathemate damnat, qui ea vera ac rata esse negant, quique falso affirmant, matrimonia a filiis familias sine consensu parentum contracta irrita esse, et parentes ea rata vel irrita facere posse. »

Hæ sunt excommunicationes quas inflixisse Tridentinum Concilium reperimus. Sequitur modo SSmi Domini Nostri Constitutio, quam referre assumpsimus.

§ V.

Suspensiones latæ sententiæ Summo Pontifici reservatæ.

I.

« Suspensionem ipso facto incurrunt a suorum Beneficiorum perceptione ad beneplacitum S. Sedis, Capitula et Conventus Ecclesiarum et Monasteriorum aliique omnes, qui ad illarum seu illorum regimen et administrationem recipiunt Episcopos aliosve Prælatos de prædictis Ecclesiis, seu Monasteriis apud eamdem S. Sedem quovis modo provisos, antequam ipsi exhibuerint Litteras Apostolicas de sua promotione.

II.

« Suspensionem per triennium a collatione Ordinum ipso jure incurrunt aliquem ordinantes absque titulo Beneficii vel patrimonii cum pacto ut ordinatus non petat ab ipsis alimenta.

III.

« Suspensionem per annum ab Ordinum administratione ipso jure incurrunt ordinantes alienum subditum etiam sub prætextu Beneficii statim conferendi, aut jam collati, sed minime sufficientis, absque ejus Episcopi litteris dimissorialibus, vel etiam subditum proprium, qui alibi tanto tempore moratus sit, ut canonicum impedimentum contrahere ibi potuerit, absque Ordinarii ejus loci litteris testimonialibus.

IV.

« Suspensionem per annum a collatione Ordinum ipso jure incurrit, qui, excepto casu legitimi privilegii, Ordinem sacrum

contulerit absque titulo Beneficii vel patrimonii Clerico in aliqua Congregatione viventi, in qua solemnis professio non emit-
titur, vel etiam religioso nondum professo.

V.

« Suspensionem perpetuam ab exercitio Ordinum ipso jure
incurrunt Religiosi ejecti, extra Religionem degentes.

VI.

« Suspensionem ab Ordine suscepto ipso jure incurrunt, qui
eumdem Ordinem recipere præsumpserunt ab excommunicato
vel suspenso, vel interdicto nominatim denuntiatis, aut ab hæ-
retico vel schismatico notorio : eum vero, qui bona fide a quo-
piam eorum est ordinatus, exercitium non habere ordinis sic
suscepti, donec dispensetur, declaramus.

VII.

« Clerici sæculares exteri ultra quatuor menses in Urbe com-
morantes ordinati ab alio quam ab ipso suo Ordinario absque
licentia Card. Urbis Vicarii, vel absque prævio examine coram
eodem peracto, vel etiam a proprio Ordinario posteaquam in
prædicto examine rejecti fuerint : nec non Clerici pertinentes
ad aliquem e sex Episcopatibus suburbicariis, si ordinentur
extra suam diœcesim, dimissorialibus sui Ordinarii ad alium
directis quam ad Card. Urbis Vicarium ; vel non præmissis
ante Ordinem sacrum suscipiendum exercitiis spiritualibus per
decem dies in domo urbana Sacerdotum a Missione nuncupato-
rum, suspensionem ab Ordinibus sic susceptis ad beneplacitum
S. Sedis ipso jure incurrunt : Episcopi vero ordinantes ab usu
Pontificalium per annum.

§ VI.

Interdicta latæ sententiæ reservata.

1.

« Interdictum Romano Pontifici speciali modo reservatum

ipso jure incurrunt Universitates, Collegia et Capitula, quocumque nomine nuncupentur, ab ordinationibus seu mandatis ejusdem Romani Pontificis pro tempore existentis ad universale futurum Concilium appellantia (1).

II.

« Scienter celebrantes vel celebrari facientes divina in locis ab Ordinario, vel delegato judice, vel a jure interdictis ; aut nominatim excommunicatos ad divina officia, seu ecclesiastica sacramenta, vel ecclesiasticam sepulturam admittentes, interdictum ab ingressu Ecclesiæ ipso jure incurrunt, donec ad arbitrium ejus cujus sententiam contempserunt, competenter satisfecerint.

« Denique quoscumque alios Sacrosanctum Concilium Tridentinum suspensos aut interdictos ipso jure esse decrevit, Nos pari modo suspensioni vel interdicto eosdem obnoxios esse volumus et declaramus. »

Hic iterum paulisper sistimus inserentes Suspensiones vel Interdicta a Concilio Tridentino lata, ut has canonicas censuras Lectores sub oculis habeant.

Suspenduntur vel interdicuntur qui variis modis violant canones de sacra Ordinatione.

Sess. 23, ex Cap. 8 de Ref. « Unusquisque autem a proprio Episcopo ordinetur. Quod si quis ab alio promoveri petat, nullatenus id ei, etiam cujusvis generalis aut specialis rescripti vel privilegii prætextu, etiam statutis temporibus permittatur, nisi ejus probitas ac mores, Ordinarii sui testimonio, commendentur. Si secus fiat, ordinans a collatione Ordinum per annum et ordinatus a susceptorum Ordinum executione, quamdiu proprio Ordinario videbitur expedire, sit suspensus. »

Sess. 23, ex Cap. 14 de Ref. « Cum promotis per saltum, si non ministraverint, Episcopus ex legitima causa possit dispensare. »

(1) Nec huic interdicto, nec duodecim excommunicationibus *speciali modo* reservatis applicatur facultas à Tridentino Episcopis concessa absolvendi, pro casibus occultis, in quibuscumque censuris apostolicæ sedi reservatis.

Sess. 7, C. 10 de Ref. Non liceat Capitulis sede vacante, infra annum a die vacationis, ordinandi licentiam, aut litteras dimissorias seu reverendas, ut aliqui vocant, tam ex juris communis dispositione, quam etiam cujusvis privilegii aut consuetudinis vigore, alicui, qui Beneficii ecclesiastici recepti sive recipiendi occasione arctatus non fuerit, concedere. Si secus fiat, Capitulum contraveniens ecclesiastico subjacet interdicto, et sic ordinati, si in minoribus ordinibus constituti fuerint, nullo privilegio clericali, præsertim in criminalibus gaudeant. In majoribus vero ab executione Ordinum ad beneplacitum futuri Prælati sint ipso jure suspensi. »

Sess. 6. Cap. 5 de Ref. « Nulli Episcopo liceat cujusvis privilegii prætextu pontificalia in alterius diœcesi exercere, nisi de Ordinarii loci expressa licentia, et in personas eidem Ordinario subjectas tantum. Si secus factum fuerit, Episcopus ab exercitio pontificalium, et sic ordinati ab executione Ordinum sint ipso jure suspensi. »

Sess. 23. C. 10 de Refor. « Abbatibus ac aliis quibuscumque, quantumvis exemptis, non liceat in posterum intra fines alicujus diœcesis consistentibus, etiam si nullius diœcesis vel exempti esse dicantur, cuiquam, qui regularis subditus sibi non sit, Tonsuram vel minores Ordines conferre; nec ipsi Abbates et alii exempti, aut collegia vel capitula quæcumque, etiam ecclesiarum cathedralium, litteras dimissorias aliquibus Clericis sæcularibus, ut ab aliis ordinentur, concedant. Sed horum omnium ordinatio, servatis omnibus, quæ in hujus Sanctæ Synodi Decretis continentur, ad Episcopos, intra quorum diœcesis fines existunt, pertineat ; non obstantibus quibusvis privilegiis, præscriptionibus aut consuetudinibus etiam immemorabilibus. Pœnam quoque impositam iis, qui contra hujus Sanctiæ Synodi sub Paulo III Decretum a Capitulo episcopali, sede vacante litteras dimissorias impetrant, ad illos, qui easdem litteras non a Capitulo, sed ab aliis quibusvis in jurisdictione Episcopi, loco Capituli sede vacante succedentibus, obtinerent, mandat extendi. Concedentes autem dimissorias contra formam Decreti ab Officio et Beneficio per annum sint ipso jure suspensi. »

Sess. 14, ex Cap. 2 de Ref. « Nemo Episcoporum, qui titulares vocantur, etiam si in loco nullius diœcesis, etiam exempto, aut aliquo monasterio cujusvis ordinis resederint, aut moram traxerint, vigore cujusvis privilegii sibi de promovendo quoscumque ad se venientes pro tempore concessi, alterius subditum, etiam prætextu familiaritatis continuæ commensalitatis suæ, absque sui proprii Prælati expresso consensu aut litteris dimissoriis, ad aliquos sacros aut minores Ordines vel primam Tonsuram promovere seu ordinare valeat. Contra faciens exercitio pontificalium

per annum, taliter vero promotus ab exsecutione Ordinum sic susceptorum, donec suo Prælato visum fuerit, ipso jure sint suspensi. »

*Interdicuntur Episcopi, qui non denuntiant Episcopos
illegitime absentes.*

Sess. 6, ex Cap. 1 de Ref. « Crescente vero contumacia (*Episcopi absentis
ultra secundum semestre tempus)* ut severiori ss. canonum censuræ
subjiciatur, Metropolitanus suffraganeos Episcopos absentes, Metropolita-
num vero absentem suffraganeus Episcopus antiquior residens, sub pœna
interdicti ingressus ecclesiæ eo ipso incurrenda infra tres menses per
litteras seu nuntium Romano Pontifici denuntiare teneatur. »

Sess. 25, ex Cap. 14 de Ref. Episcopi quoque, quod absit, si ab hujusmodi crimine (*concubinatus*) non abstinuerint, et a Synodo provinciali
admoniti, se non emendaverint, ipso facto sint suspensi. »

Hactenus de Suspensionibus vel Interdictis a Synodo Tridentina
inflictis. Sic autem prosequitur et explicit Constitutio Sanctissimi Patris de qua agimus :

« Quæ vero censuræ sive excommunicationis, sive suspensionis, sive interdicti, Nostris, aut Prædecessorum Nostrorum
Constitutionibus, aut sacris canonibus præter eas, quas recen-
suimus, latæ sunt, atque hactenus in suo vigore perstiterunt
sive pro R. Pontificis electione, sive pro interno regimine
quorumcumque ordinum et institutorum regularium, nec non
quorumcumque collegiorum, congregationum, cœtuum loco-
rumque piorum cujuscumque nominis aut generis sint, eas
omnes firmas esse, et in suo robore permanere volumus et
declaramus.

« Ceterum decernimus, in novis quibuscumque concessioni-
bus ac privilegiis, quæ ab Apostolica Sede concedi cuivis contigerit, nullo modo ac ratione intelligi umquam debere, aut
posse comprehendi facultatem absolvendi a casibus et censuris
quibuslibet Romano Pontifici reservatis, nisi de iis formalis,
explicita ac individua mentio facta fuerit : quæ vero privilegia
aut facultates, sive a Prædecessoribus Nostris, sive etiam a
Nobis cuilibet Cœtui, Ordini, Congregationi, Societati, et Ins-
tituto, etiam regulari cujusvis speciei, etsi titulo peculiari

prædicto, atque etiam speciali mentione digno a quovis umquam tempore huc usque concessæ fuerint, ea omnia, easque omnes Nostra hac Constitutione revocatas, suppressas, et abolitas esse volumus, prout reapse revocamus, supprimimus, et abolemus, minime refragantibus aut obstantibus privilegiis quibuscumque, etiam specialibus, comprehensis, vel non, in corpore juris, aut Apostolicis Constitutionibus, et quavis confirmatione Apostolica, vel immemorabili etiam consuetudine, aut alia quacumque firmitate roboratis quibuslibet etiam formis ac tenoribus, et cum quibusvis derogatoriis, aliisque efficacioribus et insolitis clausulis, quibus omnibus, quatenus opus sit, derogare intendimus et derogamus.

« Firmam tamen esse volumus absolvendi facultatem a Tridentina Synodo Episcopis concessam *Sess. XXIV Cap VI de Reform.* in quibuscumque censuris occultis Apostolicæ Sedi hac Nostra Constitutione reservatis, iis tantum exceptis, quas eidem Apostolicæ Sedi speciali modo reservatas declaravimus.

« Decernentes has Litteras, atque omnia et singula, quæ in eis constituta ac decreta sunt, omnesque et singulas, quæ in eisdem factæ sunt ex anterioribus Constitutionibus Prædecessorum nostrorum, atque etiam Nostris, aut ex aliis sacris Canonibus quibuscumque, etiam Conciliorum Generalium, et ipsius Tridentini, mutationes, derogationes, ratas et firmas, ac respective rata atque firma esse et fore, suosque plenarios et integros effectus obtinere; sicque et non aliter in præmissis per quoscumque Judices Ordinarios, et Delegatos, etiam Causarum Palatii Apostolici Auditores, ac S. R. E. Cardinales, etiam de Latere Legatos, et Apostolicæ Sedis Nuntios, ac quosvis alios quacumque præeminentia, ac potestate fungentes, et functuros, sublata eis, et eorum cuilibet quavis aliter judicandi et interpretandi facultate et auctoritate, judicari ac definiri debere; et irritum atque inane esse ac fore quidquid super his a quoquam quavis auctoritate, etiam prætextu cujuslibet privilegii, aut consuetudinis inductæ vel inducendæ, quam abusum esse declaramus, scienter vel ignoranter contigerit attentari.

« Non obstantibus præmissis, aliisque quibuslibet ordinationibus, constitutionibus, privilegiis, etiam speciali et individua mentione dignis, nec non, consuetudinibus quibusvis, etiam immemorabilibus, ceterisque contrariis quibuscumque.

« Nulli ergo omnino hominum liceat hanc paginam Nostræ Constitutionis, ordinationis, limitationis, suppressionis, derogationis, voluntatis infringere, vel ei ausu temerario contraire. Si quis autem hoc attentare præsumpserit, indignationem Omnipotentis Dei et Beatorum Petri et Pauli Apostolorum ejus, se noverit incursurum.

« Datum Romæ apud S. Petrum, anno Incarnationis Dominicæ Millesimo Octingentesimo Sexagesimo Nono, Quarto Idus Octobris, Pontificatus Nostri anno Vigesimo Quarto.

M. Card. Mattei Pro-Datarius. N. Card. Paracciani
Clarelli.

Visa de Curia
Dominicus Bruti

Loco † Plumbi.   I. Cugnoni.

Articulus 2.

662. — *Casus sine censura Summo Pontifici reservati.*

1º Casum Summo Pontifici *specialiter* reservatum sine censura incurrunt ii qui falsò et malitiosè sacerdotem innoxium, sollicitationis insimulant apud judices ecclesiasticos, vel sceleste procurant ut ab aliis fiat (1).

2º Casum Summo Pontifici *simpliciter* reservatum sine censura incurrunt accipientes munera à regularibus utriusque sexûs.

(1) 1º Hunc casum de quo agitur in Bulla *Sacramentum pœnitentiæ*, non refert Bulla *Apostolicæ sedis*, quia nulla huic annectitur censura, sed adeo specialiter reservatur tanquam casus, ut, ex decreto S. Inquisitionis, die 17 Junii 1866, semper excipiatur in facultatibus quas Summus Pontifex concedit absolvendi a casibus sibi reservatis.

Quando adest, pro pœnitente impedimentum perpetuum vel ad longum

Ita Constitutio Clementis VIII, *Religiosæ Congregationes*, et Urbani VIII, *Nuper à Congregatione* (1).

tempus adeundi Romam, hic casus devolvitur ad Episcopum sine onere pro pœnitente, adeundi Romam cessante impedimento, quia reservatur sine censura.

2° Sollicitatus tenetur sub gravi denuntiare sacerdotem sollicitantem ad turpia in confessione vel occasione aut prætextu confessionis, sub pœna excomunicationis *latæ sententiæ nemini reservatæ*.

3° Confessarius tenetur monere pœnitentem sollicitatum de obligatione denuntiationis, et non debet absolvere sollicitatum qui recusat denuntiare sollicitantem.

4° Falsò denuntians reus est peccati specialiter reservati, de quo hic agitur.

5° Quoad sacerdotem sollicitantem, nullam pœnam ipso facto incurrit, sed Episcopus in eum sævire debet justis pœnis.

Aliquando ei adimitur facultas unquam confessiones excipiendi. Sed pœnæ omnes, et ipsa inhabilitas ad sacrosanctum missæ sacrificium celebrandum in decreto Benedicti XIV, die 5° Augusti 1745, præscriptæ, sunt tantum *ferendæ sententiæ. (Instructio Inquisitionis 2 Februarii 1867).*

6° Ut sollicitantes habendi sunt qui, vel in actu sacramentalis confessionis, vel ante aut immediate post confessionem, vel occasione aut prætextu confessionis, vel etiam extra occasionem confessionis in confesionali sive in alio loco ad confessiones audiendas destinato aut electo simulatione audiendi ibidem confessionem, pœnitentem virum aut mulierem ad inhonesta et turpia sollicitare vel provocare sive verbis, sive signis, sive nutibus, sive tactu, sive per scripturam aut tunc aut post legendam, sive inter se, sive cum aliis perpetranda, etiam confessione non secuta, tentaverint, aut cum eis illicitos et inhonestos sermones vel tractatus temerario ausu habuerint. (Greg. XV et Bened. XIV.)

(1) Religiosi nihil dare possunt sine licentia superioris, quia bonorum monasterii non sunt domini. Munus reputatur grave, si quantitas materiæ sufficit ad furtum mortale. Sed superiores donare possunt juxta ordinis sui regulam, vel approbatam consuetudinem.

II.

CHAPITRE LXIV.

Des censures et des cas réservés à Monseigneur l'Evêque de Châlons.

ARTICLE 1er.

665. — *Cas réservés avec censures.*

§ 1er.

De Casibus R. R. D. D. Episcopo Catalaunensi reservatis, cum excommunicatione latæ sententiæ.

I.

Percussio levis clerici ut talis cogniti ad sensum juris (1).

II.

Homicidium voluntarium per se vel per alium commissum (2).

III.

Furtum vasis sacri sanctam Eucharistiam continentis (3).

§ 2me.

De Casibus R. R. D. D. Episcopo Catalaunensi reservatis, cum suspensione latæ sententiæ.

I.

Peccatum clerici in sacris constituti, qui, sine permissione, domi secum retinet, quâcumque de causa, vel ultra decem dies

---

(1) Vide excommunicationem secundam latæ sententiæ simpliciter reservatam pro violenti percussione. Hæc excommunicatio est de jure communi.

(2) Reus incurrit insuper irregularitatem Papæ reservatam.

(3) Vide supra *fol.* 181 excommunicationes latæ sententiæ episcopis reservatas in Const. *Apostolicæ sedis.*

:ontinuos in quibus numerantur adventus et profectus diebus, vel pluries iterando, per sexaginta dies discontinuos a prima usque ad ultimam diem ejusdem anni, mulierem quæ duodecimum annum implevit, et nondum habet annos quadraginta plenos, etiamsi hæc mulier domi non pernoctet.

Excipiuntur tamen mater, amita, matertera, soror, et etiam fratris aut sororis filia quæ trigesimum annum adimplevit. — N^{ns} 53, 54 des Statuts. —

II.

Peccatum clerici in sacris constituti, qui in loco domicilii sui, aut in parœciis sibi commissis, in cauponis aut diversoriis comederet aut biberet, nisi fiat causa necessitatis, vel nisi in loco sejuncto a consanguineo aut affine usque ad secundum gradum inclusive, vel a magistratu dicto *le Maire*, vel a præside Concilii vulgo dicti *Conseil de Fabrique*, invitatus fuerit. — N° 61 des Statuts. —

III.

Violatio mandati quo vetitum est ne clerici in sacris constituti Diœceseos Catalaunensis, sine licentia Episcopi, ad alias Diœceses transeant ut ibi commorentur et domicilium figant. — N° 87 des Statuts. —

IV.

Peccatum sacerdotis curam animarum habentis qui sine causa legitima vel absque impedimento gravi ter in eodem mense, plebem sibi commissam sive in una sive in altera ex ecclesiis quibus deservit per se vel per alium erudire omitteret, vel in quadragesima concionem non haberet saltem semel per duas hebdomadas in unaquaque ex ecclesiis quibus præest.

Si quid obstet, ea de re ad D. Episcopum referatur.

Excipitur tempus messis et vindemiæ vel vacationis a studiis, dummodo ultra duos menses non producatur. — N° 135 des Statuts. —

V.

Incuria sacerdotis curam puerorum habentis qui, sine causa legitima vel absque nostra licentia, per quindecim dies plenos et continuos, pueros, per duos annos qui præcedunt primam communionem, catechismum docere non curaret, vel qui ab iisdem pueris catechisandis abstineret, sub iisdem conditionibus, per tres hebdomadas plenas et continuas in ecclesia succursali sibi commissa absque residentia, vel per quatuor hebdomadas plenas et continuas in Ecclesia annexa, nisi illæ Ecclesiæ ei accidentaliter tantum committantur.

Excipiuntur tres menses per annum, in quibus comprehenduntur festa pascalia et tempus messis et vindemiæ vel vacationis a studiis. — N°s 163 et 164 des Statuts. —

VI.

Peccatum parochi vel confessarii qui voluntarie negligeret pueros qui septimum annum adimpleverunt, semel in anno, et pueros qui, currente anno, ad primam communionem admittendi sunt, quater in anno ante exercitia spiritualia quæ hunc actum solemnem præcedunt, vocare ad tribunal pœnitentiæ. — N° 199 des Statuts. —

VII.

Peccatum sacerdotis qui, sine Episcopi approbatione, Pœnitentiæ sacramentum administrare præsumit. — N° 358 des Statuts. —

VIII.

Peccatum Confessoris qui a casu reservato scienter absolvit sine DD. Episcopi licentia. — N° 364 des Statuts. —

IX.

Omnem jurisdictionem amitteret sacerdos qui rite convocatus, sine legitima causa examinatoribus die indicta non se siste-

ret per quinquennium a suscepto presbyteratûs ordine. —
N° 321 des Statuts. —

ARTICLE 2ᵐᵉ.

664. — *Cas réservés sans censure.*

I.

Injuriosa percussio patris aut matris.

II.

Perjurium coram judice aut alia auctoritate legitima ex officio
interrogante.

III.

Fornicatio aut crimina contra sextum Decalogi præceptum
fornicatione graviora in ecclesia aut in alio loco sacro patrata.

IV.

Incestus in primo seu consanguinitatis, seu affinitatis gradu.

V.

Infandum crimen sodomiæ inter personas ejusdem vel diversi
sexus, necnon horrendum et portentosum crimen bestialitatis :
quod utrumque reservatur, etiamsi non fuerit consummatum.

VI.

Omne peccatum ex natura sua impudicum, et mortale quatenus externum, inter clericum in sacris constitutum et perso-
nam alterius vel ejusdem sexûs. Hæc reservatio solum afficit
clericum.

VII.

Incuria parentum qui per tres hebdomadas plenas differunt
pueros recens natos ad baptismum afferre. — N° 343 des Statuts. —

Article 3me.

665.—*Quædam explanationes super casibus R.R.D.D. Episcopo
Catalaunensi reservatis.*

1° Meminerint confessarii sui esse muneris ut, quantum
prudentia permiserit, sedulo moneant pœnitentes de censuris et
reservationibus quas incurrerint, ad vigorem disciplinæ ser-
vandum, et ad salutarem horrorem tantarum culparum incu-
tiendum ; et si debita facultate ad absolvendum a reservatis
sunt donati, maximi momenti erit hæc salutaris admonitio, ut
peccatores sui peccati gravitatem clarius intelligant.

2° Ne alicui vertatur in ruinam quod ad bonum animarum
institutum est, volumus tolli reservationem censurarum et ca-
suum Nobis reservatorum vel ad Nos devolutorum :

Quando pœnitens *sine culpa mortali* peccati reservati in confessione oblitus est ;

Quando confessarius pro reservatis non approbatus absolvit
ex oblivione vel ex ignorantia a peccato reservato ;

Quando pœnitens peccatum quod scit esse reservatum confi-
tetur non habenti potestatem sed credens eum debita facultate
muniri ;

Quando pœnitens, licet *confessionem nullam* ob quamcumque
causam fecerit, absolutus fuit a confessario debita facultate
donato, nisi tamen culpabiliter celaverit *ipsum peccatum reservatum* ;

Quando *simplex* confessarius absolvit peccatum dubie reservatum quod postea certo reservatum agnoscitur.

3° Quando pœnitens reservationem nescit, si confessarius
debita potestate carens scienter eum absolvit, validam quidem
esse volumus absolutionem, sed illicitam, et confessarius incurrit suspensionem supra relatam.

4° Insuper omnes sacerdotes a Nobis approbati ad excipien-
das confessiones, possunt absolvere a censuris et peccatis Nobis
reservatis vel ad Nos devolutis, *iis exceptis quæ Nobis infra
specialiter reservamus in Numero 5°, scilicet :*

— Quos in pœnitentiæ tribunali, sive ad primam communionem, sive ad confirmationem, sive ad matrimonium proxime disponunt.

— Feminas, cum a sacerdote qui ad reservata polleat, leucarum amplius trium intervallo distantes inveniuntur.

— Mulieres gravidas quæ sese existimant ad sextum prægnationis mensem pervenisse.

— Milites et juvenes qui e parochia digrediuntur militiæ adscribendi.

— Carceribus inclusos.

— Eos omnes qui ad seriam morum emendationem, anteactæ totius vitæ, aut saltem trium annorum confessionem emiserint.

— Fideles qui ad sacrum pœnitentiæ tribunal intra tempus communioni pascali præfixum accedunt.

Et volumus omnes pœnitentes de quibus hic agitur absolvi posse a peccatis et censuris, ut diximus, licet eorum confessio fuerit tantum incœpta dum versabantur in circumstantiis privilegii a Nobis concessi.

5° In circumstantiis quas in præcedenti quarto numero retulimus, et quotiescumque concedemus confessariis quibuslibet, facultatem absolvendi a censuris et casibus Nobis reservatis, vel a censuris et casibus Summo Pontifici reservatis et ad Nos devolutis, volumus semper excipi duodecim excommunicationes speciali modo Papæ reservatas, et casum *specialiter* Papæ reservatum sine censura, ob rationes superius expositas.

Nullus ergo confessarius ab his excommunicationibus et ab hoc casu poterit absolvere, nisi in facultate a Nobis concessa pro reservatis, de iis formalis et explicita mentio facta fuerit.

6° Facultas absolvendi a casibus reservatis ad tempus determinatum concessa perseverat, etiam exacto isto tempore, relative ad confessiones incœptas, nisi sacerdos qui præfatam obtinuit facultatem, fuerit postea omni jurisdictione privatus.

CHAPITRE LXV.

666. — **Vœux réservés au Souverain-Pontife.**

1° Votum ingrediendi religionem ab Ecclesia approbatam.
2° Votum castitatis perpetuæ.
3° Votum peregrinationis ad sanctum Jacobum Compostellæ, vel ad urbem sanctam Jerusalem, vel ad limina Apostolorum.

Hæc vota non sunt reservata, si non sunt absoluta, determinata, perfecta ratione materiæ et libertatis.

APPENDICE.

I.

ARTICLE PREMIER. — La Retraite pastorale sera organisée de façon que la moitié du clergé en suive les exercices chaque année dans les bâtiments de Notre Grand Séminaire.

ART. 2. — Chaque année, au jour de la distribution des saintes huiles, MM. les Doyens désigneront les prêtres qui devront en faire partie. S'il y a plusieurs retraites, ils feront une répartition calquée sur les besoins du service paroissial et enverront immédiatement leurs noms à l'évêché.

ART. 3. — Chaque retraite durera quatre jours au moins, sans compter les jours de l'ouverture et de la clôture des exercices.

ART. 4. — Chacun devra se rendre à la Retraite qui lui aura été assignée par son Doyen. Nul ecclésiastique résidant sur le territoire du diocèse n'est affranchi de la loi qui impose tous les deux ans au moins, une Retraite à tous Nos prêtres, dans Notre Grand Séminaire.

ART. 5. — En cas d'empêchement, on pourra permuter avec un confrère du même doyenné désigné pour la même année, en Nous avertissant quinze jours à l'avance.

S'il survient un empêchement imprévu dans les jours qui précéderont la Retraite, on devra Nous en prévenir immédiatement, se faire remplacer par un confrère du même doyenné, et justifier ensuite devant Nous que l'on a fait sa Retraite, avant le 1ᵉʳ novembre de l'année courante.

Au cas où on n'aurait pas obtenu l'agrément de l'Evêque ou de ses représentants, Nous ne considérons pas comme des motifs suffisants de dispense, de retard ou de départ anticipé, l'éloignement de Notre ville épiscopale, les mariages, les enterrements, les maladies des paroissiens, les fêtes patronales ou autres, etc.

Art. 6. — Les Supérieurs de Nos maisons ecclésiastiques feront le partage entre les deux retraites annuelles, de la moitié du personnel de l'établissement qu'ils dirigent, dans les conditions indiquées à l'article 2.

Art. 7. — Tous les ecclésiastiques désignés pour faire partie d'une Retraite devront y être présents depuis le premier jusqu'au dernier exercice. Ils prendront tous leurs repas dans la maison où elle aura lieu, et ils y passeront tout leur temps, sans pouvoir en sortir sous quelque prétexte que ce soit, même aux heures des récréations.

Art. 8. — Ils passeront leurs moments libres dans leurs chambres, ou à la chapelle, ou dans les salles préparées à cet effet. Tous auront aussi la faculté de se promener dans les jardins, en se livrant à une lecture pieuse ou à la méditation ; mais personne ne devra se promener dans les corridors.

Art. 9. — Les récréations se prendront dans les jardins, dans la salle des exercices et dans les corridors du rez-de-chaussée. Les Retraitants ne pourront régler leurs affaires avec Notre Chancellerie ou se rendre au magasin de la maison que pendant les récréations.

Art. 10. — Ils se feront une règle invariable de garder le silence en dehors du temps et du lieu de la récréation. Ils ne sauraient employer de moyen plus efficace que celui-là pour attirer sur eux les bénédictions célestes, et pour goûter, sans défaillance et sans ennui, les charmes et les fruits de l'union avec Dieu.

Ils ne pourront entrer dans la chambre de l'un de leurs confrères que pour la confession. Hors ce cas, ils ne devront se mettre en rapport qu'avec Nous, avec Nos Vicaires généraux, avec le Prédicateur de la Retraite ou avec le Supérieur et l'Econome de Notre Grand Séminaire, évitant, s'il se peut, de parler de choses étrangères à la Retraite ou à leurs besoins spirituels.

Art. 11. — Aucune visite ne sera admise au parloir ni à plus forte raison dans l'intérieur de la maison. Les ecclésiastiques étrangers à la Retraite ne pourront entrer au Séminaire que dans le cas où ils auraient besoin de Nous parler, à Nous, à Nos Vicaires généraux, au Prédicateur de la Retraite, ou à MM. le Supérieur et les Directeurs du Grand Séminaire.

Art. 12. — Les lettres adressées aux retraitants leur seront portées immédiatement dans leurs chambres. Ils déposeront celles qu'ils croiront nécessaire d'écrire, dans une boite destinée à cet usage.

Art. 13. — Les Prêtres qui, sans faire partie de la Retraite, désireront assister aux instructions, s'y rendront par la porte extérieure de la Chapelle, qui sera ouverte un quart-d'heure avant et fermée un quart-d'heure après chaque instruction.

Dans aucun cas, ils ne devront se mettre en rapport avec les membres de la Retraite.

Art. 14. — Les Retraitants se feront un devoir de suivre tous les exercices spirituels de la journée, et ils feront en sorte de réciter le bréviaire en commun.

Art. 15. — Tous assisteront à la messe de Communion générale qui servira de clôture aux exercices de la Retraite.

Art. 16. — Ils auront à cœur de faire une offrande pour les soins spirituels et corporels qui leur sont donnés pendant la Retraite. Cette offrande, qui est fixée à dix francs par an pour tous les prêtres sans exception, même pour ceux qui n'assistent pas à la Retraite, sera recueillie par les soins de MM. les Doyens chaque année, le jour de la distribution des Saintes-Huiles, et, à la même époque, par MM. les Supérieurs de Nos maisons diocésaines, et envoyée par eux au Secrétaire de l'Evêché.

Art. 17. — On ne pourra s'occuper des affaires matérielles telles que les achats, les règlements de compte, etc., que pendant les récréations ou après la messe de communion générale (1).

(1) 1° MM. les ecclésiastiques qui auraient besoin de soins particuliers sont invités à s'adresser à M. le Supérieur ou à M. l'Econome du Grand Séminaire, qui ne négligeront rien pour leur épargner toute souffrance et toute gêne.

2° Afin de leur procurer le moyen de faire leurs affaires au dehors le

Ordre de la journée.

PREMIER JOUR. — Ouverture de la Retraite à 6 *heures*. — Souper. — Récréation.

A 8 *heures* 1/2, — Prière. — Coucher.

DEUXIÈME, TROISIÈME, QUATRIÈME ET CINQUIÈME JOUR — A 5 *heures*, lever.

A 5 *heures* 1/2, Oraison.

A 6 *heures* 1/4, la Sainte Messe.

A 8 *heures*, le Déjeûner suivi de la récitation des Petites-Heures.

A 9 *heures* 1/2, Entretien suivi de quelques instants de méditation.

A 11 *heures* 3/4, Examen particulier.

A *midi*, Dîner suivi de la récréation.

A 1 *heure* 3/4, Récitation du Chapelet, puis des Vêpres et Complies, en commun, à la Chapelle.

A 3 *heures*, Conférence suivie de quelques instants de méditation.

A 4 *heures*, récitation des Matines et Laudes, en commun.

A 5 *heures* 3/4, Entretien suivi de quelques instants de méditation : puis Salut du Très Saint-Sacrement.

A 7 *heures*, Souper suivi de la Récréation.

A 8 *heures* 1/2, Prière du soir. — Sujet d'Oraison ; puis Coucher.

SIXIÈME ET DERNIER JOUR. — A 4 *heures*, Lever.

A 4 *heures* 1/2, Méditation.

A 5 *heures*, Messe de Communion générale, et, à la suite, rénovation des promesses cléricales, si elle n'a pas eu lieu la veille.

---

jour de l'ouverture et le jour de la clôture de la Retraite, un repas sera préparé à midi le premier jour et après la messe de communion le dernier jour, pour tous ceux qui auront prié M. l'Econome du Grand Séminaire de les inscrire à cet effet huit jours avant l'ouverture des exercices.

II.

Programme ou Résumé du questionnaire des Visites faites, en Notre nom, dans les paroisses, par MM. les Vicaires généraux, Archiprêtres et Doyens.

— Nº 112 des Statuts. —

Nota. — 1º Ce Programme indique, d'une manière générale, chaque objet de la visite pastorale. Mais Notre délégué pourra être muni d'un questionnaire plus détaillé qu'il remplira dans le cours de la visite.

2º Ce Programme peut servir pour les Eglises succursales sans Pasteur résidant, et pour les annexes et chapelles, en supprimant quelques articles qui ne leur sont pas applicables.

I. — EGLISE.

Etat du gros œuvre..........
Sanctuaire...................
Autels......................
Tabernacles.................
Pierres sacrées..............
Chaire......................
Chapelles...................
Bancs......................
Confessionnaux..............
Fonts baptismaux.............
Piscine.....................
Sacristie....................
Ornements..................
Linge......................
Calice......................
Ciboire, Ostensoir............
Vaisseaux aux saintes huiles..
Livres liturgiques............
Autres objets servant au culte.
Reliques....................

Tableaux des fondations.......
Registre des Baptêmes, Mariages,
  Sépultures, 1res Communions,
  Confirmations.............
Registre dit *de paroisse*........
Cartons portant les noms du
  Pape et de l'Evêque.........
Inventaire...................
Est-il récolé chaque année ?...
Chapelles domestiques..........
Autres Chapelles..............

II — MINISTÈRE PAROISSIAL.

M. le Curé, son nom, sa santé,
  ses difficultés.............
Vicaires et autres ecclésiastiques.
Personnel de sa maison........
Les offices sont-ils chantés ?
  Vêpres — Saluts —.........
Baptême. Est-il différé ?......
Tous les enfants sont-ils baptisés?

Œuvre des Tabernacles........ Sainte-Enfance...................
Adoration perpétuelle......... Confréries.....................
Propagation de la Foi......... Quêtes.........................

III.

Indult pontifical dispensant, dans certains cas,
les Curés de l'obligation de dire une messe pour leur seconde
paroisse, les jours de dimanches, de fêtes d'obligation et de fêtes
supprimées pour lesquelles le binage est permis.
— Nº 120 des Statuts. —

Die 16 martii 1885. Sanctissimus Dominus noster, audita
relatione secretarii S. Congregationis Concilii, ad triennium
tantum prorogat renovationem Indulti vi cujus suæ Diœcesis
parochi duabus ecclesiis succursalibus inservientes, dispensan-
tur ab applicatione missæ pro populo in secunda Ecclesia,
quando diebus Dominicis et festis hanc secundam missam
dicere non potuerunt, sive ob morbum, intemperiem, inunda-
tionem, sive quando celebrant secundam missam in ecclesia
vicini parochi ægrotantis, ea tamen lege ut unica missa pro
populo utriusque parœciæ dicatur.

IV.

Indult pontifical dispensant les curés de l'obligation
de dire une messe pour leur seconde paroisse, à l'occasion
des fêtes supprimées où ils ne peuvent en dire qu'une,
parce que le binage n'est pas permis.
— Nº 120 des Statuts. —

Die 29 Januarii 1883. Sanctissimus Dominus noster, audita
relatione infra scripti secretarii S. Congregationis Concilii, ad
triennium tantum prorogat renovationem Indulti cujus vigore
Episcopus Catalaunensis dispensare possit suæ diœcesis paro-
chos duobus inservientes parochiis, ab applicatione secundæ

missæ pro populo diebus festis suppressis in quibus binandi licentiam non habent; ita ut unica missa applicetur pro populo utriusque parochiæ.

———

V.

Indult pontifical autorisant les curés à ne pas dire la messe pour leurs paroissiens, les jours de fêtes supprimées qui ne tombent pas le dimanche, et à recevoir un honoraire pour cette messe, à condition qu'ils verseront cet honoraire entre les mains de l'Evêque, en faveur des œuvres diocésaines.
— Nᵒ 120 des Statuts. —

Die 26 Aprilis 1885. Sanctissimus Dominus noster, audita relatione infra scripti Cardinalis Præfecti S. Congregationis Concilii, attentisque peculiaribus circumstantiis, ad septennium proximum tantum prorogat renovationem Indulti vi cujus licet omnibus parochis Diœcesis Catalaunensis applicare expositis necessitabus hujus diœcesis eleemosynas missarum quas pro populo dicere tenentur in festis in quibus fideles apud Gallos ex Concordato non jam tenentur audire missam, ea conditione ut, cura Episcopi, singulis diebus festis suppressis applicentur tres missæ pro cuncto populo Diœcesis, et eleemosynas missarum sic celebratarum Parochi coram Episcopo deponant (1).

———

(1) Nous ferons les observations suivantes sur les trois Indults que Nous venons de rapporter :

1° Nous avons l'espoir qu'ils seront renouvelés au moment où ils prendront fin. S'ils ne l'étaient pas, Nous en avertirions MM. les Curés dans l'*Ordo.*

2° MM. les Curés ne sont dispensés d'appliquer la messe à leurs paroissiens, les jours de fêtes supprimées, qu'à condition qu'ils en verseront l'honoraire en faveur des œuvres diocésaines. Autrement, ils sont obligés de dire la messe pour leurs paroissiens.

3° L'Indult oblige MM. les Curés à verser intégralement entre Nos mains, l'honoraire de la messe qu'ils ont dite le jour d'une fête supprimée.

VI.

Renseignements sur l'Œuvre des Mères chrétiennes.
— Nos 235 et 236 des Statuts. —

On connaît le Règlement de l'*Association des Mères chré-tiennes* dont le centre est à Paris, à Notre-Dame de Sion.

Il nous suffira donc de donner ici un abrégé du Règlement de l'*Association des Mères de famille de la classe ouvrière*, du Diocèse de Châlons.

BUT.

1° S'instruire sur les devoirs d'épouse et de mère.

2° Enseigner aux enfants la prière et le catéchisme que l'école n'enseigne plus.

3° Former les enfants par l'exemple des devoirs religieux, et préparer par là à la vieillesse des parents le respect et les soins qui leur sont dus.

ORGANISATION.

1° L'Association est dirigée par un prêtre Directeur et par le Conseil des Mères chrétiennes, sous le patronage de Monseigneur l'Evêque.

Mais Nous les autorisons à conserver l'excédent de l'honoraire d'un franc par chaque messe. Cette autorisation s'applique aux honoraires des messes de binage dont Nous parlerons plus loin. — XVI. —

4° Lorsqu'ils se sont engagés à faire l'abandon des honoraires des messes des fêtes supprimées en faveur des œuvres diocésaines, Nous les dispensons de Nous verser ces honoraires, s'ils n'ont pas pu célébrer la sainte messe pour cause de maladie ou de retraite annuelle. Mais Nous ne pouvons dans aucun cas les dispenser d'appliquer ces messes à leurs paroissiens, par eux-mêmes ou par d'autres, s'ils n'ont pas pris cet engagement.

5° L'Indult nous impose le devoir de faire célébrer trois messes, tous les jours de fêtes supprimées, pour les paroisses du Diocèse dont les curés appliquent l'honoraire de leur messe, en ces jours, aux œuvres diocésaines. Cette obligation est scrupuleusement remplie.

2° Les associées doivent se réunir, chaque premier dimanche du mois, dans l'Eglise paroissiale.

3° La réunion du mois comprend l'instruction du Directeur, la lecture des recommandations suivies d'un *Pater* et d'un *Ave*, avec la prière des Mères chrétiennes ; elle est terminée par un salut.

CONDITIONS.

1° Être mariée ou veuve.

2° Faire inscrire ses nom et prénoms.

3° Assister exactement aux réunions.

4° Porter et faire porter aux enfants une médaille de la Sainte-Vierge.

5° Avoir un crucifix dans la maison.

L'Association est gratuite.

PRIÈRE DES MÈRES CHRÉTIÉNNES A DIRE CHAQUE JOUR.

O Marie, Vierge immaculée et Mère de douleur ! parlez de nos chers enfants au Cœur adorable de Jésus qui ne refuse rien à sa mère ; intercédez pour eux.

Saints Anges gardiens, priez pour eux.

Saint Joseph, puissant protecteur, priez pour eux.

Saint Jean, disciple bien-aimé du cœur de Jésus, priez pour eux.

Sainte Anne, mère de Marie, priez pour eux.

Saint Augustin, priez pour eux.

Saint Louis de Gonzague, priez pour eux.

Sainte Monique, priez pour eux et pour nous. Ainsi soit-il.

Ce Règlement peut être modifié, selon les besoins de chaque paroisse, avec l'autorisation épiscopale.

Comme il est important de faire une instruction à chaque

réunion mensuelle, nous publions ci-dessous le tableau des principaux sujets qu'il nous paraît utile de traiter (1).

Instructions préliminaires.

I. Objet de l'Œuvre.
II. Histoire de l'Œuvre.
III. But de l'Œuvre.
IV. Importance de l'Œuvre.
V. Opportunité de l'Œuvre.
VI. Devoirs des Associées.
VII. Avantages de l'Œuvre.
VIII. Dévotions particulières de l'Œuvre.
IX. Fêtes spéciales de l'Œuvre.
X. Zèle des Associées pour l'Œuvre.

SÉRIE I.

La femme chrétienne et les biens qu'elle introduit avec elle dans la famille.

XI. Eloge de la femme chrétienne.
XII. Définition de la femme chrétienne.
XIII. Comment elle se forme.
XIV. Premier bien de famille, la paix.
XV. L'estime, première condition de paix.
XVI. Le respect, deuxième condition de paix.
XVII. Le support, troisième condition de paix.
XVIII. Deuxième bien de famille, la véritable affection.
XIX. Obstacles à la véritable affection.
XX. Conseils pratiques concernant ce bien.
XXI. Troisième bien de famille, le bonheur.
XXII. Obstacles au bonheur.

(1) Nous avons l'espérance de voir publier prochainement une analyse assez étendue de toutes ces instructions.

Série II.

La femme chrétienne dans son intérieur. Vertus domestiques.

Série III.

L'épouse chrétienne et son mari.

Série IV.

La mère chrétienne et ses enfants.

SÉRIE V.

La femme chrétienne et les autres personnes de sa maison.

SÉRIE VI.

La femme chrétienne dans ses relations extérieures.

VII.

*Résumé des règles à suivre pour l'organisation
et le fonctionnement de l'Œuvre des Séminaires
dans chaque paroisse.*

— Nos 238, 239, 240, 241. —

1° Constituer dans la paroisse un Conseil de l'Œuvre. Ce Conseil, ne fût-il composé que de trois Membres, aurait une réelle utilité au point de vue du recrutement de l'Œuvre et de son fonctionnement.

2° Se procurer un registre exclusivement consacré à *l'Œuvre des séminaires* dans la paroisse et portant ce titre :

*Association pour les besoins des séminaires du diocèse
de Châlons-sur-Marne.*

MM. les Curés qui desservent plusieurs succursales auront un registre spécial pour chaque succursale.

3° Assurer à tous les associés les avantages spirituels de l'Œuvre en inscrivant, au commencement du registre, leurs noms et prénoms avec la date de leur entrée dans l'association.

Chaque page de la première partie du registre peut être disposée comme il suit :

ANNÉE 1886-87.	NOMS DES ASSOCIÉS.	SOUSCRIPTIONS.
23 Mai	M. A	....
24 Mai	M. B......................	....

4° Faire comprendre à ceux qui sont favorisés des dons de la fortune que la cotisation de 0,60 centimes par an est un *minimum* adopté pour permettre à toutes les personnes de bonne volonté et même aux enfants de s'associer à l'Œuvre ; mais que les catholiques plus ou moins aisés s'honoreront en faisant une offrande proportionnée à leurs moyens, en s'inscrivant parmi les *Bienfaiteurs* dont la souscription est fixée au *minimum* de 20 francs par an, s'ils ne peuvent pas prétendre au titre de *Fondateurs*, en créant une bourse entière, ni même procurer une demi-bourse ou une fraction de bourse, soit temporairement, soit à perpétuité.

5° Nommer des *zélateurs* et *zélatrices* chargés de provoquer dix adhésions, de recueillir les souscriptions annuelles de leur dizaine, de propager la connaissance de l'Œuvre, et même d'encourager et de signaler les enfants qui manifesteraient des dispositions pour l'état ecclésiastique.

6° Réunir le Conseil de chaque Confrérie ou Association paroissiale pour délibérer sur les moyens de l'affilier à l'Association de Saint-Joseph, et de remplir les obligations résultant de cette affiliation.

La Confrérie ou Association pourra, soit réclamer à chacun de ses membres une cotisation de 0,60 centimes, soit, afin d'alléger leurs charges, prélever, en totalité ou en partie, sur ses ressources, la somme nécessaire pour leur donner droit aux avantages spirituels de l'Œuvre.

7° Dans la seconde partie du registre, affecter une page spéciale aux recettes de chaque zélateur ou zélatrice, selon le modèle ci-dessous :

ZÉLATEUR OU ZÉLATRICE : M. X.

| NOMS | VERSEMENTS ANNUELS. | | | | |
des Associés de la dizaine.	1886-87.	1887-88.	1888-89.	1889-90.	1890-91.
. . . .	. . . . . .	. . . . . .	. . . . . .	. . . . . .	. . . . . .
. . . .	. . . . . .	. . . . . .	. . . . . .	. . . . . .	. . . . . .
Total	. . . . . .	. . . . . .	. . . . . .	. . . . . .	. . . . . .

8° Dans les paroisses assez heureuses pour avoir des *Bienfaiteurs* et des *Fondateurs*, réserver quelques pages pour y inscrire leurs noms, et pour y faire mention des renseignements utiles à conserver sur les fondations et les autres dons exceptionnels.

9° Recueillir les cotisations annuelles qui n'auraient pas été versées auparavant, dans la semaine qui précède et dans la semaine qui suit la fête du Patronage de saint Joseph (3ᵉ dimanche après Pâques).

Célébrer cette fête, conformément aux règles tracées dans les Statuts, Nᵒ 241.

Dresser, à la même époque, la liste annuelle des *Bienfaiteurs* et *Fondateurs* de la paroisse.

Faire acquitter, au même moment, s'il y a lieu, la messe à laquelle ont droit, chaque année toutes les paroisses, communautés, confréries ou associations qui ont recueilli au moins 50 cotisations de 0,60 centimes pour l'année. L'honoraire sera prélevé sur les cotisations.

Le registre devra contenir un article spécial pour cette dépense, et pour les autres dépenses locales de l'Œuvre.

10° Inscrire sur le Bordereau trimestriel qui doit être transmis à l'Évêché, avant le 1ᵉʳ juillet :

1° Le montant des sommes recueillies, déduction faite des dépenses dont il vient d'être question au n° 9 ;

2° Les noms des *Bienfaiteurs* et *Fondateurs* ;

3° Les noms des *Zélateurs* et *Zélatrices* ;

4° Le nombre des *Associés*.

Tous ces renseignements sont nécessaires pour aider à préparer le compte-rendu général qui doit être fait au moment des retraites pastorales.

11° Recevoir, avec reconnaissance, soit les dons anonymes, soit les dons inférieurs à 0,60 centimes, et les inscrire, comme les autres, sur le registre de l'Association.

12° S'appliquer à découvrir les enfants qui se distinguent par leur piété, leur intelligence, leurs bonnes dispositions, — les encourager, — disposer leurs parents à les faire entrer au Petit-Séminaire, — leur apprendre même les éléments de la langue latine, si les circonstances le permettent.

13° Propager la connaissance de l'Association et saisir toutes les occasions pour en expliquer le but, les conditions et les avantages.

1° But.

Assurer le recrutement du sacerdoce compromis :

1° par les projets de loi militaire ;

2° par la suppression des secours de l'État ;

3° par les écoles sans prière et sans catéchisme ;

4° par les mauvais journaux.

2° Conditions.

1° Les simples associés....... 5 centimes par mois.

2° Les bienfaiteurs.......... 20 francs par an.

3° Les fondateurs........... Création d'une bourse.

3° Faveurs.

1° Une messe chaque année pour chaque fondateur.

2° Une messe chaque 1er mercredi du mois pour tous les bienfaiteurs et zélateurs.

3° Une messe pour tous les associés aux fêtes suivantes :

Saint Joseph.	Saint Memmie.
Patronage de Saint-Joseph.	Saint Charles Borromée.
Saint Jean l'Evangéliste.	Saint Vincent de Paul.

Saint François de Sales.

4° Une prière pour les associés vivants et un *De profundis* pour les associés défunts, chaque jour dans les séminaires.

5° Aux fêtes du Patronage de Saint Joseph, de Saint Memmie et de Saint Vincent de Paul, indulgence plénière.

6° Pour chaque *Ave Maria*, avec ces invocations :

« Cœur Sacré de Jésus, ayez pitié de nous.

« Saint Joseph, priez pour nous. »

Indulgence de 100 jours.

VIII.

Règlement de l'Association diocésaine de prières pour les Prêtres défunts. — N° 104 des Statuts. —

(Extrait de l'Ordonnance de Monseigneur l'Evêque de Châlons, érigeant canoniquement une Association diocésaine de prières pour les prêtres défunts.)

Art. 1.— Une Association diocésaine de prières pour les Prêtres défunts est établie dans le diocèse de Châlons-sur-Marne, sous le patronage et l'invocation de saint Joseph, patron de la bonne mort.

Art. 2.— Tous les prêtres ordonnés ou admis dans le diocèse peuvent être membres de cette association.

Ils en font partie le jour de leur inscription jusqu'à la fin de leur vie, à moins qu'ils ne quittent le diocèse, ou qu'ils ne fassent connaître leur intention de renoncer aux charges et aux bénéfices de l'Œuvre.

Art. 3.— Lorsque la nouvelle de la mort d'un prêtre associé

leur sera parvenue, ils devront offrir une fois pour lui le Saint-Sacrifice de la messe, dans le plus bref délai possible (1).

ART. 4. — Les prêtres que leurs infirmités mettent dans l'impossibilité de célébrer les saints mystères, peuvent être admis dans l'Association ou continuer à en faire partie, pourvu qu'ils consentent à réciter ou à faire réciter trois fois le chapelet pour chaque Associé défunt.

ART. 5. — Le Souverain Pontife a daigné accorder la faveur de l'Autel privilégié à tous les membres de l'Association, pour toutes les messes qu'ils célébreront, sur quelque autel que ce soit, à l'intention des associés défunts.

ART. 6. — Nous exhortons tous les membres de l'Association à recommander souvent leurs confrères, vivants ou morts, au *Memento* des vivants et au *Memento* des morts, en offrant le Saint-Sacrifice de la messe.

Châlons, le 15 janvier 1874.

IX.

Echange de pouvoirs entre Monseigneur l'Evêque de Châlons et NN. SS. les Archevêque et Evêques de Reims, Soissons, Meaux, Troyes, Langres et Verdun. — Nos 363 et 446.

Indépendemment des pouvoirs accordés, d'une manière générale, aux curés, vicaires et aumôniers des diocèses limitrophes dont les paroisses confinent au territoire du diocèse de Châlons, Nous autorisons les prêtres des diocèses de Reims, Soissons, Meaux, Troyes, Langres et Verdun, approuvés par leurs Evêques pour la confession et employés dans les paroisses limitrophes de Notre diocèse, à confesser, avec l'agrément du propre pasteur, dans tout le canton dont ils touchent les limites.

---

(1) Les membres de l'Association sont désignés dans l'*Ordo* par ce signe : †. Ils doivent se faire inscrire avant le mois de Juillet, pour faire partie de l'Association au 1ᵉʳ Janvier suivant.

Les mêmes pouvoirs sont accordés aux prêtres de Notre diocèse :

Par NN. SS. les Archevêque et Evêques de Reims, Langres et Verdun, dans les mêmes conditions ;

Par NN. SS. les Evêques de Soissons et de Meaux, dans les paroisses de leur diocèse qui ne sont pas éloignées de plus de trois lieues de leur propre paroisse, de clocher à clocher.

Et par Monseigneur l'Evêque de Troyes, dans les paroisses de son diocèse qui ne sont pas éloignées de plus de quinze kilomètres de leur propre paroisse, de clocher à clocher.

Pour les diocèses ci-dessus et pour le diocèse de Metz, lorsque l'un des contractants leur appartient, il suffit de demander dispense de la publication de bans à l'Evêque dans le diocèse duquel le mariage doit être célébré.

X.

Formule de la publication de bans de l'aspirant au sous-diaconat ou à la prêtrise. — N° 420 des Statuts. —

Nous vous avertissons que N.... fils de N.... et de N.... (*dire si les parents sont décédés*) a dessein de se présenter à Monseigneur l'Evêque le......... pour être ordonné sous-diacre *ou* pour être ordonné prêtre.

Ceux qui connaîtraient dans sa personne ou dans sa vie quelque défaut notable et contraire à la sainteté de l'état ecclésiastique sont obligés en conscience de nous le déclarer. Nous leur recommandons cependant d'agir avec prudence, non par prévention ou par quelque passion contraire à la charité, et de n'avoir en vue que la gloire de Dieu, l'honneur de l'Eglise et le bien de la religion.

C'est pour la première, *ou* la seconde, *ou* la troisième publication.

XI.

Modèle de certificat de publication de bans pour les saints Ordres.
— N° 420 des Statuts. —

Illustrissimo ac Reverendissimo in Christo Patri et Domino, Domino Episcopo Catalaunensi, N., Pastor Ecclesiæ vulgò dictæ N...., Vestræ diœcesis, obedientiam et reverentiam.

Fidem facio diebus dominicis *vel* festis, videlicet *tali, tali* et *tali* die mensis N..... anni N....., inter missarum solemnia clero populoque denuntiatum fuisse dilectum in Christo N.... Acolythum, *vel* Diaconum Vestræ diœcesis à Vobis ad sacrum Subdiaconatûs *vel* Presbyteratûs ordinem die... Deo juvante, esse promovendum, nemine reclamante aut impediente. Præterea testor ipsum quantum humana fragilitas nosse sinit, nullo canonico impedimento innodari, quominus prædictum Subdiaconatûs *vel* Presbyteratûs ordinem suscipiat.

In quorum testimonium, præsentem chartulam Vobis offerendam scripsi die.... mensis.... anni....

N.... Parochus Ecclesiæ vulgò dictæ....

XII.

Renseignements relatifs aux dispenses de mariage. —

— N° 455 des Statuts. —

Les demandes de dispenses doivent être faites dans les formes et dans les termes suivants :

Formule de supplique pour un empêchement public.

MONSEIGNEUR,

N....... (*nom et prénoms*), âgé de
fils de   et de
né dans la paroisse de   , diocèse
de   , domicilié à (*indiquer au besoin le domi-*

cile de droit et le domicile de fait), et N......, âgée de (*comme plus haut*) ....

supplient humblement Votre Grandeur de leur accorder *ou* de leur obtenir dispense de l'empêchement (*simple* ou *double*), du   au   degré de consanguinité *ou* d'affinité, *ou* d'affinité spirituelle.

1° Ils sont liés par cet empêchement, ainsi qu'il appert par la généalogie suivante :

> *Dresser ici l'arbre ou les arbres généalogiques.*

2° Il n'existe pas d'empêchement d'affinité spirituelle, *ou bien* il existe un empêchement d'affinité spirituelle, provenant de

3° Ils appuient leur demande sur les motifs suivants:
> *Indiquer les motifs canoniques et autres.*

4° (*Si l'empêchement touche au 2ᵉ degré et au-dessus*)

Le suppliant possède en se mariant...

Il espère de ses père et mère plus tard...

La suppliante possède en se mariant...

Elle espère de ses père et mère plus tard...

5° Supplices sunt ex honesta familia oriundi.

6° Après information consciencieuse faite par Nous, curé de la paroisse, ces faits ont été attestés par les soussignés NN.... et NN.... (*mettre les noms des témoins*).

7° Les suppliants ont versé entre nos mains la somme de   pour les frais de la dispense, et ont consenti à ce que l'aumône fût prélevée sur cette somme dans le cas où elle leur serait imposée. (*Consulter le tarif pour fixer la componende dont le chiffre doit toujours être indiqué dans la supplique*).

8° L'époque du mariage est fixée à

9° Les suppliants et les témoins ont signé avec nous.

Fait à   , le

> (*Signatures*).

Pour obtenir les dispenses de bans et de temps prohibé, la

demande doit être faite dans les mêmes formes pour le commencement et pour les N°s 3 et 8.

Toutes les fois que les parties ont obtenu dispense de bans, de temps prohibé ou de tout autre empêchement public, le curé doit en avertir les témoins, avant le mariage, en ces termes :

« Nous vous avertissons que les parties ont obtenu du Souverain Pontife *ou* de Mgr l'Evêque de....., dispense de ... (*indiquer les empêchements dirimants ou prohibants*).

Formule de supplique pour solliciter dispense de l'empêchement mixtæ religionis.

MONSEIGNEUR,

N. ... , catholique, âgé *ou* âgée de   ans, de la paroisse de   , diocèse de Châlons, fil   de
désirant contracter mariage avec N......, âgée *ou* âgé de
ans, habitant à   fil   de   , (*indiquer la religion de la partie non catholique*), supplie humblement Votre Grandeur de lui accorder *ou* de lui obtenir la dispense de l'empêchement *mixtæ religionis.*

1° La partie catholique appuie sa demande sur les motifs suivant. (*Indiquer les motifs.*)

2° La partie dissidente a promis, sur la foi du serment et en présence des deux témoins soussignés, de laisser baptiser et élever ses enfants des deux sexes dans la religion catholique, et de leur laisser, à eux et à la partie catholique, liberté pleine et entière d'accomplir les devoirs de leur religion.

3° La partie catholique a promis de son côté de faire baptiser et d'élever dans la religion catholique ses enfants des deux sexes.

4° La partie catholique a versé entre nos mains la somme de

5° La partie catholique et les témoins ont signé avec nous.

6° L'époque du mariage est fixée à

Fait à   , le

(Signatures.)

Formules des déclarations que doivent faire les personnes qui sollicitent une dispense mixtæ religionis.

Pour la partie dissidente :

Je, soussigné , N...., m'engage, sous la foi du serment, à laisser baptiser et élever dans la religion catholique, apostolique et romaine, tous les enfants de l'un et de l'autre sexe qui naîtront de mon futur mariage avec N..., et à leur laisser à eux et à ma future épouse ou à mon futur époux, liberté pleine et entière de remplir les devoirs de leur religion.

(Signature.)

Pour la partie catholique :

Je, soussigné , N....., m'engage, sous la foi du serment, à faire baptiser et élever dans la religion catholique, apostolique et romaine, tous les enfants de l'un et de l'autre sexe qui naîtront de mon futur mariage avec N. ...

Fait à   , le

(Signature.)

Nota. — Si les parties ne savent pas écrire, elles devront faire leur déclaration devant deux témoins qui signeront avec le curé.

Ces deux déclarations doivent être jointes à la supplique.

MM. les Curés doivent avoir soin de lire le Rescrit par lequel sont accordées les dispenses mixtæ religionis, afin de pouvoir se conformer rigoureusement à toutes les conditions prescrites pour la célébration du mariage.

Les principales sont les suivantes :

Les mariages entre catholiques et protestants ne se publient point au prône ; ils se célèbrent à la sacristie, sans aucune cérémonie religieuse, et par conséquent sans messe.

Le Curé n'y assiste que comme principal témoin, non revêtu d'ornements, et ne donne aucune bénédiction.

XIII.

Rescrit et Instruction des 6 et 9 décembre 1866 sur les vases sacrés en bronze d'aluminium. — N°. 494 des Statuts. —

Rmus D. Petrus Maria ex Marchionibus Dreux-Brézé, episcopus Molinen, sui muneris esse duxit a sacra Rituum Congregatione postulare *an Calices ex aluminio sive puro sive aliis metallis commixto, attenta ipsorum pulchritudine ac soliditate necnon paupertate Ecclesiarum ruralium præsertim in Gallia, adhiberi possint in sacrosancto Missæ sacrificio.* Exquisito autem super hoc Dubio voto Rev. D. Francisci Regnäni, Cubicularii sanctissimi Domini Nostri Pii Papæ IX, et Physicochymiæ Professoris, eoque typis cuso, præfatum Dubium per Emum et Rmum D. Cardinalem Nicolaum Clarelli-Paracciani ponentem propositum fuit in Ordinariis Comitiis ejusdem Sacræ Congregationis ad Vaticanum habitis die 1 septembris vertentis anni, quæ, omnibus accuratè perpensis, rescribendum censuit « Nihil esse innovandum. »

Acquievit huic decisioni eques Paulus Morin, prædicti metalli fabricator. Reputans vero calices à se confectos, fuisse exclusos quia non satis consultum erat dignitati tanto sacramento debitæ, de memorati Episcopi Molinensis consensu, supplicem porrexit libellum Sanctissimo Domino Nostro ut calices ac patenas confectas ex aluminio aliis metallis commixto, vulgo *Bronzo di Aluminio,* admittere dignaretur in celebratione sacrosancti Missæ sacrificii, si cuppæ calicum et patenæ in tota superficie argento priùs et deindè auro in partibus à Rubrica requisitis obducantur. Sanctitas porrò Sua, rem sibi definiendam reservans, voluit ut super hac nova propositione Votum à memorato Professore Regnani conficeretur. Qui cum illud affirmativum protulisset, nonnullis tamen sub conditionibus in Voto ipso indigitatis, eadem Sanctitas Sua permisit calices et patenas sic confectas adhiberi, verum sub forma et conditionibus in adnexa instructione præscriptis. Contrariis non obstantibus quibuscumque. Die 6 decembris 1866.

(*Signé*) C. Epus Portuen. et S. Rufinæ Card. PATRIZI, S. R. C. Præf.

Et plus bas : D. BARTOLINI, S. R. C. Secretarius.

Les fabricants de calices et autres vases sacrés en Bronze d'aluminium, afin que ces vases soient aptes à contenir la Sainte Eucharistie, doivent satisfaire aux conditions suivantes, savoir :

1° Ces vases devront être en Bronze d'Aluminium, c'est-à-dire d'un alliage composé d'aluminium et du cuivre le plus pur, dans la proportion de dix pour cent de son poids, et de trente-cinq pour cent de son volume, soit en formule chimique $Al\ Cu^4$; cet alliage est celui qui est actuellement fourni par la fabrique de M. PAUL MORIN ;

2° Les coupes doivent être solidement et richement argentées sur toute leur superficie. On considère comme argenture solide et riche, celle pour laquelle sont précipités galvaniquement trois grammes d'argent sur chaque décimètre carré de surface. Cette argenture est justement celle qu'ont ordinairement les couverts de l'orfévrerie Christofle. Or, dans cette proportion, la croûte d'argent atteindra une épaisseur d'environ $0^{mm},0285$, et l'on peut calculer que toute coupe de calice d'exacte mesure devra contenir environ dix grammes d'argent ;

3° Cette argenture doit être garantie d'après le meilleur mode possible. Dans ce but, le fabricant gravera sur chaque pièce, outre sa marque de fabrique, le nombre représentatif des grammes d'argent recouvrant la pièce entière, comme cela est pratiqué dans l'orfévrerie Christofle ;

4° La dorure devra atteindre dans sa totalité le minimum de vingt-cinq centigrammes par décimètre carré de la surface. Nous disons dans sa totalité, parce qu'il serait désirable que cette dorure eût plus d'épaisseur dans les parties les plus sujettes au frottement, comme seraient les bords de la coupe. Ce résultat s'obtient ou naturellement, parce que la configuration même de la pièce appelle le courant électrique sur certaines parties (par exemple les plus saillantes), ou artificiellement en dirigeant le courant au moyen de l'électrode sur une surface déterminée.

Rome, le 9 décembre 1866.

Conforme à l'original existant à la secrétairerie de la Sacrée Congrégation des Rites.

En foi de quoi, etc., le 14 décembre 1866.

(*Signé*) D. BARTOLINI, Secrétaire de la S. Congrégation des Rites.

XIV.

Indult autorisant à biner en certains jours de fêtes supprimées.
— N° 517 des Statuts. —

Virtute Indulti die 31 martii 1884 Romæ dati ad quinquennium, R. R. D. D. Episcopus catalaunensis omnibus Parochis qui duas habent ecclesias, et aliis sacerdotibus quibus specialiter hâc licentiâ opus est, concedere potest facultatem celebrandi duas missas, non solum singulis Dominicis, et festis Ascensionis, Assumptionis et Omnium Sanctorum, sed etiam in festis Circumcisionis, Purificationis, Annuntiationis, Sancti Joseph, Sancti Joannis Baptistæ, Nativitatis B. M. Virginis, Sancti Stephani, feria quarta Cinerum, feria quinta in Cœna Domini, feria secunda post Pascha et post Pentecosten, et in Commemoratione omnium fidelium defunctorum.

Si hoc Indultum non renovaretur in posterum, de hoc in *Ordine* sacerdotes monebimus.

XV.

*Instruction du 11 mars 1858 sur la manière
de purifier le calice, après la première messe, aux jours
de binage.* — N° 520 des Statuts. —

Quando sacerdos eadem die duas missas dissitis in locis celebrare debet, in prima dum divinum sanguinem sumit, eum diligentissime sorbeat. Exinde super corporali ponat Calicem et pallâ tegat, ac junctis manibus in medio altari dicat : *Quod ore sumpsimus*, etc. et subinde admoto aquæ vasculo digitos lavet dicens : *Corpus tuum*, etc. et abstergat. Hisce peractis, calicem super corporali manentem adhuc deductâ pallâ cooperiat, ceu moris est, scilicet, primum purificatorio linteo, deinde patenâ ac pallâ, et demum velo. Post hæc missam prosequatur et completo ultimo Evangelio, rursus stet in medio altari et detecto calice inspiciat an aliquid divini sanguinis necne ad imum se receperit, quod plerumque continget. Quamvis enim sacræ species primum sedulo sorptæ sint, tamen dum sumuntur, quum particulæ quæ circum sunt undequaque sursum deferantur, nonnisi deposito calice ad imum redeunt. Si itaque divini sanguinis gutta quædam supersit adhuc, ea rursus ac diligenter sorbeatur, et quidem ex eadem parte, qua ille primum est sumptus. Quod nullo modo omittendum est, quia sacrificium moraliter durat et super exstantibus adhuc vini speciebus ex divino præcepto compleri debet.

Postmodum sacerdos in ipsum Calicem tantum saltem aquæ fundat, quantum prius vini posuerat, eamque circumactam ex eadem parte qua sacrum sanguinem biberat in paratum vas demittat, calicem subinde ipsum purificatorio linteo abstergat, ac demum cooperiat, uti alias fit, atque ab altari decedat. Depositis sacris vestibus, et gratiarum actione completa, aqua a calice dimissa pro rerum adjunctis, vel ad diem crastinum servetur (si nempe eo rursus sacerdos redeat missam habiturus) et in secunda purificatione in calicem immitatur : vel gossipio aut stupa absorpta comburatur, vel in sacrario, si sit, exsiccanda relinquatur, vel demittatur in piscinam.

Quum autem calix quo sacerdos primum est usus purificatus jam sit, si illo ipso pro missa altera indigeat, eum secum deferat : secus vero in altera missa diverso calice uti poterit.

XVI.

*Indult pontifical autorisant les prêtres
à recevoir un honoraire pour les messes de binage, à condition
qu'ils consacreront cet honoraire aux œuvres diocésaines.*
— N° 521 des Statuts. —

Die 26 aprilis 1883. Sanctissimus Dominus noster, audita relatione infrascripti Cardinalis Præfecti Sanctæ Congregationis Concilii attentisque peculiaribus circumstantiis, ad septennium proximum tantum prorogat renovationem Indulti vi cujus licet omnibus Sacerdotibus Diœcesis Catalaunensis applicare expositis necessitatibus hujus Diœcesis eleemosynas missarum quæ *gallicè* dicuntur *binages*, et quæ celebrantur diebus dominicis et festis sive in succursalibus quæ parocho carent, sive in ecclesiis annexis, cum conditione ut eleemosynas missarum sic celebratarum sacerdotes coram Episcopo deponant.

Nota. — 1° Nous avons l'espoir que cet Indult sera renouvelé au moment où il prendra fin. S'il ne l'était pas, l'*Ordo* en avertirait les Ecclésiastiques en temps opportun.

2° Tout prêtre qui dessert deux succursales doit dire deux messes pour ses paroissiens, tous les jours de dimanches et de fêtes d'obligation et même de fêtes supprimées où le binage est permis ; ou bien une messe pour ses paroissiens et une autre pour les œuvres diocésaines, tous les jours de dimanches et de fêtes d'obligation, et, les jours de fêtes supprimées où le binage est permis, deux messes pour les paroissiens ou deux messes pour les œuvres diocésaines. Il ne peut dire ces messes, *même gratuitement*, pour aucune autre intention.

S'il omet le *binage* en ces jours, il doit dire une autre messe, en l'un des jours suivants, soit pour ses paroissiens, soit en faveur des œuvres diocésaines. Il est cependant dispensé de cette obligation, s'il n'a pu dire la messe de *binage*, en un jour de fête supprimée par défaut d'assistance, ou bien parce que la solennité de cette fête est remise au dimanche, ou bien parce que le *binage* est facultatif, comme le jour de saint Joseph, ou encore s'il l'a omise, en quelque jour que ce soit, pour un des motifs indiqués dans l'Indult du 16 mars 1885 (1).

3° Tout prêtre qui *bine* peut recevoir un honoraire pour sa *messe* de binage, à condition qu'il versera cet honoraire entre Nos mains en faveur des œuvres diocésaines; mais il ne peut recevoir d'honoraire pour aucun autre motif.

4° L'Indult oblige tout prêtre qui *bine* dans les conditions indiquées, à verser intégralement entre Nos mains l'honoraire de sa messe de binage; mais Nous l'autorisons à ne Nous remettre qu'un franc pour chaque messe.

5° Tout prêtre qui s'est engagé à faire l'abandon des honoraires de *toutes* ses messes de *binage* en faveur des œuvres diocésaines et qui ne peut biner, même dans une seconde succursale, pour cause de maladie ou de retraite annuelle, est dispensé de Nous verser les honoraires des messes qu'il n'a pas pu dire.

XVII.

Indult relatif aux jours où l'on peut solenniser
les fêtes patronales des Confréries. — N° 566 des Statuts. —

Ex Indulto 27 Junii 1877, R.R. D.D. Episcopus Catalau-nensis potest, auctoritate S. Sedis permittere, ut unica missa solemnis in festo Patroni Confraternitatum piarumque Con-

----

(1) Voir les N°ˢ III et IV de l'Appendice, et les N°ˢ 118, 119, 120 des Statuts.

gregationum cantetur in die incidentiæ, vel in alia.e sequentibus diebus, in Ecclesiis et Oratoriis publicis, dummodo non occurrat Duplex 1ᵃᵉ classis, quæcumque Dominica privilegiata, feria, vigilia aut octava itidem privilegiata, nec omittatur missa parochialis vel conventualis de officio occurrente, quando alius adest sacerdos qui hanc missam dicere possit.

Nota. 1° Cet Indult s'applique aux corporations ou confréries de corps de métiers aussi bien qu'aux congrégations.

2° Pour bénéficier de cet Indult, il est nécessaire de Nous en demander pour chaque cas particulier, ou l'autorisation annuelle, ou l'autorisation *in perpetuum*.

XVIII.

Renseignements sur l'administration des Fabriques.
— N° 595 des Statuts. —

Comme l'administration civile intervient dans l'acceptation des fondations et dans toutes les opérations relatives aux biens des fabriques, Nous engageons les Curés à Nous consulter pour faire prévaloir dans l'esprit des fondateurs les procédés les plus simples et les plus pratiques.

Nous croyons utile d'indiquer ici les formalités à remplir pour obtenir l'autorisation d'accepter les fondations ou de réaliser les opérations diverses que peut réclamer la gestion des affaires d'une fabrique. Les règles que nous allons tracer s'appliquent, pour les mêmes objets, dans ce qu'elles ont d'essentiel, à tous les établissements religieux reconnus par la loi.

Article 1ᵉʳ.

Legs.

Les pièces que doit produire une fabrique pour obtenir de l'administration civile l'autorisation d'accepter un legs, sont les suivantes :

1° Un extrait notarié du testament renfermant, s'il y a lieu, tous les legs faits à des établissements publics ; ce n'est qu'en cas de réclamation des héritiers qu'il est nécessaire de produire une copie intégrale du testament (1) ;

2° L'acte de décès du testateur, délivré sur papier timbré par l'officier de l'état civil, ou sur papier libre à titre de renseignement administratif, si le maire y consent ;

3° Le consentement à la délivrance du legs, donné sur papier timbré par tous les héritiers naturels et par le légataire universel, s'il y en a un.

Ce consentement peut être donné ou par acte notarié, ou par acte sous seing privé sur papier timbré, avec légalisation de toutes les signatures par le maire, et de la signature du maire par le président du tribunal civil ou par le sous-préfet.

Si des héritiers refusent leur consentement, il faut joindre au dossier une copie de la sommation faite par ministère d'huissier, constatant que ces héritiers ont été invités à prendre connaissance du testament, à consentir à l'exécution du testament, ou à produire leurs moyens d'opposition au préfet dans le délai d'un mois. Cette sommation doit avoir au moins *dix jours de date*, et, si les héritiers ont répondu, leur réponse doit accompagner la sommation, avec la *réplique* du conseil de fabrique.

S'il y a des héritiers inconnus, il faut produire un certificat constatant qu'un extrait du testament a été affiché, de huitaine en huitaine, à trois reprises consécutives, dans la commune du testateur, et un exemplaire du journal judiciaire du département dans lequel le même extrait a été inséré, avec invitation aux héritiers d'adresser, dans le même délai, leurs réclamations au préfet.

4° La *copie* littérale du budget de la fabrique approuvé pour l'exercice courant, certifiée conforme par le président du conseil. On ne doit jamais se dessaisir de l'exemplaire approuvé ;

(1) Si l'on désire rentrer en possession du testament ou de l'extrait du testament délivré par le notaire sur papier timbré, il faut ajouter au dossier une copie sur papier libre de cette pièce timbrée.

5° La *copie* du compte des recettes et des dépenses de l'exercice précédent, signée par le trésorier de la fabrique ;

6° La copie, sur papier libre, de la délibération par laquelle le conseil de fabrique déclare accepter provisoirement le legs avec ses charges et conditions, s'il y a lieu ; demande l'autorisation de l'accepter définitivement, et décide, s'il s'agit d'une somme d'argent, qu'elle sera placée en rentes sur l'Etat ; ou bien, si le legs est sans charges et si le conseil a des motifs de l'employer autrement qu'en achat de rentes, en indique le mode d'emploi ;

7° L'évaluation (s'il ne s'agit pas d'une somme d'argent), sur papier libre, de l'objet du legs. S'il s'agit d'un immeuble, l'évaluation de sa contenance et de sa valeur, tant en capital qu'en revenu, est faite par deux experts nommés par la fabrique ; on doit indiquer le numéro attribué à l'immeuble par le cadastre.

Nota. — D'après la jurisprudence du Conseil d'Etat, lorsque la libéralité (legs ou donation) consiste en immeubles, il ne peut être statué sur son acceptation qu'autant que la fabrique provoque en même temps l'autorisation de vendre cet immeuble et d'en placer le prix en rentes sur l'Etat. Il faut cependant excepter le cas où l'immeuble aurait une destination conforme aux besoins d'une fabrique, par exemple, s'il s'agissait d'une maison destinée à servir de presbytère ;

8° L'état des frais de célébration des messes ou des services religieux demandés par le testateur, conformément au modèle ci-joint :

État des frais de célébration des services religieux fondés dans l'église de.........

par M........ , par { testament / acte de donation / contrat commutatif } en date du......

1° Messes basses de fondation.

(Citer ici l'article 2 du supplément au tarif des oblations approuvé par Décret du 3 août 1872, et indiquer ensuite le total des frais pour toutes les messes demandées).

2° Messes chantées, Services, Obits, Saluts, etc.

(Tarif des Oblations approuvé par Ord. roy. du 11 juin 1842).

1 Messe chantée. . . . . (ᵉ classe)
    ou :
1 Service ou Obit. . . . . (id.   )
    ou :
1 Salut. . . . . (id.   )

	fr.	c.
Droits du curé, etc.	. . . .	. . . . .
— de la fabrique.	. . . .	. . . . .
— du sacristain.	. . . .	. . . . .
etc., etc.		
Total. . . .	. . . .	. . . . .

(Indiquer ensuite le total des frais de célébration de tous les services imposés).

Certifié exact par le Trésorier, soussigné.

A   , le   .   188 .

(Signature.)

9° L'état de l'actif et du passif de la fabrique, en double expédition, dressé suivant le modèle ci-contre.

Etat de l'actif et du passif de la fabrique de.....................

| | | | DATE de l'autorisation | VALEUR | | Charges. | Frais d'exécution. | OBSERVATIONS. |
Situation.	Contenance.	Provenance.		En capital.	En revenus.			
			BIENS-FONDS.					
		TOTAL.		....	....		....	

| NATURE de la rente. | MONTANT de la somme primitivem.t acquise et placée. | Provenance. | DATE de l'autorisation | VALEUR | | Charges. | Frais d'exécution. | OBSERVATIONS. |
				En capital.	En revenus.			
			RENTES.					
			TOTAL.	....	....		....	

Dressé et certifié véritable par le Trésorier, soussigné.

A   , le   18 . *(Signature.)*

10° L'avis du Conseil municipal sur l'acceptation et l'emploi de la libéralité ;

11° Lorsqu'il s'agit de faire autoriser la *fondation* de services religieux ou même d'une messe basse, il faut joindre au dossier les documents suivants :

1°) La copie du tableau des fondations déjà autorisées, tel qu'il doit être affiché dans la sacristie, suivant le modèle ci-dessous.

Tableau des fondations autorisées dans la paroisse de ....

DATES auxquelles doivent être acquittées les fondations.	MESSES, services religieux, prières, etc.	NOMS des fondateurs.	DATE d'autorisation des fondations.	OBSERVATIONS.

Certifié exact par le Président de la Fabrique, soussigné.

A   , le   18 . *(Signature.)*

2°) L'énonciation du nombre de prêtres attachés à la paroisse et chargés d'acquitter les fondations.

Ces différentes pièces sont envoyées par le trésorier de la fabrique au sous-préfet de l'arrondissement, qui donne son avis et transmet le dossier au préfet. Celui-ci prend l'avis de l'Évêque et donne suite à l'affaire. Pour l'arrondissement de Châlons, il y aurait intérêt à faire adresser le dossier à l'évêché, qui le transmettrait à la préfecture.

Une fabrique, étant un établissement mineur, n'a pas le droit de refuser elle-même définitivement une fondation, même lorsque les revenus sont insuffisants pour acquitter les charges, ou lorsque l'acceptation menace de créer des difficultés de la part des héritiers du fondateur. Dans tous les cas, elle doit préparer le dossier, le soumettre à qui de droit, et exposer dans sa délibération les motifs par lesquels elle demande ou le refus de la fondation, ou la réduction des charges. Il n'appartient qu'à l'autorité supérieure de statuer d'une manière définitive sur l'acceptation, la réduction ou le refus des fondations

Une fabrique ne doit pas non plus se désintéresser d'une disposition testamentaire faite en faveur d'un tiers qui serait chargé de pourvoir à l'acquit annuel ou perpétuel des charges d'une fondation.

Une demande à l'effet d'obtenir l'acceptation de cette libéralité *indirecte* doit être faite, comme s'il s'agissait d'une libéralité *directe*. Le décret d'autorisation est le titre qui donne à la fabrique le droit d'exiger des héritiers ou du tiers l'acquit de la fondation.

ARTICLE 2.

Donations.

Pour l'acceptation d'une donation, les pièces à produire sont :

1° L'expédition de l'acte de donation, délivrée par le notaire.

La donation ne doit point stipuler réserve d'usufruit au profit du donateur ;

2° Le certificat de vie du donateur, délivré par le maire, sur papier timbré ;

3° L'évaluation faite et certifiée par le maire, de la fortune du donateur et de ses héritiers présomptifs ;

4° Les autres pièces désignées aux n°s 4, 5, 6, 7, 8, 9, 10 et 11 relatifs aux legs.

Lorsque le dossier est complet, il est envoyé à la sous-préfecture, comme le dossier d'un legs (à l'évêché pour l'arrondissement de Châlons).

Lorsque l'autorisation d'accepter une donation a été obtenue, le trésorier doit faire faire par le notaire l'acte d'acceptation définitive, qui doit être signé par le donateur ; autrement, il faudrait lui faire signifier cette acceptation par huissier.

Nota. — La fabrique n'est obligée de payer les droits d'enregistrement, s'ils sont à sa charge, que dans les six mois à partir du jour où l'autorisation d'accepter un legs ou une donation lui a été signifiée.

Quant au coût des actes à produire pour obtenir la délivrance des libéralités après l'obtention de l'autorisation d'accepter, il doit être supporté par la succession, d'après l'article 1016 du Code civil.

Article 3.

Fondations par contrat commutatif.

Il arrive souvent que les personnes pieuses, en faisant des libéralités aux fabriques, aux curés ou à d'autres établissements publics, n'ont d'autre but que d'assurer, pendant leur vie ou après leur mort, la fondation de services religieux ou la célébration d'un certain nombre de messes pour le repos de leur âme.

Dans ce cas, au lieu d'avoir recours à un legs ou à une donation proprement dite, elles peuvent se servir de la forme du *contrat commutatif,* par acte notarié ou même par acte sous seing privé, *pourvu que la libéralité n'excède pas d'une manière notable la charge imposée.*

Elles évitent ainsi une très grande partie des frais d'enregistrement, qui sont neuf fois plus forts pour un legs ou une donation que pour un contrat commutatif; et elles sont assurées de l'exécution de leur volonté, même si la mort vient les surprendre avant l'accomplissement des formalités. Elles peuvent aussi, par ce moyen, se réserver l'usufruit de l'objet de leur libéralité.

Les pièces à fournir pour faire autoriser un contrat commutatif, sont :

1° L'expédition de l'acte notarié ou de l'acte sous seing privé sur papier timbré ;

2° La copie de la délibération par laquelle le conseil de fabrique ratifie la convention passée entre son trésorier et le donateur ;

3° Les autres pièces requises pour une donation.

Nous croyons devoir donner ici un modèle de contrat commutatif :

Entre les soussignés........

Le sieur (ou la dame) nom, prénoms, profession et domicile, d'une part ;

Et le sieur.......

Agissant en qualité de trésorier de la Fabrique de........ et comme spécialement autorisé à l'effet des présentes par une délibération du Conseil de cet établissement, en date du......., d'autre part,

A été convenu et arrêté ce qui suit :

Le sieur........ voulant établir dans l'église de........ une fondation de..... messes à célébrer chaque année à perpétuité pour le repos des âmes de....... et, pensant qu'une somme annuelle de...... francs est suffisante, non-seulement pour assurer actuellement, au taux du tarif diocésain, la célébration de ces messes, mais encore pour satisfaire dans l'avenir aux exigences résultant de la dépréciation monétaire et des changements qu'elle pourrait faire apporter au tarif du diocèse, propose à ladite fabrique de se charger de cette fondation, et lui offre en compensation le capital qui sera nécessaire pour l'achat d'une rente sur l'Etat de..... francs.

Le sieur...... trésorier de la Fabrique, aux noms et qualité ci-dessus, accepte, aux conditions imposées, la proposition et l'offre du sieur..... sous la réserve de l'approbation du Gouvernement, après laquelle la fondation dont il s'agit recevra son exécution.

Fait double à.......... le........

(Signature.)

Nota. — Si cet acte est sous seing-privé, il doit être écrit sur papier timbré à 0 fr. 60 cent., en double exemplaire, dont l'un pour le dossier des pièces à transmettre à l'autorité supérieure. Si l'on veut rentrer en possession de cet exemplaire, il faut joindre au dossier un second exemplaire de l'acte sur papier libre.

On peut stipuler comme indemnité à la fabrique, en sus des honoraires prélevés conformément au tarif diocésain pour le célébrant et pour la fabrique, une somme variant du quart au tiers de la rente donnée.

Quel que soit le montant de cette rente, un contrat commutatif ne peut être autorisé que par un décret du chef de l'Etat.

Si le contrat commutatif est fait par acte notarié, l'enregistrement exige, dans un délai de 10 ou 15 jours, un droit fixe de 3 fr. 75 avant l'autorisation administrative, et un droit proportionnel de 1 fr. 25 pour cent dans les vingt jours qui suivent la notification de l'autorisation. S'il est fait par acte sous seing-privé, l'enregistrement n'exige que le droit proportionnel dans les 20 jours qui suivent la notification du décret en vertu duquel l'acte est devenu définitif.

ARTICLE 4.

Legs ou Donations en faveur des cures ou des succursales.

Lorsque le legs ou la donation est faite en faveur de

16

la *cure* ou de la *succursale*, il appartient au titulaire de l'accepter provisoirement, tant en son nom qu'au nom de ses successeurs.

Il est tenu de fournir les mêmes pièces que ci-dessus.

La copie du budget de la fabrique est alors remplacée par un *état des biens de la cure ou de la succursale*, et des charges dont ils seraient grevés. Cet état est dressé comme pour la fabrique et certifié véritable par le curé.

Si la cure ou la succursale n'a ni revenus ni charges, l'état de l'actif et du passif doit être remplacé par un certificat délivré par le curé, constatant que la cure ou la succursale ne possède aucun bien meuble ou immeuble, et qu'elle n'est grevée d'aucune charge.

Si la libéralité est faite *à charge de services religieux*, la fabrique doit aussi accepter provisoirement et produire copie de son budget.

ARTICLE 5.

Acquisition ou échange d'immeubles.

Les pièces à produire sont :

1° Une délibération du conseil de fabrique tendant à obtenir l'autorisation, et faisant connaître en même temps l'affectation spéciale de l'immeuble à acquérir, les avantages du projet d'acquisition et les ressources à affecter au paiement ;

2° L'évaluation de l'immeuble tant en capital qu'en revenu, dressé sur papier timbré par deux experts, dont l'un est nommé par la fabrique et l'autre par le propriétaire de l'immeuble ;

3° Le plan des lieux, avec l'indication de la contenance, le numéro du cadastre et le devis des réparations, s'il y en a à faire ;

4° Une promesse de vente ou d'échange de la part du propriétaire ;

5° Une *copie* du Budget de la fabrique approuvé pour l'exercice courant, certifiée conforme par le Président du Conseil de fabrique ;

6° Une *copie* du compte des recettes et des dépenses de l'exercice précédent, signée par le Trésorier de la fabrique ;

7° L'état de l'actif et du passif de la fabrique, en double expédition ;

8° L'avis du conseil municipal ;

9° Toutes ces pièces sont remises au sous-préfet, lequel fait faire une enquête *de commodo et incommodo*, donne ensuite son avis et transmet le dossier au Préfet. Celui-ci l'envoie à l'Evêque pour lui demander son avis, et le transmet ensuite au Ministre.

Quand le gouvernement a donné son approbation, l'acte d'achat ou d'échange est passé, par-devant notaire, entre le trésorier de la fabrique et le propriétaire de l'immeuble.

ARTICLE 6.

Aliénation d'immeubles.

Les pièces à produire sont les suivantes :

Si l'aliénation doit avoir lieu par adjudication publique :

1° Délibération du Conseil de fabrique rappelant l'origine de l'immeuble à aliéner, décidant l'aliénation avec motif à l'appui et indiquant l'emploi qui sera fait du prix de la vente :

Ou bien, si l'on désire ne pas procéder par adjudication :

Délibération du Conseil de fabrique rappelant l'origine de l'immeuble à aliéner, acceptant les offres qui lui sont faites, donnant les raisons qui l'engagent à ne pas procéder par adjudication, et indiquant l'emploi qui sera fait du prix de la vente.

Il faut dans ce cas produire avec la délibération l'engagement pris par l'acquéreur d'acheter l'immeuble aux prix et conditions indiqués, et l'estimation de l'immeuble, en capital et en revenus, faite par un expert nommé par la fabrique, et indiquant la contenance de l'immeuble ;

2° Plan figuré et détaillé de l'immeuble ;

3º Les autres pièces indiquées aux Nᵒˢ 5, 6, 7, 8 et 9 de l'article précédent.

ARTICLE 7.

Demande de secours pour acquisition, construction, grosses réparations des églises curiales, succursales, chapelles vicariales et presbytères.

Si l'on veut obtenir de l'Etat un secours pour acquisition, construction, reconstruction, grosses réparations des églises et des presbytères, il faut d'abord que l'insuffisance des ressources de la fabrique et de la commune soit constatée, et que la plus grande partie de la dépense soit assurée par la fabrique ou par la commune. Le Conseil général exige même actuellement que, si la fabrique n'a pas de fonds libres, elle fournisse un contingent au moyen d'un emprunt ou d'une souscription. Lorsqu'une fabrique se trouve dans ces conditions, dont il est rare qu'on la dispense, elle doit fournir les pièces suivantes :

1º Une délibération du Conseil de fabrique faisant connaître la nécessité ou l'utilité des acquisitions ou des travaux projetés, approuvant les plans et devis présentés par l'architecte, contenant l'engagement de concourir à la dépense pour une somme déterminée ou constatant l'impossibilité où se trouve la fabrique d'y concourir, et sollicitant de l'Etat un secours de...

2º Même délibération du conseil municipal;

3º Les plans et devis des acquisitions ou des travaux projetés, dressés par un architecte;

4º Liste des souscriptions particulières, s'il y en a;

5º *Copie* du Budget de la fabrique et du Budget de la commune pour l'exercice courant;

6º *Copie* du Compte des recettes et des dépenses de la fabrique pour l'exercice précédent.

La production des comptes n'est pas exigée, mais elle est utile.

Toutes les pièces du dossier sont envoyées au Sous-Préfet, qui donne à l'affaire la suite ordinaire.

Les projets devant être soumis à la Commission des bâtiments civils, il importe de faire l'envoi, au plus tard au commencement du mois qui précède la session du Conseil général.

ARTICLE 8.

Demande de secours pour acquisition d'objets mobiliers nécessaires à l'exercice du culte.

Lorsqu'une fabrique veut obtenir une subvention de l'État, pour l'acquisition d'objets mobiliers dont il lui est impossible de couvrir les frais, elle doit produire les documents suivants :

1° État des objets dont l'acquisition est reconnue nécessaire, et devis estimatif dressé par le fournisseur desdits objets ;

2° Délibération du Conseil de fabrique faisant connaître la nécessité de l'acquisition des objets mobiliers, et l'impossibilité où se trouve la fabrique d'en couvrir les frais, et sollicitant dans ce but une subvention de l'État.

Nota. — La subvention accordée en pareil cas par le Gouvernement est de 250 à 300 francs au maximum ;

3° *Copie* du Budget de la fabrique pour l'exercice courant;

4° *Copie* du Compte des recettes et des dépenses de la fabrique pour l'exercice précédent ;

5° État de l'actif et du passif de la fabrique, en double expédition ;

6° Avis du Conseil municipal. — Cet avis n'est pas indispensable, mais il vaut mieux le produire.

ARTICLE 9.

Placement de fonds.

Lorsqu'une fabrique veut faire un placement de fonds, elle doit produire :

1° Une délibération du Conseil de fabrique sollicitant l'au·torisation de placer en rentes sur l'État ses fonds disponibles, et indiquant l'origine de ces fonds;

2° Les autres pièces indiquées aux N°s 3, 4, 5 et 6 de l'Article 8 *(Acquisition d'objets mobiliers)*.

Article 10.

Emprunts.

Lorsqu'une fabrique veut faire un emprunt, elle doit produire :

1° Devis ou acte justifiant la dépense à couvrir ;

2° Délibération de la fabrique votant les fonds dont elle peut disposer, déterminant par différence le montant de l'emprunt, votant cet emprunt ainsi que les clauses et conditions de la réalisation et du remboursement et les ressources applicables à l'amortissement.

Le calcul des annuités doit être fait au taux de la Caisse des dépôts et consignations si l'amortissement n'excède pas 15 ans, et dans le cas contraire au taux du Crédit foncier.

Si l'emprunt doit être fait à l'un de ces deux établissements, la délibération doit contenir l'engagement de payer des intérêts de retard à 5 % dans le cas où les annuités ne seraient pas payées aux échéances convenues ;

3° Si des conditions plus avantageuses pouvaient être obtenues de particuliers, il y aurait à produire promesse de prêt avec conditions ;

4° Tableau d'amortissement ;

5° Relevé des recettes ordinaires et des dépenses de même nature pendant les trois dernières années, déterminant la moyenne de l'excédent de recettes annuel ;

6° Copie du budget de l'exercice courant et du dernier compte du trésorier ;

7° État de l'actif et du passif ;

8° Avis du Conseil municipal.

ARTICLE 11.

Résumé des devoirs des fabriques pendant l'année.

JANVIER. — Le 1er dimanche, séance ordinaire des Conseils de fabrique.

FÉVRIER. — MM. les trésoriers de fabrique doivent préparer le compte annuel de l'année écoulée.

MARS. — MM. les trésoriers de fabrique présentent aux bureaux des marguilliers le compte annuel de l'année écoulée, avec les pièces justificatives. Les bureaux examinent ce compte et préparent le budget de l'année suivante.

AVRIL. — Le dimanche de *Quasimodo*, séance ordinaire des Conseils de fabrique. Compte de l'année écoulée; budget de l'année prochaine; élections pour le conseil et pour le bureau; puis le même jour ou l'un des jours suivants, nomination par le bureau de son président, de son secrétaire et de son trésorier; récolement de l'inventaire du mobilier de l'Eglise.

JUILLET. — Le 1er dimanche, séance ordinaire des Conseils de fabrique. Le bureau s'assure que les titres de fondations et de rentes sont en règle, et que les intentions des fondateurs sont bien remplies.

OCTOBRE. — Le 1er dimanche, séance ordinaire des Conseils de fabrique.

NOTA. — Le bureau des marguilliers doit se réunir au moins une fois tous les mois.

ARTICLE 12.

Pièces à remettre au Secrétariat de l'Évêché.

1° *Dans le cours du mois de février,* tous les deux ans, le double des registres de baptêmes, mariages, sépultures, etc.

2° *Dans le cours du mois de mai au plus tard,* le Budget et le Compte de la fabrique, pour être soumis à l'examen et à l'approbation de Mgr l'Evêque(1).

3° *Dans la deuxième quinzaine du mois d'août*, le bulletin dans lequel chacun de MM. les Curés fait connaître pour un an, du 18 août au 18 août, son intention au sujet de l'application des messes des fêtes supprimées qui ne tombent pas le dimanche et des messes de binage.

4° *Dans la première quinzaine de décembre*, pour être renouvelés, les pouvoirs *ad annum*, et les permissions de chapelle domestique. MM. les Curés et autres ecclésiastiques du diocèse sont engagés à se mettre en règle relativement à ces permissions.

XIX.

Indults divers accordés au Diocèse de Châlons.

1. Indults sur les fêtes patronales.

SS. D. N. Pius Papa IX indulgere dignatus est : 1° Ut SS. Patroni Ecclesiarum parochialium Diœc. Catal. qui modò existunt, uti tales amodò habeantur, quamvis in eorum electione servatæ non fuerint regulæ à Sa : Me : Urbano VIII propositæ.

2° Ut Ecclesiæ non parochiales sed auxiliares, nulloque gau-

---

(1) Désormais les Budgets et les Comptes des fabriques ne devront être soumis à l'approbation de Mgr l'Evêque qu'après avoir été présentés au Conseil municipal, appelé par la Loi du 5 avril 1884 à donner son *Avis* sur ces documents. Par conséquent, MM. les Curés sont priés de ne pas envoyer leurs Budgets et leurs Comptes à l'Evêché sans y joindre l'*Avis* du Conseil municipal.

Lorsque le Budget et le Compte ont été retournés approuvés, *on ne doit jamais s'en dessaisir* pour quelque cause que ce soit, mais les conserver dans les archives de la fabrique. Si l'on a besoin de les communiquer pour une affaire quelconque, on ne doit en produire qu'une *copie* certifiée conforme par le secrétaire du Bureau.

dentes titulo quoad celebrationem Festi Patronorum, non distinguantur ab Ecclesiis parochialibus intra quarum limites existunt.

3° Ut Ecclesiæ illæ parochiales, quæ Patronum habent sanctum aliquem, nec in Martyrologio Romano, nec in Proprio Catal. descriptum, Sanctum ipsum ut anteà venerari possint, dummodò indubiè constet illius cultum pro aliis diœcesibus fuisse à S. Sede admissum ac Officium cum Missa concessum.

4° Ut Ecclesiæ illæ parochiales quæ consueverunt solemnitatem S. Patroni agere cum unica Missa solemni, die diversâ ab illa quæ assignatur in Martyrol. vel Proprio diœcesano, retinere valeant hanc praxim, dummodò Officium cum octava hujus S. Patroni non amoveatur à propria sede.

5° Ut Episcopus Catal., nomine et auctoritate S. Sedis, in casibus particularibus, concedere valeat unicam Missam solemnem de Patrono iis Ecclesiis quæ consueverunt Festum secundarium Patroni agere, ac permittere ut extrinseca solemnitas horum SS. Patronorum cum Missa unica solemni recolatur tàm in Dominica quæ sequitur Festum principale, quam in Dominica quæ subsequitur hoc Festum secundarium : attamen servatis Rubricis.

6° Ut in Ecclesiis quæ Patronum habent S. Martinum Episcopum Confessorem, Dominicâ post diem XI Novembris, in qua recolitur solemnitas ejusdem Sancti, Missa solemnis celebrari possit de eodem S. Martino cum commemoratione Anniversarii Dedicationis omnium Ecclesiarum Galliæ (*Indult. 16 Julii 1868*).

Idem à fortiori servari potest, si Festum prædicti sancti Patroni occurrat câdem die ac Anniversarium Dedicationis, juxta sequens Decretum :

In Ecclesiis ubi quotidiè non cantatur Missa, si occurrat Festum *Patroni*, seu *Titularis*, diebus quibus non potest de eo fieri officium, potest nihilominùs (diebus non exceptis à Rubrica Missalis, tit. 6 *De Translatione*) cantari Missa de Patrono vel Titulari, licet non cantetur altera Missa concordans cum Officio diei. (*S.R.C. 25 Aug. 1704, apud Gavant. t. 2, n° 586.*)

Insuper, per Indultum 30 Augusti 1882, 1° S. S. D. N. Leo Papa XIII indulgere dignatus est ut Dominicâ proximè insequenti festum Patroni minus principalis ac Titularis secundarii cujuslibet Ecclesiæ, missam respective propriam cantare ibidem liceat, dummodo non occurrat Duplex 1ᵐ classis, aut dominica aliqua ex privilegiatis.

2° Solemnitas sanctorum Titularium parochialium, in Civitate Catalaunensi, ad dominicam transferri potest. (*Indult. 30 Aug. 1882.*)

II. Indult relatif a l'office du Samedi Saint.

Per Indultum 16 Julii 1868, Sanctitas Sua declaravit se tolerare ad tempus, ut parochi, quibus duarum Ecclesiarum cura committitur, possint, Sabbato sancto et in Vigilia Pentecostes, in una ex dictis Ecclesiis exequi Benedictionem sive aquæ Baptismalis tantùm, sive Cerei Paschalis et aquæ Baptismalis sine Prophetiis et Missa; et posteâ harum dierum functionem in alia Ecclesia principali integre explere.

III. Indult relatif a la récitation du bréviaire pendant les retraites.

Indultum 30 Augusti 1882 permittit ut, tempore spiritualium exercitiorum (Retraite pastorale) presbyteri eadem spiritualia exercitia peragentes, in communi Horarum canonicarum recitatione, sequi possint Calendarium diœcesanum, etiam quando, propter quamlibet causam, aliud officium persolvere tenentur.

IV. Indult permettant l'usage de l'encens a certaines messes chantées sans diacre ni sous-diacre.

Indultum 1 septembris 1882 permittit ut in missis quæ cantantur absque Diacono et Subdiacono, usus thurificationis retineatur, in festis duplicibus 1ᵃ et 2ᵃ classis, et quoties SS. Eu-

charistiæ Sacramentum publicæ fidelium venerationi patet
expositum.

V. Indults relatifs aux messes de Requiem.

Ex Indulto 28 septembris 1864, Missa quotidiana *De Requiem*
cum cantu, in ecclesiis parochialibus vel quasi-parochialibus
Diœcesis Catalaunensis, præter dies per rubricas non impeditos,
permittitur bis in qualibet hebdomada, exceptis tamen Dupli-
cibus 1ᵐ et 2ᵉ classis, Dominicis, diebus infra Octavas Nativitatis
Domini, Epiphaniæ, Paschæ et Pentecostes, nec non Corporis
Christi, feria IV Cinerum et majori hebdomadâ, Vigiliisque
Nativitatis Domini et Pentecostes.

Virtute Indulti 16 Julii 1868, unica missa anniversaria
pro defunctis cantari potest feriâ secundâ post solemnitatem
externam festi Patroni, vel hujus festi in quo membra familiæ,
amicitiæ causâ, convenire solent, exceptis Duplicibus primæ
classis et solis Duplicibus secundæ classis Domini et Beatæ
Mariæ Virginis.

Ex Indulto 1 septembris 1882, in exequiis pauperum, corpore
præsente, legi potest missa *De Requiem*, in omnibus festis,
exceptis Duplicibus primæ et secundæ classis ; non tamen infra
octavas Nativitatis Domini, Epiphaniæ, Paschæ, Pentecostes et
Corporis Christi, neque in Dominicis, in feria IV Cinerum et
per majorem hebdomadam ; neque in vigiliis Nativitatis Domini
et Pentecostes.

VI. Indult relatif a la translation de la solennité de certaines fêtes de la Sainte Vierge.

Die 30 Augusti 1882. Sanctissimus Dominus noster Leo
Papa XIII benigne indulsit ut in Ecclesiis parochialibus nec
non Oratoriis publicis Seminariorum, Collegiorum, Hospitio-
rum aliarumque Communitatum Diœceseos Catalaunensis, quotiescumque festa Purificationis, Annuntiationis et Nativitatis
Beatæ Mariæ Virginis in diem ferialem incident, transferri
valeant in Dominicam proxime insequentem, quoad extrinsecam

solemnitatem, et etiam, in die Purificationis quoad functionem Benedictionis candelarum et Processionis, cum privilegio unius missæ solemnis propriæ decantandæ sicuti in respectivo die festo, dummodo hæc dominica non sit ex privilegiatis primæ classis, nec omittatur missa parochialis seu conventualis ubi eam celebrandi obligatio adest, quando alius sacerdos hanc missam dicere potest; et Rubricæ serventur.

XX.

Professio orthodoxæ fidei juxta formam
a Summis Pontificibus Pio IV et Pio IX præscriptám.

Ego N. firma fide credo et profiteor omnia et singula quæ continentur in Symbolo fidei, quo sancta Romana Ecclesia utitur, videlicet : Credo in unum Deum Patrem omnipotentem, factorem cœli et terræ, visibilium omnium et invisibilium ; et in unum Dominum Jesum Christum Filium Dei Unigenitum, et ex Patre natum ante omnia sæcula ; Deum de Deo, lumen de lumine, Deum verum de Deo vero ; genitum, non factum, consubstantialem Patri ; per quem omnia facta sunt ; qui propter nos homines, et propter nostram salutem descendit de cœlis. Et incarnatus est de Spiritu Sancto ex Maria Virgine, et homo factus est. Crucifixus etiam pro nobis, sub Pontio Pilato, passus et sepultus est ; et resurrexit tertia die, secundum Scripturas ; et ascendit in cœlum ; sedet ad dexteram Patris ; et iterùm venturus est cum gloria judicare vivos et mortuos ; cujus regni non erit finis. Et in Spiritum Sanctum, Dominum et vivificantem : qui ex Patre Filioque procedit ; qui cum Patre et Filio simul adoratur, et conglorificatur ; qui locutus est per prophetas. Et unam sanctam, catholicam et apostolicam Ecclesiam. Confiteor unum baptisma in remissionem peccatorum ; et expecto resurrectionem mortuorum, et vitam venturi sæculi. Amen.

Apostolicas et ecclesiasticas traditiones reliquasque ejusdem

Ecclesiæ observationes et constitutiones firmissime admitto et amplector. Item sacram Scripturam juxta eum sensum, quem tenuit et tenet sancta mater Ecclesia, cujus est judicare de vero sensu et interpretatione sacrarum Scripturarum, admitto, nec eam unquam, nisi juxta unanimem consensum Patrum, accipiam et interpretabor.

Profiteor quoque septem esse vere proprie Sacramenta novæ legis a Jesu Christo Domino Nostro instituta, atque ad salutem humani generis, licet non omnia singulis, necessaria, scilicet : Baptismum, Confirmationem, Eucharistiam, Pœnitentiam, Extremam Unctionem, Ordinem et Matrimonium, illaque gratiam conferre : et ex his Baptismum, Confirmationem et Ordinem sine sacrilegio reiterari non posse. Receptos quoque et approbatos Ecclesiæ catholicæ ritus in supradictorum omnium Sacramentorum solemni administratione recipio et admitto. Omnia et singula, quæ de Peccato Originali et de Justificatione in sacrosancta Tridentina Synodo definita et declarata fuerunt, amplector et recipio. Profiteor pariter in Missa offerri Deo verum, proprium et propitiatorium Sacrificium pro vivis et defunctis, atque in sanctissimo Eucharistiæ Sacramento esse vere, realiter et substantialiter corpus et sanguinem una cum anima et divinitate Domini nostri Jesu Christi, fierique conversionem totius substantiæ panis in corpus, et totius substantiæ vini in sanguinem, quam conversionem catholica Ecclesia transsubstantiationem appellat. Fateor etiam sub altera tantum specie totum atque integrum Christum, verumque sacramentum sumi. Constanter teneo Purgatorium esse, animasque ibi detentas fidelium suffragiis juvari. Similiter et Sanctos una cum Christo regnantes venerandos atque invocandos esse, eosque orationes Deo pro nobis offerre, atque eorum reliquias esse venerandas. Firmiter assero imagines Christi ac Deiparæ semper Virginis, nec non aliorum Sanctorum habendas et retinendas esse, atque eis debitum honorem ac venerationem impertiendam. Indulgentiarum etiam potestatem a Christo in Ecclesia relictam fuisse, illarumque usum Christiano populo maxime salutarem esse affirmo. Sanctam, catholicam et apostolicam Romanam Ecclesiam omnium ecclesiarum matrem et magistram agnosco, Romanoque Pontifici beati Petri Apostolorum Principis successori ac Jesu Christi Vicario veram obedientiam spondeo ac juro.

Cætera item omnia a sacris Canonibus et œcumenicis Conciliis, ac præcipue a sacrosancta Tridentina Synodo, et ab œcumenico Concilio Vaticano tradita, definita ac declarata, præsertim de Romani Pontificis Primatu et infallibili magisterio, indubitanter recipio atque profiteor ; simulque contraria omnia, atque hæreses quascumque ab Ecclesia damnatas et rejectas et anathematizatas ego pariter damno, rejicio, et anathematizo. Hanc veram catholicam fidem, extra quam nemo salvus esse potest, quam in præsenti sponte profiteor et veraciter teneo, eamdem integram et immaculatam usque ad extremum vitæ spiritum, constantissime, Deo adjuvante, retinere et confiteri, atque a meis subditis, seu illis quorum cura ad me in munere meo spectabit, teneri et doceri et prædicari, quantum in me erit, curaturum ego idem N. spondeo, voveo ac juro. Sic me Deus adjuvet, et hæc sancta Dei Evangelia.

ERRATA.

TABLE DES MATIÈRES.

TITRE 2e : DEVOIRS SPÉCIAUX DES ECCLÉSIASTIQUES.

DEUXIÈME PARTIE.

Des choses ecclésiastiques.

PREMIÈRE SECTION.

DES SACREMENTS.

DEUXIÈME SECTION.

DU CULTE DIVIN.

TROISIÈME SECTION.

ADMINISTRATION TEMPORELLE DES PAROISSES.

TROISIÈME PARTIE

Des Jugements Ecclésiastiques

APPENDICE.

Châlons, Martin frères, imprimeurs de l'Evêché.